포토샵
판타지 아트
PHOTOSHOP FANTASY ART

저자 | JASON KIM

YoungJin.com Y.
영진닷컴

포토샵
판타지 아트

ISBN 978-89-314-7895-2

독자님의 의견을 받습니다

이 책을 구입한 독자님은 영진닷컴의 가장 중요한 비평가이자 조언가입니다. 저희 책의 장점과 문제점이 무엇인지, 어떤 책이 출판되기를 바라는지, 책을 더욱 알차게 꾸밀 수 있는 아이디어가 있으면 이메일, 또는 우편으로 연락주시기 바랍니다. 의견을 주실 때에는 책 제목 및 독자님의 성함과 연락처(전화번호나 이메일)를 꼭 남겨 주시기 바랍니다. 독자님의 의견에 대해 바로 답변을 드리고, 또 독자님의 의견을 다음 책에 충분히 반영하도록 늘 노력하겠습니다.

파본이나 잘못된 도서는 구입하신 곳에서 교환해 드립니다.

이메일 support@youngjin.com

주 소 (우)08512 서울특별시 금천구 디지털로9길 32 갑을그레이트밸리 B동 10층

등 록 2007. 4. 27. 제16-4189호

STAFF

저자 JASON KIM | **총괄** 김태경 | **진행** 성민 | **표지·내지 디자인** 강민정 | **편집** 강민정

영업 박준용, 임용수, 김도현, 이윤철 | **마케팅** 이승희, 김근주, 조민영, 김민지, 김진희, 이현아

제작 황장협 | **인쇄** 제이엠

'Photoshop'은 다양한 편집과 광고 디자인 분야에서 중요한 프로그램입니다. 이러한 포토샵을 활용하면 예술적인 판타지 아트 작품을 만들 수 있습니다.

이 도서에서는 'Photoshop'의 기본적인 설치 방법, 사용 방법, 그리고 이미지를 효과적으로 사용할 수 있는 다양한 응용 방법에 대해 알아봅니다. 일반적인 합성과 편집 범위를 넘어서 다양한 예제 작품을 통해 'Photoshop'의 실력 향상과 창의적이고 예술적인 합성 방법을 배우는 데 중점을 두었습니다.

합성의 기본이 되는 조명과 그림자 효과, 다양한 색감을 표현하는 방법, 여러 장의 이미지를 하나의 이미지로 자연스럽게 합성하는 방법을 배우고, 자주 사용하는 편집 기술과 보정 기술을 효과적으로 사용하는 방향을 제시합니다. 저자의 다양한 테크닉을 통해 판타지 효과, SF 효과, 추상적 효과 등 평범한 이미지를 예술로 승화시킵니다.

또한, 각 파트에 맞는 학습용 예제 파일을 제공하여 학습 과정을 쉽고 빠르게 배울 수 있습니다. 본 도서 이외의 합성에서도 사용할 수 있는 다양한 사물, 식물, 동물 등의 PNG 파일과 고퀄리티의 브러시 파일도 포함됩니다.

'포토샵 판타지 아트'는 기존에 알고 있던 포토샵 강의와는 다르게, 꿈꾸고 상상하던 장면을 하나의 이미지로 표현할 수 있는 획기적인 합성 방법입니다. 본 도서를 통해 여러분이 상상하는 모든 세상을 자유롭게 표현하고 제작하길 응원합니다.

JASON KIM

'포토샵 판타지 아트' 도서의 학습에 앞서 이 책이 어떻게 구성되어 있는지 간단히 소개합니다.

기본편(PART 01~02)

포토샵을 이용한 디지털 합성에 필요한 핵심 기능을 소개합니다.

활용편(PART 01~08)

기본편에서 배운 포토샵 기능을 활용하여 8개의 작품을 따라하기로 완성할 수 있도록 구성했습니다.

❶ LESSON

PART별로 학습할 내용을 세분화하여 어떠한 내용을 학습할지 간단히 소개합니다.

❷ 예제 파일/완성 파일

학습에 필요한 예제/완성 파일의 경로를 알려줍니다.

❸ 따라하기

입문자들도 쉽게 작품을 완성할 수 있도록 내용을 따라하기 방식으로 친절히 알려줍니다.

❹ Tip

본문 따라하기에 필요한 내용을 별도의 Tip으로 알려줍니다.

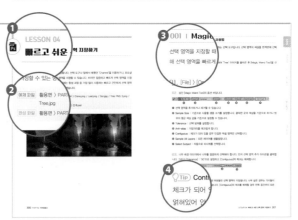

예제/완성 파일 다운로드 안내

이 책의 학습에 필요한 예제 및 완성 파일은 영진닷컴 홈페이지(www.youngjin.com)의 [고객센터]–[부록 CD 다운로드]–[IT도서/교재]에서 도서명으로 검색한 후 압축 파일을 다운로드하여 사용하면 됩니다.

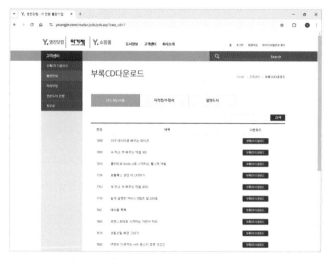

〈영진닷컴 홈페이지에서 부록 데이터 검색 모습〉

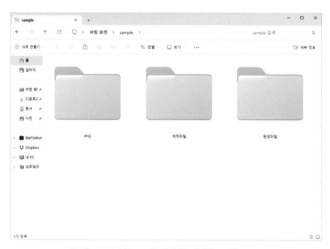

〈압축 파일 다운로드 후 압축을 해제한 모습〉

목차

Welcome!
디지털 이미지 합성의 세계

제이슨의 포토샵 알아보기

사진 보정과 편집에 있어서 포토샵은 누구나 쉽게 사용하는 프로그램입니다. 포토샵은 꾸준한 업그레이드와 향상된 기능들로 인해 성능은 예전보다 훨씬 더 개선되었고, 포토샵을 이용한 분야도 더 넓어졌습니다. 이제는 간단한 이미지 편집 프로그램으로 그치지 않고 그래픽 디자인, 팝 아트, 포토샵 페인팅, 디지털 아트 등 다양한 예술 작품들을 만드는 데 사용하고 있습니다.

앞으로 여러분이 배우게 될 강좌는 기존에 배워왔던 간단한 보정이나 편집을 배우는 강좌가 아닌, 이미지를 예술로 만드는 한 단계 업그레이드된 판타지 아트 강좌입니다. 새로 생긴 다양한 포토샵 기능과 이미지를 사실적으로 합성하는 방법을 중점적으로 배우고 다양한 특수 효과들을 표현하는 방법도 배우게 됩니다.

이제 포토샵을 이용하여 여러분이 상상했던 장면 하나하나를 만들 수 있게 될 것입니다. 상상력은 풍부하지만 그림에 재주가 없어서 표현하지 못했던 사람들에게는 더할 나위 없는 아주 재미난 강좌가 될 것으로 생각합니다. 본 강의에서는 작품의 완성 파일인 PSD 파일과 합성 진행 시 쉬운 작업을 위한 PNG 파일 그리고, 다양한 브러시 파일을 제공합니다.

포토샵 판타지 아트

포토샵 판타지 아트는 기존의 평범한 합성이나 보정이란 틀을 벗어나 수많은 사진을 이용해 초현실적
이고 판타지적인 상상 속의 작품을 만드는 디지털 아트를 뜻합니다. 누구나 쉽게 접할 수 있는 포토샵
을 이용해 여러분이 꿈꾸고 상상해 왔던 세상을 현실로 만들 수 있습니다.

다양하고 화려한 포토샵 합성 기법

포토샵에는 다양한 메뉴와 효과들이 존재합니다. 포토샵 입문자도 쉽게 배울 수 있는 다양한 리터칭과
보정 효과 그리고, 판타지 아트를 통해 배울 수 있는 합성 방법과 기능의 조작법 그리고, 제이슨만의
다양한 합성 노하우를 준비했습니다.

판타지 아트는 풍부한 상상력을 가지고 있지만, 표현하는 방법을 모르는 사람들에게 정말 효과적입니다. 그림에 재능이 없는 사람도 포토샵을 이용해 자기 생각과 상상하는 세상을 마음껏 표현할 수 있습니다. 평범한 합성이나 보정이 아닌, 이제는 포토샵을 이용한 예술 작품을 만들 수 있습니다.

LESSON 02
포토샵 설치 및 최적의 작업 환경 설정

포토샵은 지속적인 업데이트가 이루어지기 때문에 최신 버전을 설치한다면 새로 추가된 다양한 기능들을 배울 수 있습니다. 이곳에서는 포토샵 구매 방법과 그리고 설치 방법 그리고, 합성 작업을 위한 최적화 환경 설정 방법에 대해 배워보겠습니다.

001 │ 어도비 홈페이지에서 포토샵 구매하기

어도비 홈페이지에서 본인의 작업 환경에 맞는 포토샵을 구매할 수 있습니다. 어도비에서는 다양한 가격의 플랜을 제공하고 있습니다. 일반적으로 가장 많이 사용하고 있는 포토샵 구매 방법을 예시로 소개하겠습니다.

어도비 홈페이지 접속하기

어도비 홈페이지에 접속해 [플랜 및 가격보기]에서 포토샵을 구매할 수 있습니다.

01. 메뉴 중 [크리에이티비티 및 디자인]을 선택합니다. 그리고 [플랜 및 가격 보기]를 클릭합니다.

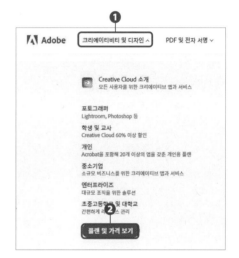

02. 다양한 조건의 플랜이 있습니다. 본인에게 맞는 플랜을 선택해 조금 더 저렴한 가격에 구매하거나 통합 플랜을 구매해 다양한 제품을 저렴하게 이용할 수도 있습니다. 모든 제품은 보통 [연간 구독] 또는 [월별 결제]로 판매합니다. 해당 사항이 없는 사람은 [포토그래피]의 [구매하기]를 클릭한 후 구매합니다.

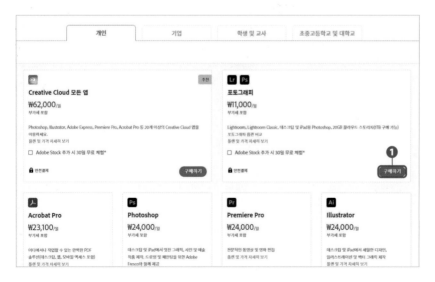

002 | 크리에이티브 클라우드 앱 설치하기

크리에이티브 클라우드 앱은 다양한 어도비 서비스를 제공하고 있습니다. 빠른 업데이트와 프로그램 설치 제거 그리고 다양한 어도비 프로그램도 확인할 수 있습니다.

크리에이티브 클라우드 데스크탑

크리에이티브 클라우드를 이용하면 포토샵을 쉽고 간편하게 관리할 수 있습니다.

01. 포토샵을 구매한 후 어도비 메인 화면으로 돌아와 웹 앱 및 서비스를 클릭합니다. 그리고 [Creative Cloud]를 클릭합니다. 데스크탑 [Creative Cloud]의 [다운로드]를 클릭합니다.

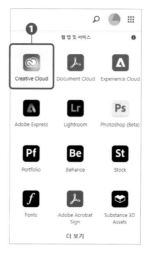

02. 다운로드 된 [Creative Cloud Set-Up]을 클릭한 후 안내에 따라 설치합니다. 컴퓨터 작업 표시줄 우측 하단에 숨겨진 아이콘 표시를 클릭하면 크리에이티브 클라우드 앱이 설치된 걸 확인할 수 있습니다. 클릭해서 크리에이티브 클라우드 앱을 실행합니다. 숨겨진 아이콘이 많지 않을 경우에는 작업 표시줄에 바로 나타나기도 합니다.

크리에이티브 클라우드 앱을 이용하면 다양한 버전의 포토샵 및 어도비 프로그램들을 바로 설치할 수 있습니다. 앞으로 사용하게 될 최신 버전을 설치합니다.

크리에이티브 클라우드 데스크탑 화면

크리에이티브 클라우드 데스크탑을 실행하면 나타나는 창입니다. 여기서 포토샵을 설치할 수 있습니다.

❶ **왼쪽 목록** : 커뮤니티 및 업데이트 정보 등 다양한 어도비 지원 서비스 목록을 제공합니다.

❷ **설치됨** : 현재 PC에 설치되어 있는 어도비 프로그램 목록을 표시합니다.

❸ **내 플랜에서 사용 가능** : 결제 후 현재 계정으로 설치 가능 프로그램 목록을 표시합니다.

포토샵 언어 설정

포토샵의 언어를 변경할 수 있습니다. 언어 설정을 하지 않을 경우 자국어로 설치됩니다.
강의에는 영문판을 사용합니다.

01. 크리에이티브 클라우드 데스크탑 우측 상단 개인 정보 아이콘
을 클릭하고 목록 중 [환경 설정]을 선택합니다.

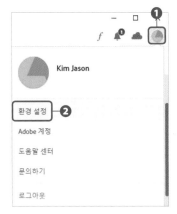

02. 창이 나타나면 왼쪽 목록 중에 [앱]
을 선택합니다. [설치]를 보면 [기본 설치
언어]가 있습니다. 화살표를 선택하면 안
에 다양한 국가의 언어가 나타납니다. 언
어 중 'English (International)'를 선택하고
[완료]를 클릭합니다.

포토샵 최신 버전 설치

내 플랜에서 사용 가능에서 포토샵을 선택해서 설치할 수 있습니다.

01. [내 플랜에서 사용 가능]에서 [Photoshop]을 선택하고 [설치]를 클릭합니다.

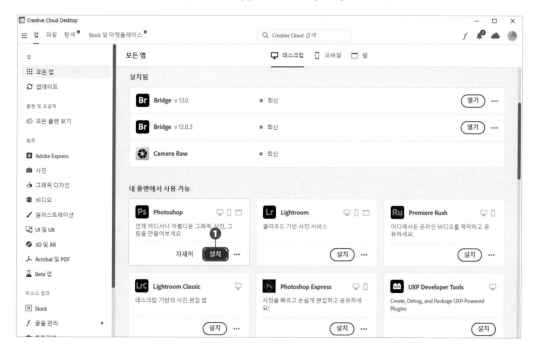

02. 설치 중으로 바뀌면서 설치되는 모습을 확인할 수 있습니다. PC 사양에 따라 설치 속도는 다를 수 있습니다.

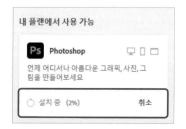

03. 내 PC에서 최근에 추가된 앱을 통해 포토샵이 설치된 걸 확인할 수 있습니다. 클릭해서 포토샵을 실행합니다.

004 | 포토샵 실행 후 레이아웃 설정하기

포토샵을 실행한 후 쉽고 빠르게 배울 수 있는 작업 환경을 구성해 보겠습니다. 환경 설정은 불필요한
창들을 닫고 위치를 수정하는 작업을 진행합니다.

01. 포토샵을 실행한 후 왼쪽 상단의 PS 아이콘을 클릭합니다.

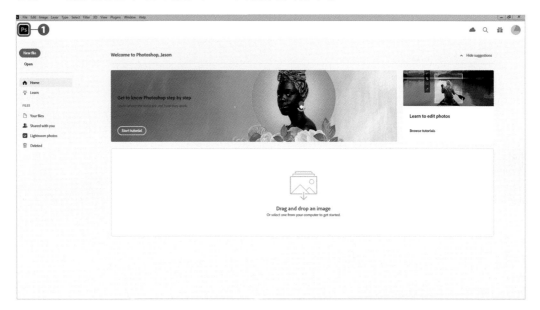

02. 편리한 작업 환경을 위해 간단한 메뉴 설정과 레이아웃을
변경하겠습니다. 우선 [Color] 패널 오른쪽 상단의 메뉴를 클릭한
후 [Close Tab Group]을 선택합니다. 이렇게 하면 자주 사용하지
않는 패널을 닫아 더 넓은 작업 공간을 만들 수 있습니다. [Color],
[Swatches], [Gradients], [Patterns] 패널은 자주 사용하지 않습니
다.

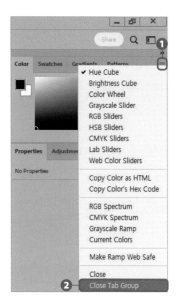

♀Tip 닫았던 패널은 상단의 [Window] 메뉴를 이용하여 다시 열 수 있습니다.

03. 남아 있는 패널들을 넓게 사용하기 위해 패널을 넓혀줍니다. [Properties] 패널 선 부분에 마우스 포인트를 올려놓으면 양쪽 화살표가 나타납니다. 이때 왼쪽으로 드래그해서 패널을 넓혀줍니다. 그리고 다시 [Leyers] 패널 위쪽 선에 마우스 포인트를 올리고 양쪽 화살표가 나타나면 위쪽으로 드래그해서 [Leyers] 패널도 넓혀줍니다.

04. 이번에는 레이어 크기를 조절합니다. [Leyers] 패널 오른쪽 상단의 메뉴를 클릭하고 [Panel Options]를 선택합니다.

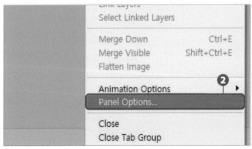

05. [Layers Panel Options] 창이 나타나면 레이어의 크기를 조절합니다. 너무 작은 레이어는 많은 레이어 사용 시 찾기 힘들 수 있습니다. 중간 크기를 선택하고 [OK]를 클릭합니다.

005 | 포토샵 레이아웃 저장하기

설정한 작업 환경을 저장하면 나중에 컴퓨터가 바뀌더라도 저장한 작업 환경을 다시 불러올 수 있습니다.

01. [Window] 〉 [Workspace] 〉 [New Workspace] 메뉴를 클릭합니다.

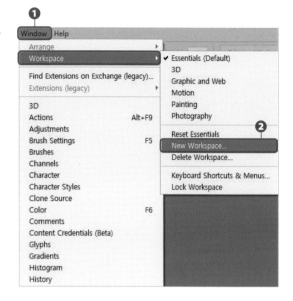

02. [New Workspace] 창이 나타나면 [Name]에 원하는 이름을 입력하고 [Save]를 클릭합니다.

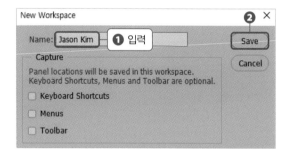

03. 저장된 작업 환경은 포토샵 우측 상단의 [Choose a Workspace]에서 확인할 수 있습니다.

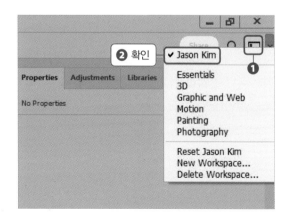

환경 설정을 통해 본인에게 맞는 작업 환경을 만들 수 있습니다. 포토샵 기능을 켜거나 끌 수 있고 다양한 성능을 관리하는 곳입니다.

01. 이번에는 잘 사용하지 않는 기능을 해제해 보겠습니다. [Edit] 〉 [Preferences] 〉 [General] 메뉴를 클릭합니다.

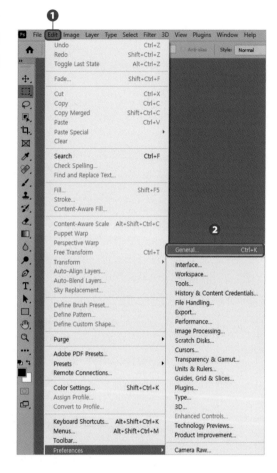

02. [Auto Show the Home Screen]에 체크를 해제합니다. [Auto Show the Home Screen]은 포토샵 최초 실행 시 나타났던 작업 화면입니다. 이곳의 체크를 해제하면, 포토샵 재실행 시 여러분이 저장했던 작업 환경이 바로 나타나게 됩니다.

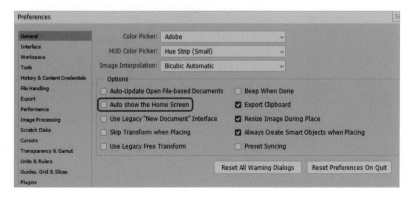

03. 왼쪽 툴바의 각 기능에 마우스 포인터를 위치시키면, 팝업 창이 나타나면서 자동으로 기능의 역할을 알려줍니다.

04. 작업 진행 시 팝업 창에 가려 작업이 불편할 수 있기 때문에 이 기능을 끄도록 합니다. [Show Rich Tooltips]의 체크를 해제합니다. 툴바 기능을 참고하려면 끄지 않고 작업을 진행해도 됩니다.

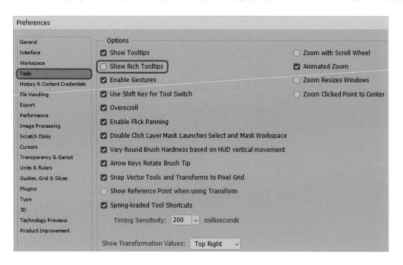

LESSON 03
기본적인 작업 준비

합성에서 가장 많이 사용하는 대표적이 도구인 브러시 설정을 진행하겠습니다. 브러시는 거의 모든 레이어 작업에서 사용한다고 생각하면 됩니다. 그만큼 중요한 역할을 합니다. 브러시 사용 설정을 통해 효과적이고 빠른 합성을 진행할 수 있습니다. 어도비에서 제공하는 브러시와 작가가 제공하는 브러시를 불러오는 방법도 알아보겠습니다.

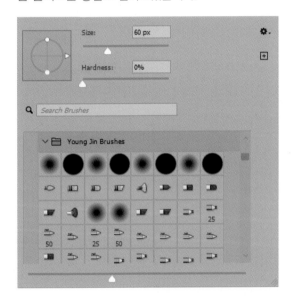

빠르고 효율적인 합성을 위해 보기 설정으로 브러시를 원하는 모양으로 표시할 수 있습니다. 합성 작업의 편의를 위해 설정을 바꿔주면 좋습니다.

브러시 보기 설정하기

브러시 설정 창의 목록을 통해 브러시를 쉽고 빠르게 보거나 선택할 수 있습니다.

01. 먼저 브러시를 사용하기 위해서는 새로운 작업 창이 필요합니다. [File] 〉 [New]([Ctrl]+[N]) 메뉴를 클릭합니다.

02. [New Document] 창이 나타나면 수치를 직접 입력하거나 왼쪽에 샘플로 제공하는 작업 창을 아무거나 선택한 후 [Create]를 클릭해 새로운 작업 창을 만듭니다. [New Document] 창에 대해서는 뒷부분에서 자세히 설명하겠습니다. 지금은 브러시 설정을 위한 과정이기 때문에 크기와 상관없이 작업 창을 만듭니다.

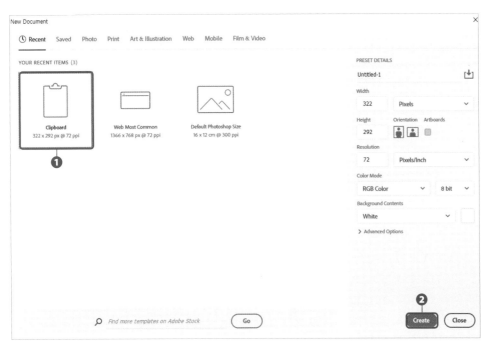

Contextual Task Bar

새로운 작업 창을 열거나 이미지를 열 때 나타나는 막대 모양의 바입니다. 이미지를 불러오거나 다양한 효과들을 바로 적용할 수 있지만, 작업 진행 시 막대 모양의 바가 가리는 불편함이 있을 수 있어서 합성 과정에서는 사용하지 않도록 합니다. [Contextual Task Bar]는 [Window] > [Contextual Task Bar] 메뉴에 체크를 해제하면 사라집니다.

01. [Contextual Task Bar]를 사라지게 한 후 왼쪽 툴바 목록에서 [Brush Tool]을 선택합니다.

02. 작업 화면에 위에서 마우스 오른쪽 버튼을 클릭하면 브러시 설정 창이 나타나는 데 여기에서 다양한 브러시 모양을 선택할 수 있습니다. 작업 창이 아닌 회색 배경 창에 클릭하면 브러시 설정 창이 나타나지 않습니다.

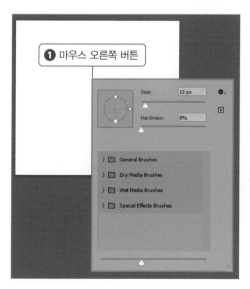

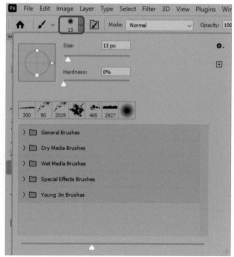

03. 각 폴더를 클릭하면 폴더 안의 다양한 브러시를 볼 수 있습니다. 브러시 창의 톱니 바퀴 모양을 클릭하면 브러시 보기 목록이 나타냅니다.

기능 Tip

① New Brush Preset : 새 브러시의 사전 설정을 저장합니다.

② New Brush Group : 새 브러시 그룹을 지정합니다.

③ Rename Brush : 브러시 이름을 다시 지정합니다.

④ Delete Brush : 브러시를 삭제합니다.

⑤ Brush Name : 브러시 이름을 지정합니다.

⑥ Brush Stroke : 브러시 획을 같이 표시합니다.

⑦ Brush Tip : 브러시 획만 나타냅니다.

⑧ Show Additional Preset Info : 추가 사전 설정 정보를 표시합니다.

⑨ Show Search Bar : 브러시 검색 창을 표시합니다.

⑩ Show Recent Brushes : 최근 사용 브러시를 나타냅니다.

⑪ Append Default Brushes : 기본 제공 브러시를 표시합니다.

⑫ Import Brushes : 브러시를 불러옵니다.

⑬ Export Selected Brushes : 선택한 브러시를 저장합니다.

⑭ Get More Brushes : 어도비 사이트를 통해 브러시를 다운로드합니다.

⑮ Converted Legacy Tool Presets : 변화된 레거시 도구 사전 설정을 불러옵니다.

⑯ Legacy Brushes : 예전 버전 브러시들을 불러옵니다.

04. [Brush Tip]과 [Show Recent Brushes]의 체크를 제외한 나머지는 꺼줍니다. 브러시 설정 창의 우측 하단을 클릭 드래그해서 창을 키울 수도 있습니다.

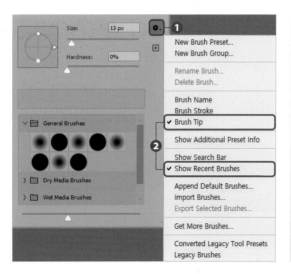
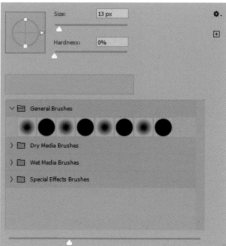

002 | 첨부한 브러시 불러오기

합성 작업에 필요한 브러시 모음을 불러옵니다. 어도비에서 제공하는 브러시와 작가가 직접 만든 브러시를 포함한 브러시 모음입니다.

예제 파일 │ 기본편 〉 PART 01 〉 Lesson 03 〉 Young Jin Brushes.abr

01. [Import Brushes]를 클릭해서 예제 파일 경로 의 브러시 폴더로 이동합 니다.

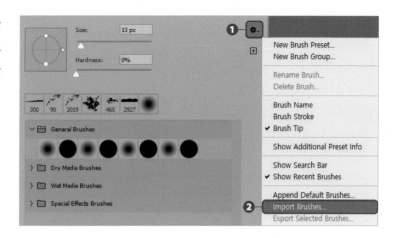

02. 다운로드 받은 폴더로 이동한 후 'Young Jin Brushes.abr' 파일을 선택하고 [Load]를 클릭합니다. 맨 아래 [Young Jin Brushes] 폴더가 나타납니다. [Young Jin Brushes] 폴더를 클릭해 보면 다양한 브러시 폴더와 브러시 모양을 확인할 수 있습니다.

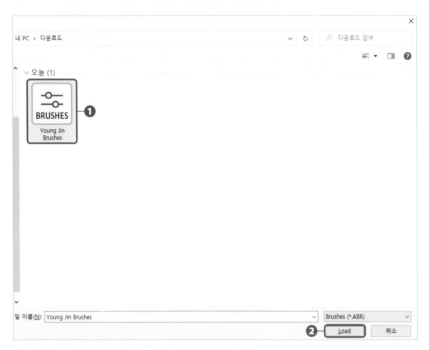

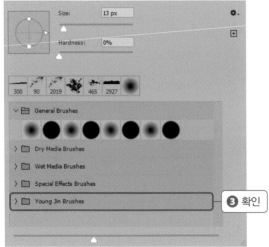

디지털 합성을 위한
필수 체크리스트

콘셉트
어미의 곁을 떠나 독립한 아기용은 새로운 보금자리를 찾기 위해 숲속을 헤매다 깊은 잠에 빠집니다. 이슬방울이 날개에 떨어지자 잠에서 깨어 귀찮은 듯 한쪽 눈을 뜨고 주위를 살핍니다.

LESSON 01
작업 창 만들기 및 핵심 메뉴 살펴보기

포토샵에는 합성 퀄리티를 높여주는 수많은 메뉴와 필터 효과들이 있습니다. 가장 기본이 되는 작업 창을 만드는 방법을 알아보고, 다양한 메뉴의 쓰임새와 합성을 쉽고 빠르게 할 수 있는 툴바 사용법도 소개합니다. 또한 레이어와 '조정 레이어' 효과에 대해서도 알아보겠습니다.

001 | 새로운 작업 창 만들기 및 기능 알아보기

포토샵 합성 작업을 진행하는 방법에는 새로운 작업 창을 만들어 작업하는 방법과 배경 화면으로 쓰일
이미지에 바로 작업하는 방법이 있습니다.

[New Document] 창의 기능 알아보기

[New Document] 창에서는 이미지 사이즈 조절과 색상 효과 등을 설정할 수 있습니다.

[File] 〉 [New]([Ctrl]+[N]) 메뉴를 클릭하면 [New Document]
창이 나타납니다.

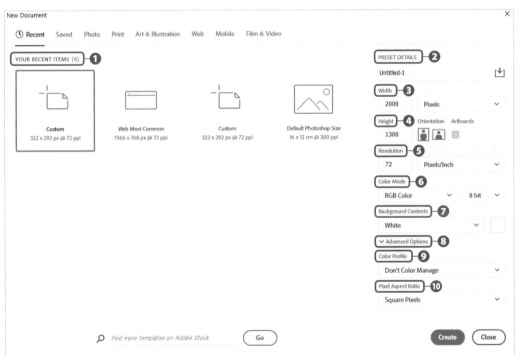

❶ YOUR RECENT ITEMS : 최근 사용했던 문서 만들기를 표시합니다.

❷ PRESET DETAILS : 사전 설정 세부 정보를 표시합니다.

❸ Width : 폭을 설정합니다.

❹ Height : 높이를 설정합니다.

❺ Resolution : 해상도를 지정합니다.

❻ Color Mode : 색상 모드를 선택합니다.

❼ Background Contents : 배경 색상을 선택합니다.

❽ Advanced Options : 고급 옵션을 설정합니다.

❾ Color Profile : 색상 프로필을 지정합니다.

❿ Pixel Aspect Ratio : 픽셀 종횡비를 설정합니다.

새로운 작업 창 만들기

원하는 크기를 입력해서 작업 창 크기를 설정할 수 있습니다.

[Width] : '2000Pixels', [Height] : '1300Pixels'로 설정하고, [Artboards]의 체크는 끕니다. [Artboards]는 특별한 그룹 레이어를 뜻하지만, 합성 강좌에서는 사용하지 않기 때문에 끄도록 하겠습니다.

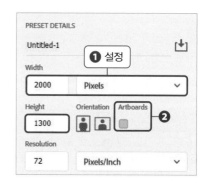

💡Tip 다양한 단위로 설정할 수 있지만, 포토샵에서 대표적으로 사용하는 'Pixels'로 선택합니다.

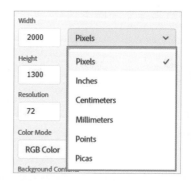

Pixels의 정의

픽셀 단위는 웹에 표시하는 이미지의 최소 단위를 뜻합니다. 작업 창을 검은색으로 채운 후 확대한 모습입니다. 폭과 높이는 이런 작은 사각형의 개수를 뜻합니다. 쉽게 말해 앞에서 입력했던 폭과 높이의 크기는 이런 작은 크기의 사각형 가로 2000개, 세로 1300개를 이용해 작업 창을 만들었다고 생각하면 됩니다.

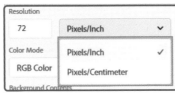

◀ [Resolution] : '72Pixels/Inch'로 설정합니다.

해상도

해상도는 보통 '72Pixels/Inch'로 설정합니다. Pixels/Inch는 PPI로 줄여서 표기하기도 합니다. PPI는 1인치당 몇 개의 픽셀로 이루어졌는지를 뜻합니다. 예를 들어, 10PPI일 경우 1Inch에 가로/세로 10x10=100이기 때문에 100개의 픽셀로 이루어지게 됩니다.

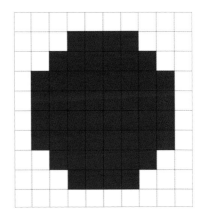

색상 모드 설정

사용 용도에 따라 색상 모드를 설정해 사용할 수 있습니다. 보통 웹에서 사용하는 'RGB' 컬러와 인쇄용으로 사용하는 'CMYK' 컬러를 가장 많이 사용합니다. [Color Mode]는 'RGB Color'와 '8bit'를 선택합니다. 'RGB'는 각각 'Red, Green, Blue'를 뜻하고 '8bit'는 각 채널당 나타낼 수 있는 256가지의 색을 뜻합니다. 비트가 높아질수록 더 다양한 색감을 표현할 수 있지만, 일부 기능이 제한이 생겨 오히려 편집에 영향을 주기 때문에 보통 '8bit'를 사용합니다.

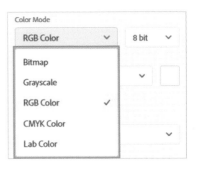

[Background Contents]에서 배경 색상 선택

배경색을 원하는 색상으로 선택해서 사용할 수 있습니다. 목록에서 'White'를 선택하거나 'Custom' 또는 [Color Picker]를 이용해 흰색을 선택합니다.

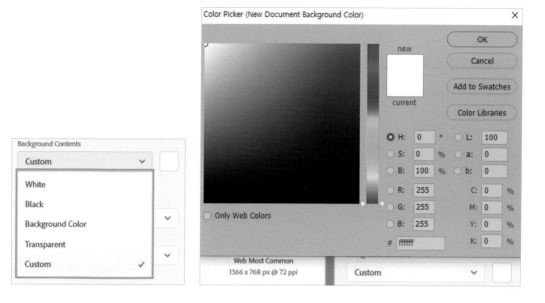

Color Profile 지정

색상 프로필을 통해 본인이 원하는 색감을 표현할 수 있도록 지정할 수 있습니다. [Color Profile]에서 'sRGB IEC61966-2.1'을 선택합니다.

Tip 색상 프로필은 sRGB와 Adobe RGB로 나뉩니다.

- sRGB : 웹에 권장된 색상으로 서로 다른 장치에서도 호환성이 용이하고 국제 전기표준회의(IEC)가 지정한 RGB 색 공간 표준입니다. 하지만 색상 범위가 다소 제한적입니다.
- Adobe RGB : 색상 재현 범위가 넓어 sRGB보다 더 디테일한 색상을 표현할 수 있습니다. 하지만 호환이 가능한 하드웨어나 소프트웨어 같은 출력 장치가 필요합니다.

Pixel Aspect Ratio

Pixel Aspect Ratio(픽셀 종횡비)는 앞서 설명했던 픽셀의 모양을 뜻합니다. 보통 디지털 이미지는 정사각형 픽셀 무늬로 표시되지만 일부 특정 디스플레이에서는 4:3 또는, 이와 유사한 직사각형 픽셀로 표현하기도 합니다. [Pixel Aspect Ratio]에서 'Square Pixels'를 선택하고, [Create]를 클릭해 작업 창을 만듭니다.

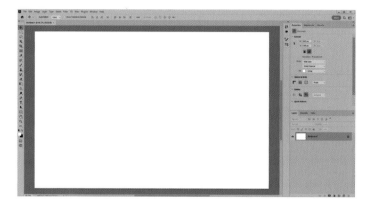

(Tip) 맨 위 'Untitled-1'에는 제목을 입력합니다. 제목을 지정하지 않을시 'Untitled-1'로 표시합니다. 제목은 나중에 다시 수정할 수 있습니다.

002 | 포토샵의 메뉴 알아보기

포토샵 화면은 기본적으로 상단 메뉴와 툴바 그리고 속성 패널들로 이루어져 있습니다. 상단 메뉴를 통해 다양한 필터 효과와 설정을 지원합니다. 툴바는 자주 사용하는 기능들을 빠르게 사용할 수 있도록 모아놓은 기능입니다. [Layers] 패널과 [Properties] 패널은 이미지와 다양한 효과들을 나타냅니다.

메뉴 살펴보기

포토샵 메뉴를 통해 다양한 포토샵 환경 설정과 필터 효과들을 사용할 수 있습니다.

❶ File : 이미지를 불러오거나 저장할 수 있습니다.

❷ Edit : 포토샵 환경 설정과 이미지를 자르거나, 변형할 수 있는 모든 편집 효과를 담당합니다.

❸ Image : 이미지 색상 효과와 조정 레이어 효과를 관리합니다.

❹ Layer : 레이어를 편집하고 수정하거나, 레이어 스타일 효과를 사용할 수 있습니다.

❺ Type : 다양한 문자 효과를 관리합니다.

❻ Select : 레이어와 이미지의 선택 영역을 관리하거나 수정합니다.

❼ Filter : 다양한 이미지 필터 효과를 표시합니다.

❽ 3D : 3D 효과를 사용할 수 있습니다.

❾ View : 이미지 화면 크기를 조절하고 각종 안내선을 끄거나 켤 수 있습니다.

❿ Plugins : 플러그인을 사용할 수 있습니다.

⓫ Window : 여러 개의 작업 창을 표시하거나, 모든 패널을 끄거나 켤 수 있습니다.

⓬ Help : 포토샵 버전 정보와 업데이트 정보를 확인할 수 있습니다.

003 ㅣ 포토샵의 툴바 알아보기

툴바는 자주 사용하는 기능들을 바로 사용할 수 있도록 만들어 놓은 메뉴입니다. 툴바에는 이동 도구를 비롯해 자르기 도구 그리고, 색을 칠하는 브러시 도구 등 이미지를 보정하는 데 있어 꼭 필요한 다양한 기능이 있습니다. 이번에는 대표적으로 사용하는 각 도구의 기능을 간단하게 살펴보겠습니다. 디테일한 사용 방법은 합성을 진행하면서 배워보겠습니다.

툴바 살펴보기

대표적으로 사용하는 각 툴바의 역할에 대해 간단하게 알아보겠습니다. 각 툴바 아이콘 옆의 작은 화살표를 클릭하시면 추가로 사용할 수 있는 툴바 기능도 나타납니다. 툴바 위의 화살표를 클릭해 툴바 길이를 짧게 조절할 수도 있습니다.

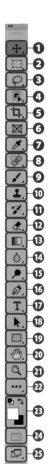

❶ Move Tool : 선택 영역 또는, 레이어를 드래그해서 이동할 수 있습니다.

❷ Rectangular Marquee Tool : 사각형 선택 윤곽 도구로 선택 영역을 정할 때 사용합니다.

❸ Lasso Tool : 드래그해서 자유롭게 선택 영역을 지정할 수 있습니다.

❹ Object Selection Tool : 원하는 선택 영역을 드래그하면 자동으로 선택 영역을 지정합니다.

❺ Crop Tool : 이미지의 원하는 부분을 선택해서 자를 수 있습니다.

❻ Frame Tool : 프레임 안에 클리핑 마스크 효과를 설정할 수 있습니다.

❼ Eyedropper Tool : 원하는 부분의 색상을 클릭해서 추출할 수 있습니다.

❽ Spot Healing Brush Tool : 자동으로 이미지의 표시 및 잡티를 제거할 수 있습니다.

❾ Brush Tool : 색을 칠하는 붓 같은 역할을 합니다.

❿ Clone Stamp Tool : 원하는 부분을 선택해 복사할 수 있습니다.

⓫ History Brush Tool : 이미지의 일부를 이전 상태로 복원할 수 있습니다.

⓬ Eraser Tool : 이미지를 지우는 역할을 합니다.

⓭ Gradient Tool : 두 가지 이상의 색상으로 자연스러운 혼합을 만들 수 있습니다.

⓮ Blur Tool : 이미지의 특정 부분을 흐릿하게 만들 수 있습니다.

⓯ Dodge Tool : 이미지의 특정 영역을 밝게 만들 수 있습니다.

⓰ Pen Tool : 이미지의 누끼를 딸 때 사용합니다.

⓱ Horizontal Type Tool : 문자를 입력할 수 있습니다.

⓲ Path Selection Tool : 패스 선을 선택할 수 있습니다.

⑲ Rectangle Tool : 사각형 모양을 만듭니다.

⑳ Hand Tool : 확대한 이미지를 움직일 수 있습니다.

㉑ Zoom Tool : 이미지를 확대 또는, 축소할 수 있습니다.

㉒ Edit Toolbar : 툴바를 편집할 수 있습니다.

㉓ Foreground / Background Color : 전경색과 배경색을 표시합니다.

㉔ Edit in Quick Mask Mode : 선택한 마스크 영역을 빠르게 볼 수 있습니다.

㉕ Change Screen Mode : 화면 보기 모드를 설정합니다.

004 | [Layers] 패널 알아보기

[Layers] 패널의 각 기능과 레이어의 이해 그리고 사용 방법에 대해 알아보겠습니다. 포토샵 합성은 이 레이어를 통해 하나씩 층을 쌓거나, 지우면서 완성합니다.

[Layers] 패널

[Layers] 패널의 다양한 효과에 대해 알아보겠습니다. 레이어를 새로 만들고 효과를 줄 수 있는 조정 레이어와 레이어 스타일 등을 사용할 수 있습니다.

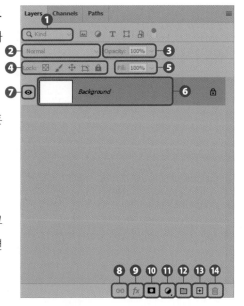

❶ Pick a filter type : 레이어를 검색할 수 있습니다.

❷ Blending Mode : 레이어들의 색상 값을 이용해 혼합하여 다양한 효과를 표현합니다.

❸ Opacity : 레이어의 투명도를 조절할 수 있습니다.

❹ Lock : 레이어를 잠글 수 있습니다.

❺ Fill : 레이어 스타일을 유치한 채 투명도를 줄이고 싶을 때 사용합니다. [Opacity]로 투명도를 조절하면 레이어 스타일도 같이 투명해집니다.

❻ Layer : 레이어를 표시합니다. 레이어는 따로 이름을 지정하지 않을 경우 레이어가 증가할 때 마다 번호가 올라갑니다.

❼ Indicates layer visibility : 레이어를 끄거나 켤 수 있습니다.

❽ Link layers : 두 개 이상의 레이어를 연결해 이동시키거나 변형시킬 수 있습니다.

❾ Add a layer style : 레이어에 레이어 스타일 효과를 설정합니다.

❿ Add a layer mask : 레이어에 레이어 마스크를 설정합니다.

⓫ Create new fill or adjustment layer : 레이어에 다양한 효과를 설정할 수 있는 조정 레이어를 만듭니다.

⓬ Create a new group : 한 개 이상의 레이어를 그룹 레이어로 만듭니다.

⓭ Create a new layer : 레이어를 만듭니다.

⓮ Delete layer : 레이어를 삭제합니다.

005 | 레이어 이해하기

레이어의 사전적 의미는 '층 또는, 겹'이라는 합니다. 레이어에 이미지를 불러오거나 색을 그려 차곡차곡 쌓아가면서 합성에 불필요한 레이어의 일부분을 지우거나 수정하고, 이런 과정을 반복적으로 진행하면서 합성 작업을 완성합니다. 작업 창이나 [Layers] 패널에는 순서대로 이미지와 레이어가 쌓이게 됩니다.

간단한 배경과 인물 합성을 통해 레이어를 설명하겠습니다. 이 배경 이미지에 인물을 합성하는 과정입니다. 먼저 배경 이미지를 불러오면 작업 창에 이미지가 나타나고 [Layers] 패널에는 첫 번째 이미지가 'Background' 레이어로 나타납니다.

그리고 같은 화면에 합성할 인물 이미지를 추가로 또 불러오면 인물 이미지는 'Layer 1'이란 이름으로 레이어의 두 번째에 위치하게 되고 작업 창에서도 인물 이미지가 배경 이미지의 위쪽에 나타납니다.

이런 과정을 진행하면서 이미지의 사용하지 않는 부분들은 잘라내고 크기나 보정을 통해 자연스럽게 합성하게 됩니다. 이제 합성을 위해 인물만 선택한 후 크기를 줄인 모습을 보여드리겠습니다. 인물의 비율이 배경과 어울리면서 자연스러운 합성 효과를 볼 수 있습니다.

이번에는 이미지가 아닌 새로운 레이어를 만들고, 색을 칠해 그림자를 만들어 주게 됩니다. 새로운 레이어를 만들면 'Layer 2' 레이어가 생성됩니다. 'Layer 2' 레이어에 색을 칠해 인물의 아래쪽에 그림자가 생겼고 새로 만든 'Layer 2' 레이어에도 검은색을 칠한 부분이 나타난 걸 볼 수 있습니다. 새로운 레이어는 순서대로 [Layers] 패널에의 맨 위쪽에 위치하게 됩니다.

006 ㅣ 작업한 이미지 불러오기

Dragon 판타지 합성을 통해 판타지 합성에 필요한 기능들에 대해 알아보겠습니다. 또한 이미지를 불러와 레이어에 대해 더 자세히 알아보겠습니다. 이미지는 클라우드 문서나 PC의 이미지를 불러올 수 있습니다.

예제 파일 ㅣ 기본편 〉 PART 02 〉 Lesson 01 〉 Nature.jpg

완성 파일 ㅣ 기본편 〉 PART 02 〉 Lesson 01 〉 작업 창 만들기 및 대표적인 메뉴 살펴보기.psd

01. 작업할 이미지를 불러오기 위해 [File] 〉 [Open](Ctrl + O) 메뉴를 클릭하고, [On your computer]를 클릭한 후 예제 파일 폴더로 이동합니다.

02. 첨부 파일 중 'Nature' 이미지를 선택한 후 [열기]를 클릭합니다.

불러온 이미지를 작업 창에 옮기는 방법은 여러 가지가 있습니다. 대표적으로 가장 많이 사용하는 방법에 대해 알아보겠습니다.

[Move Tool]을 이용해서 작업 창으로 이미지 옮기기

이미지를 열면 따로 작업 창이 생기게 됩니다. 툴바의 [Move Tool]를 이용하면 원하는 작업 창에 이미지를 옮길 수 있습니다.

01. 새로운 창이 열리면 이미지가 나타나고 오른쪽에 [Layers] 패널도 생깁니다.

💡Tip 툴바에서 [Move Tool]을 선택한 후 처음에 만들었던 작업 창으로 이미지를 옮겨야 합니다. 작업 창을 보면 활성화된 [Nature]의 탭 부분이 밝은색인 걸 확인할 수 있습니다. 비활성화된 작업 창의 경우는 어둡게 나타납니다.

02. [Move Tool]로 'Nature' 이미지를 선택합니다. 이제 합성 작업을 위해 'Untitled-1' 작업 창으로 이미지를 옮기기 위해 작업 창의 탭 부분을 드래그하여 옮깁니다. 옮길 때는 Shift 를 누른 상태로 옮겨야 이미지가 틀어지지 않고 정 가운데에 위치하게 됩니다. 이미지를 중앙에 위치시켜야 작업하기 수월합니다.

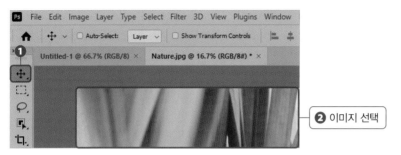

03. 'Untitled-1' 작업 창이 활성화되고 탭 부분이 밝아지면서 이미지가 옮겨진 모습입니다. 창이 활성화되고 [Layers] 패널에도 'Nature' 이미지가 나타난 걸 볼 수 있습니다.

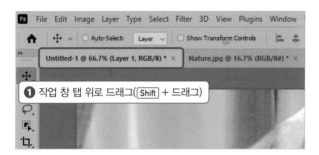

💡Tip 작업 창으로 이미지를 이동시키는 방법 간단 정리

• [Move Tool]을 선택합니다.
• 'Nature' 작업 창의 이미지를 선택합니다.
• 'Nature' 이미지를 선택한 상태로 Shift 를 누릅니다. Shift 와 이미지는 계속 클릭한 상태를 유지합니다.
• 옮기려는 'Untitled-1' 작업 창의 탭 위로 마우스 포인터를 이동시킵니다.
• 'Untitled-1' 작업 창의 탭이 밝게 활성화되면서 작업 창이 바뀌고, 바뀐 작업 창에서 마우스 포인터 모양이 +로 바뀌면 이때 놓아주면 됩니다.

008 | 작업 창에 이미지 바로 열기

[Place Embedded]를 이용하면 이미지를 현재 작업 창에서 바로 열 수 있습니다. 합성 작업이 익숙해지면 이미지를 열 때 가장 많이 사용하는 방법입니다. [Place Embedded]는 [Convert to Smart Object]가 적용된 상태로 나타나는데 레이어를 마우스 오른쪽 버튼으로 클릭한 후 [Rasterize Layer]를 선택해 해제할 수 있습니다. [File] 〉 [Place Embedded] 메뉴를 클릭합니다.

Convert to Smart Object

[Convert to Smart Object]가 적용된 상태에서는 이미지를 벡터 형식으로 나타내며 자유 변형 속성이 유지되고 해상도가 깨지지 않습니다. 또한 적용한 필터 효과들을 레이어에서 바로 수정할 수가 있고 여러 레이어를 선택해 [Convert to Smart Object]를 적용하면 하나의 레이어로 변환되어 깔끔하게 관리할 수도 있습니다. 이 레이어들은 더블클릭하면 새로운 작업 창으로 레이어가 다시 나타나 수정할 수 있습니다. [File] 〉 [Place Embedded] 메뉴를 클릭한 후 원하는 이미지를 선택하고 [Place]를 클릭합니다.

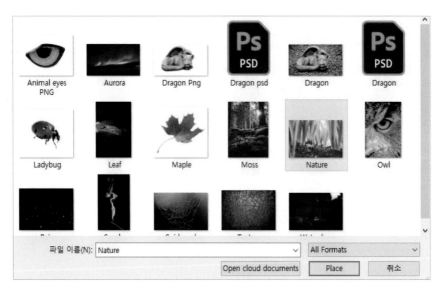

009 | 자유 변형 도구 사용법

[Free Transform]을 이용해 배경 이미지의 크기를 줄입니다. [Free Transform]은 이미지의 크기나 방향을 수정할 수 있는 포토샵의 대표적인 기능입니다. 합성 강좌에서 가장 많이 사용하기 때문에 꼭 알아두도록 합니다.

자유 변형 사용 전 필요한 종횡비 유지 설정

포토샵 2019 버전부터 종횡비를 유지한 채 크기를 조절하는 단축키가 Alt 하나로 변경되었습니다. 2018 이전 버전에서는 Alt + Shift 를 사용해야 했습니다. 2018 이전 버전으로 사용할 경우 환경 설정을 통해 [Edit] 〉 [Preferences] 〉 [General] 〉 [Use Legacy Free Transform] 체크 후 [OK] 버튼을 클릭하면, 2018 이전 버전 단축키로 사용할 수 있습니다.

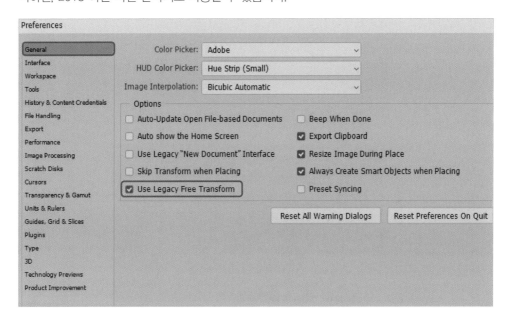

이제 옮겨온 이미지의 크기를 줄여야 합니다. [Edit] 〉 [Free Transform](Ctrl + T) 메뉴를 클릭하여 [Free Transform Tool]을 활성화하면 이미지에 테두리 라인이 나타나고 상단에 [Free Transform] 추가 옵션이 나타납니다.

[Free Transform] 추가 옵션

[Free Transform]을 활성화하면 상단 옵션 바에 다양한 추가 옵션이 나타납니다. 이미지의 위치나 크기를 수정할 수 있습니다.

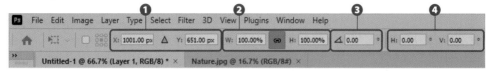

❶ Use relative positioning for reference point : 수평과 수직 위치를 조절합니다.

❷ Maintain aspect ratio : 이미지의 폭과 넓이를 조절하고 종횡비를 유지합니다. 항상 체크합니다.

❸ Rotate : 이미지의 회전 각도를 설정합니다.

❹ Set horizontal skew, Set vertical skew : 수평과 수직 기울기를 설정합니다.

> Tip 폭과 넓이가 일정하게 줄어들지 않을 경우 반드시 [Maintain aspect ratio] 켜져 있는지 확인합니다.

01. 이미지가 커서 자유 변형 라인이 보이지 않을 경우 작업 창을 축소해 확인할 수 있습니다. [View] 〉 [Fit on Screen](Ctrl + O) 메뉴를 클릭하면 작업 창이 축소하면서 숨어있던 자유 변형 라인이 나타납니다.

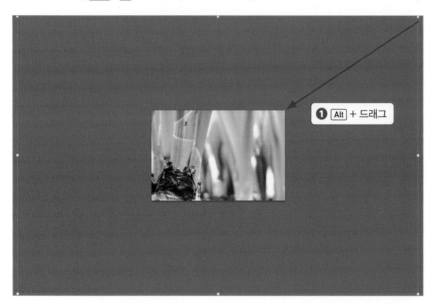

02. [Alt]를 누른 상태로 이미지 모서리 포인트 부분을 안쪽으로 드래그해서 크기를 줄입니다. 작업 창에 이미지의 전체 모습이 들어오도록 줄여야 합니다. 이미지를 참고해서 비슷하게 줄이도록 합니다.

03. 원하는 크기로 이미지를 줄인 후 [Enter]를 누르거나, 상단의 [Commit transform]를 클릭합니다.

🖐 기능 Tip

❶ Warp : 이미지를 변형시킵니다.

❷ Cancel transform : [Transform]을 취소합니다.

❸ Commit transform : 현재 변형을 완료합니다.

04. 툴바에서 [Zoom Tool]을 클릭하고, 이미지를 마우스 오른쪽 버튼으로 클릭한 후 팝업 창이 나타나면 [Fit on screen]을 선택합니다. 이미지 확대나 축소 시에는 이미지의 정중앙을 클릭합니다. 모서리 부분을 클릭할 경우 모서리를 중심으로 이미지가 확대합니다.

🖐 기능 Tip

❶ Fit on Screen : 화면 크기에 맞게 조정합니다.

❷ 100% : 100% 확대합니다.

❸ 200% : 200% 확대합니다.

❹ Print Size : 인쇄 크기로 확대합니다.

❺ Zoom In : 확대합니다.

❻ Zoom Out : 축소합니다.

05. 작업 창이 확대된 모습을 확인할 수 있습니다.

010 | 파일 저장 및 작업 창 살펴보기

프로그램이나 PC 문제로 인해 작업 파일이 손상될 수 있기 때문에 작업 진행 중 수시로 파일을 저장하는 게 좋습니다. [File] 메뉴 또는 단축키를 이용해 저장할 수 있습니다. 또한 작업 창 탭을 이용해 파일을 불러오거나 창 위치를 변경할 수 있습니다.

파일 저장하기

파일은 보통 두 가지 방법으로 저장하는 데 [Save]와 [Save As]로 저장합니다.

01. [Save]는 현재 작업 파일의 이름을 따로 수정하지 않고 바로 저장하고 [Save As]는 다른 이름으로 저장할 수 있습니다. JPEG 또는 다른 확장자로 저장할 때는 [Save a Copy]를 선택해서 저장하면 됩니다. [Save As]로 저장하겠습니다.

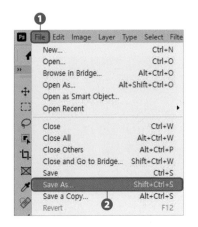

02. 상단의 [Save As]에 제목을 입력하고, [On your computer]를 클릭해서 저장할 폴더로 이동합니다. 참고로 저는 제목을 'Dragon'이라고 하겠습니다.

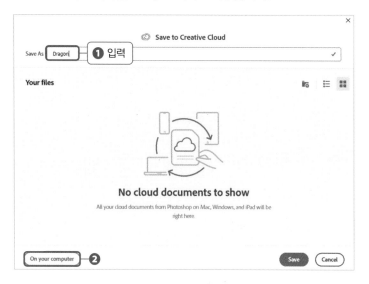

기능 Tip

❶ Save As : 파일의 이름을 지정합니다.

❷ On your computer : 내 컴퓨터에 저장할 위치를 지정합니다.

03. 내 컴퓨터에 저장할 건지 클라우드에 저장할 건지 선택할 수 있습니다. 안전하게 컴퓨터에 저장하기 위해 [Save on your computer]를 선택합니다. 다시 어디에 저장할지 묻는 창이 나타나지 않게 하려면 [Don't show again]에 체크합니다.

04. 파일 이름과 파일 형식 그리고, 저장 위치를 다시 한번 확인한 후 [저장]을 클릭합니다. [Save to cloud documents]를 통해 클라우드 문서로 불러올 수도 있습니다.

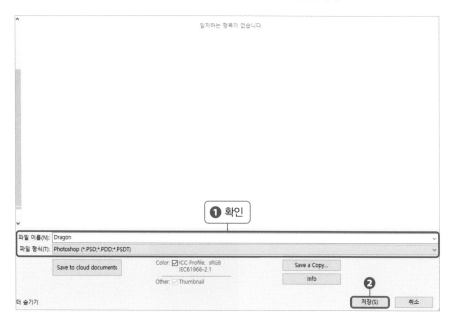

05. 작업 창에 [Photoshop Format Options] 창이 나타나면 [OK] 버튼을 클릭하여 마무리합니다.

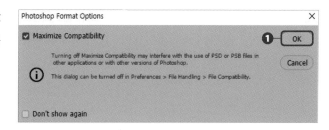

작업 창 활용하기

작업을 진행하다 보면 여러 개의 작업 창을 띄워 놓는 경우가 있습니다. 복잡하지 않게 사용하지 않는 창들은 닫아 놓는 게 좋습니다. 작업 창의 탭 부분을 이용해 사용하지 않는 작업 창을 닫거나 파일을 열 수도 있습니다.

01. 이제 사용하지 않는 'Nature' 작업 창을 닫도록 하겠습니다. 사용하지 않는 창을 닫는 방법은 작업 창의 [닫기]를 클릭하거나, 탭을 마우스 오른쪽 버튼으로 클릭한 후 [Close]를 선택해도 됩니다.

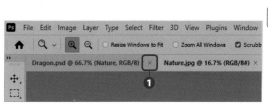

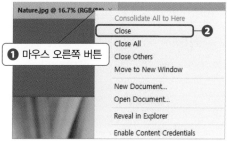

기능 Tip

❶ Consolidate All to Here : 작업 영역이 분리되어 있으면, 보기 모드를 탭 창으로 바꿔 표시합니다.
❷ Close : 현재 작업 창을 닫습니다.
❸ Close All : 전체 작업 창을 닫습니다.
❹ Close Others : 현재 창을 제외한 나머지 창을 닫습니다.
❺ Move to New Window : 새 작업 창으로 이동합니다. ❻ New Document : 새로운 작업 창을 만듭니다.
❼ Open Document : 새 작업 창을 열 수 있습니다.   ❽ Reveal in Explorer : 탐색기를 사용합니다.

02. 사용하지 않을 'Nature' 작업 창은 [Close]를 선택해 닫습니다.

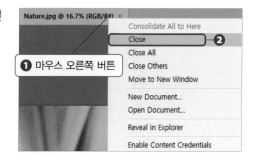

011 | 레이어 이름 지정하기

레이어 이름을 지정하면 필요한 레이어를 쉽게 찾을 수 있기 때문에 이름을 지정해 주는 게 좋습니다. 이름을 지정하지 않을 경우 'Layer 1' 레이어를 시작으로 순서대로 레이어 뒤에 숫자가 붙게 됩니다.

01. 'Layer 1' 레이어의 이름을 더블클릭합니다. 이름이 파랗게 활성화되면 바꿀 수 있습니다. 이름이 아닌 다른 곳을 클릭하면 [Layer Style] 창이 나타날 수 있기 때문에 반듯이 이름을 클릭합니다. 'Nature'라고 이름을 지정하고 Enter 를 누릅니다.

> 💡Tip **레이어 위치 수정 방법**
>
> 간혹 레이어 위치가 바뀌거나 잘못 옮겼을 경우 레이어의 위치를 수정해야 하는 경우가 있습니다. 그럴 때는 위치가 잘못된 레이어를 드래그해서 원하는 곳에 위치시키면 됩니다. 단축키 Ctrl + [ ], Ctrl + [ ]를 이용해 한 칸씩 위아래로 옮기거나, Shift + Ctrl + [ ], Shift + Ctrl + [ ]를 이용해 전체 레이어의 끝과 끝으로 이동하는 방법도 있습니다.

LESSON 02

Brightness/Contrast와 Gradient Map

'Brightness/Contrast'는 이미지의 밝기를 조절하는 대표적인 포토샵 기능입니다. 'Brightness/
Contrast'를 이해하고 이미지에 적용해 보겠습니다. 'Gradient Map'은 전체 색상을 설정할 때 주로 사
용합니다. 다양한 색상을 그레이디언트 효과로 설정할 수 있어 부드럽고 자연스러운 색감 표현에 효과
적입니다. 'Gradient Map'의 기능과 효과에 대해 알아보겠습니다.

예제 파일 기본편 〉 PART 01 〉 Lesson 02 〉 Nature.psd
완성 파일 기본편 〉 PART 01 〉 Lesson 02 〉 명도 대비와 그레이디언트 맵.psd

001 | 클리핑 마스크를 이용한 Brightness/Contrast

모든 마스크의 기능은 원본 이미지를 훼손하지 않는 데 목적이 있습니다. 클리핑 마스크(Clipping Mask)는 다른 레이어에 영향을 주지 않고 하나의 레이어에 조정 레이어나 다양한 효과를 설정시켜 줄 때 사용합니다. 'Nature' 레이어에 'Brightness/Contrast'를 클리핑 마스크로 설정해 보겠습니다.

01. [Layers] 패널 하단의 [Create new fill or adjustment layer]를 클릭한 후 [Brightness/Contrast]를 선택합니다. 앞으로 [Create new fill or adjustment layer]는 '조정 레이어'로 지칭합니다.

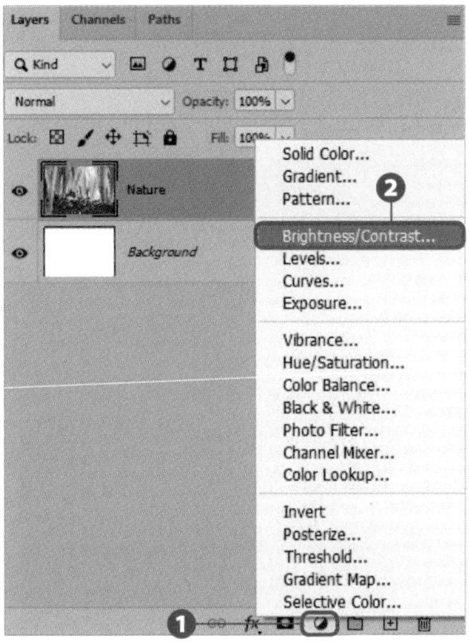

Tip 레이어 마스크

모든 조정 레이어는 기본적으로 '레이어 마스크'가 추가된 상태로 나타납니다. 레이어 마스크는 이미지의 원본을 훼손하지 않으면서 이미지와 레이어의 일부를 숨길 수 있는 방법입니다. 레이어 마스크 설정 시 이미지뿐만 아니라 이런 조정 레이어의 효과들도 이미지와 마찬가지로 이미지에 피해를 주지 않고 효과를 숨길 수 있습니다.

02. 클리핑 마스크를 설정하는 방법은 네 가지가 있습니다. 첫 번째 방법은 [Layer] 〉 [Create Clipping Mask] 메뉴를 클릭하는 것입니다.

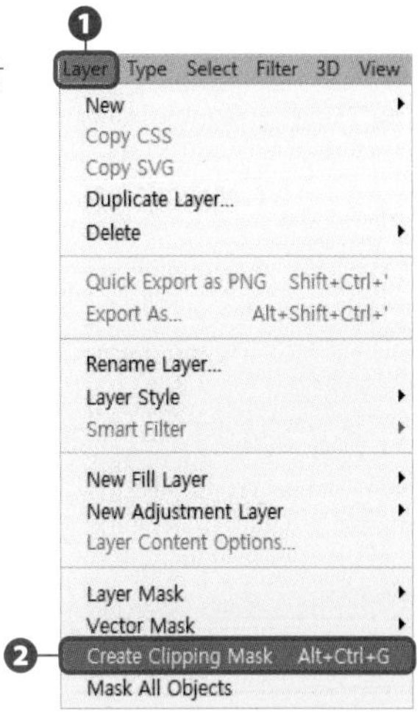

03. 두 번째는 단축키 [Ctrl]+[Alt]+[G]를 사용하는 방법입니다. [Ctrl]+[Alt]+[G]를 다시 누르면, 클리핑 마스크가 해제됩니다. 세 번째는 [Alt]를 누른 상태에서 레이어와 레이어 사이에 마우스 포인트를 위치시키고, 클리핑 마스크 선이 나타나면 클릭하는 방법입니다. 보통 이 방법을 가장 많이 사용합니다. 해제하는 방법은 같은 방법으로 레이어 사이에 마우스 포인터를 위치시키고 클리핑 마스크 선이 나타날 때 클릭하면 해제됩니다.

04. 네 번째 방법은 클리핑 마스크를 설정할 레이어의 이름에 마우스 오른쪽 버튼을 클릭한 후 [Create Clipping Mask]를 선택하는 방법입니다.

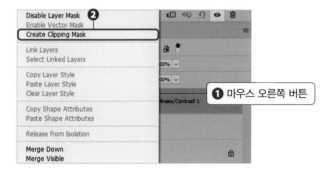

002 | Brightness/Contrast를 이용해 밝기 조절하기

'Brightness/Contrast'를 이용해 이미지의 밝기와 대비를 조절할 수 있습니다. 'Brightness/Contrast'는 간단한 밝기 조절과 보정에 효과적입니다. 이제 'Nature' 이미지의 밝기를 어둡게 만들어 줘야 합니다. 어두운 분위기로 만들기 위해서는 다양한 조정 레이어 효과가 필요합니다.

01. 클리핑 마스크를 적용하고, 어두우면서 대비를 강하게 만들기 위해 [Brightness] : '−140', [Contrast] : '100'으로 설정합니다.

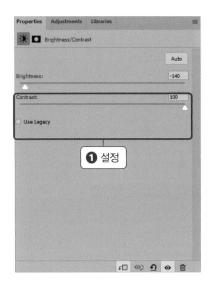

👆 기능 Tip

❶ Brightness : 이미지의 밝고 어두움을 설정합니다. 오른쪽으로 옮기면 색의 농도가 증가하고 이미지가 밝아지고 왼쪽으로 옮기면 색의 농도가 감소하면서 이미지가 어두워집니다.

❷ Contrast : 이미지의 상대적인 밝기의 밝고 어두움을 조절합니다. 오른쪽으로 옮기면 밝은 곳은 더 밝고 어두운 곳은 더 어둡게 나타납니다. 왼쪽으로 옮기면 어두운 곳은 탁하게 밝아지고 밝은 곳은 어둡게 나타납니다.

❸ Use Legacy : 명도 대비 조정 시 적은 범위로 더 강하게 변경할 수 있습니다.

❹ Auto : 자동으로 명도 및 대비를 교정합니다.

02. 이미지의 밝기가 달라진 걸 확인할 수 있습니다.

003 | Gradient Map 알아보기

포토샵에는 다양한 색감 조정 필터 효과가 있습니다. 그중에서 'Gradient Map'은 이미지의 전체 색상을 다양하고 자연스럽게 바꾸는 데 효과적입니다. 이번에는 이미지에 'Gradient Map'을 이용하여 색상을 조절하는 방법을 알아보겠습니다.

01. 이런 효과들은 [Image] 〉 [Adjustments] 메뉴에서 레이어에 바로 효과를 설정하는 방법과 [Layers] 패널의 [Create new fill or adjustment layer]에서 따로 조정 레이어를 만들어 설정하는 방법이 있습니다. 합성 특성상 효과 적용 후 수정하는 경우가 많기 때문에 조정 레이어를 사용하는 걸 추천합니다.

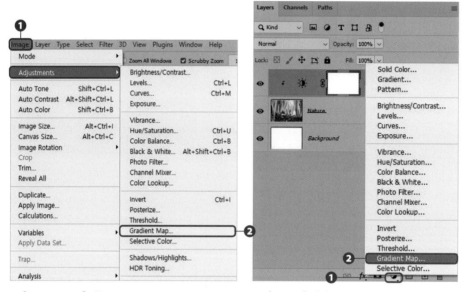

▲ [Adjustments] 메뉴　　　　　　　　　▲ [Layers] 패널

02. [Layers] 패널 아래의 [Create new fill or adjustment layer]를 클릭한 후 [Gradient Map]을 선택합니다.

03. [Gradient Map]을 선택하면 레이어가 생성되면서 [Properties] 패널에 현재 그레이디언트 색상이 나타납니다. [Gradient Map] 색상은 툴바에 지정되어 있는 전경색과 배경색을 표시합니다.

04. [Gradient Map Properties]를 통해 현재 설정된 색상과 레이어 마스크에 대한 정보를 확인할 수 있습니다. [Gradient Map]의 왼쪽 색상은 어두운 부분의 색상을 담당하고 오른쪽 부분은 밝은 부분을 담당합니다.

기능 Tip

❶ Gradient Map : 그레이디언트 맵의 색상을 나타내고 편집기로 이동합니다.

❷ Masks : 그레이디언트 맵의 마스크 속성을 볼 수 있습니다.

❸ Dither : 두 개 이상의 색상을 사용할 경우 겹치는 부분에 밴딩 노이즈 현상이 발생하는 데 이걸 조금 더 매끄럽게 만듭니다. 밴딩 노이즈는 가로나 세로로 줄무늬 현상이 나타나는 걸 뜻합니다.

❹ Reverse : 어두운 영역과 밝은 영역의 위치를 반전시킵니다.

❺ Method : 그레이디언트 색상이 표시되는 방식을 설정합니다.

❻ This Adjustment affects all layer below : 클리핑 마스크를 설정합니다.

❼ Press to view previous state : 이전 상태의 그레이디언트를 볼 수 있습니다.

❽ Reset to adjustment defaults : 이전 상태의 그레이디언트로 돌아갑니다.

❾ Toggle layer visibility : 레이어의 눈을 끄거나 켤 수 있습니다.

❿ Delete this adjustment layer : 그레이디언트 맵을 삭제합니다.

05. [Masks]는 레이어 마스크의 설정과 효과를 설정할 수 있습니다.

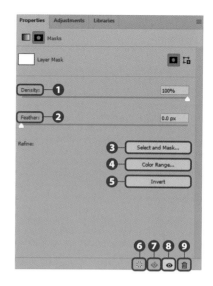

❶ Density : 레이어 마스크에 설정한 밀도의 양을 조정합니다.

❷ Feather : 레이어 마스크에 설정한 밀도의 테두리를 부드럽게 만듭니다.

❸ Select and Mask : 레이어 마스크 다듬기 설정 창으로 이동합니다.

❹ Color Range : [Color Range] 창으로 이동합니다.

❺ Invert : 레이어 마스크 범위를 반전시킵니다.

❻ Load Selection from Mask : 레이어 마스크 범위를 선택 영역으로 만듭니다.

❼ Apply Mask : 레이어와 레이어 마스크를 합칩니다.

❽ Disable/Enable Mask : 레이어 마스크를 비활성화 시킵니다.

❾ Delete Mask : 레이어 마스크를 삭제합니다.

004 | [Gradient Editor] 창 사용 방법

[Gradient Editor] 창을 이용해 색상 영역을 지정할 수 있습니다. 또한 포토샵에서 기본으로 제공하는 그레이디언트 색상 효과를 선택해서 사용할 수도 있습니다.

01. [Gradient Map]을 실행한 후 레이어의 그레이디언트 모양을 선택합니다. [Properties] 패널은 각 효과의 레이어에 나타난 모양을 선택해야 나타납니다.

02. 그레이디언트 설정 후 이미지의 색상 변화 모습입니다. 전경색과 배경색인 검은색과 흰색이 섞인 모습입니다. 이제 새로운 색상을 지정해 조금 어두운 밤 분위기로 만들어 보겠습니다.

03. 그레이디언트 색상 부분을 클릭합니다.

04. [Gradient Editor] 창이 나타납니다. 먼저 왼쪽 [Color Stop]을 클릭합니다. [Color]가 활성화되면 [Color]를 클릭합니다.

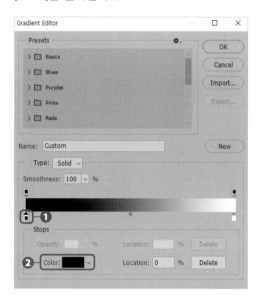

기능 Tip

❶ Presets : 다양한 그레이디언트 색상을 선택할 수 있습니다.

❷ Name : 그레이디언트 맵 이름을 나타냅니다.

❸ Type : 색상 타입을 단색과 노이즈로 선택합니다.

❹ New : 현재 그레이디언트 색상을 추가합니다.

❺ Smoothness : 그레이디언트를 매끄럽게 조정합니다.

❻ Opacity Stop : 불투명도 정지점을 나타냅니다.

❼ Color Stop : 색상 정지점을 나타냅니다.

❽ Opacity : 색상의 투명도를 설정합니다.

❾ Location : 정지점 위치를 조정합니다. 포인트를 직접 클릭해 이동할 수도 있습니다.

❿ Color : 그레이디언트 컬러를 선택합니다.

05. [Color]를 선택하면 [Color Picker] 창이 나타납니다. '0a163b'를 입력한 후 [OK] 버튼을 클릭합니다.

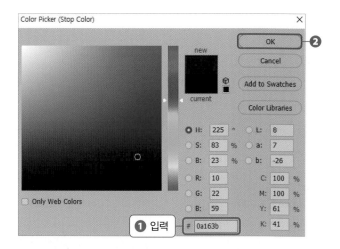

06. 왼쪽 [Color Stop]의 색상이 바뀌고 이미지의 어두운 부분 색상도 변화한 걸 확인할 수 있습니다.

07. 이제 오른쪽 [Color Stop]을 바꿔줘야 합니다. 왼쪽 [Color Stop]에 적용했던 방법으로 이번에는 오른쪽 [Color Stop]을 클릭하고 [Color]가 활성화되면 '0d6293'을 입력하고 [OK] 버튼을 클릭합니다.

08. 색상 선택이 완료됐으면 [Gradient Editor] 창의 [OK] 버튼을 클릭합니다. 그레이디언트 맵의 양쪽 색상을 바꿔보았습니다.

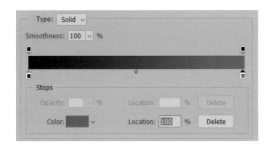

LESSON 03
브러시와 레이어 마스크 이해하기

포토샵에서 가장 많이 사용하는 대표적인 브러시와 합성에 꼭 필요한 레이어 마스크에 대해 알아보겠습니다. 브러시의 사전적 의미는 '붓'을 뜻하며, 포토샵에서도 주로 색을 칠하는 역할을 합니다. 레이어 마스크는 이미지의 원본을 훼손하지 않으면서 이미지나 레이어의 일부를 숨길 수 있는 기능입니다.

예제 파일   기본편 〉 PART 02 〉 Lesson 03 〉 Moss.jpg / Spiderweb.jpg
완성 파일   기본편 〉 PART 02 〉 Lesson 03 〉 Lesson 03. 브러시와 레이어 마스크 이해하기.psd

001 | 브러시 이해하기

브러시를 이용해 색을 칠하거나 모양을 그릴 수 있습니다. 또한 다양한 브러시 옵션과 설정을 알아두면 브러시를 보다 더 효율적으로 사용할 수 있습니다. 브러시의 원리와 다양한 설정 방법에 대해 알아보겠습니다.

브러시 옵션

브러시를 선택하면 옵션 바에 다양한 브러시 옵션이 나타납니다. 설정에 따라 브러시를 다양한 용도로 사용할 수 있습니다. 브러시 옵션에 대해 알아보겠습니다.

01. 먼저 왼쪽 툴바에서 [Brush Tool]을 선택합니다. 툴바 속에는 숨겨져 있는 툴이 있습니다. 각 툴바 아이콘 아래의 작은 삼각형을 선택하면 숨어있는 브러시를 확인할 수 있습니다.

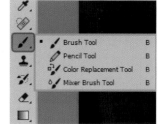

브러시를 선택하면 메뉴 아래에 옵션 바가 나타납니다.

👆 기능 Tip

❶ Brush Preset picker : 브러시를 선택하거나 불러오고 보기 설정을 할 수 있습니다.

❷ Brush Settings panel : [Brush Settings] 패널을 띄웁니다. 디테일한 브러시 설정을 할 수 있습니다.

❸ Painting Mode : 브러시의 혼합 모드를 설정할 수 있습니다.

❹ Opacity : 획 불투명도를 설정합니다.

❺ Pressure for Opacity : 펜 압력을 이용해 획의 투명도를 조절합니다.

❻ Flow : 획의 흐름 양을 설정합니다.

❼ Enable airbrush-style build-up effects : 펜의 압력에 따라 브러시 크기를 조절합니다. 브러시를 클릭한 채 기다리면 브러시 범위가 넓어집니다.

❽ Set smoothing for stroke : 수치를 올릴수록 획의 흔들림을 줄입니다.

❾ Set additional smoothing options : 추가 보정 옵션을 설정합니다.

❿ Brush angle : 브러시 각도를 설정합니다.

⓫ Always use Pressure for size : 펜 압력을 항상 사용합니다.

⓬ Set symmetry options for Painting : 대칭 그리기 옵션을 사용합니다.

💡 Tip 브러시 사용 문제 해결

간혹 브러시가 정상적으로 작동하지 않을 때는 가장 먼저 상단 브러시 옵션 바의 [Mode]를 확인합니다. 기본 모드는 'Normal'로 되어 있어야 브러시가 정상적으로 작동합니다. 또 [Opacity] : '100%', [Flow] : '100%'로 되어있는지 꼭 확인합니다.

브러시의 원리, 그리고 Opacity와 Flow

브러시는 하나의 선이 아닌 점으로 만들어집니다. 이 간격이 좁아질수록 점들이 이어져 선으로 보이게 됩니다. 'Opacity'는 브러시의 전체 투명도를 조절하고 'Flow'는 브러시 각 점의 투명도를 조절합니다.

'Opacity'와 'Flow'가 100%인 상태에서는 완벽한 색이 표현됩니다. 하지만 [Opacity] : '100%'고 [Flow] : '50%'가 되면 이미지처럼 점들의 투명도가 내려가면서 전체적으로 색이 약하게 표현되고 중첩된 부분들만 진하게 표현됩니다.

반대로 [Opacity] : '50%'고 [Flow] :'100%'가 되면 점들의 투명도는 정상으로 돌아오기 때문에 중복된 부분은 나타나지 않고 브러시 투명도만 50% 줄어든 모습으로 보이게 됩니다.

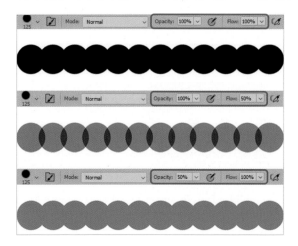

합성 시 [Opacity]와 [Flow] 수치의 차이가 크게 날 경우에는 이런 점들의 중복된 부분만 진하게 표현되어 색이 바르게 표현되지 않거나, 레이어 마스크 사용 시 이미지가 지저분하게 지워질 수 있습니다. 그렇기 때문에 [Opacity]와 [Flow] 수치는 항상 비슷한 수치에 놓고 작업하는 게 좋습니다.

💡 Tip 브러시가 [+] 모양으로 보일 경우

브러시를 자주 사용하다 보면 실수로 Caps Lock 을 누르는 경우가 있습니다. Caps Lock 을 누르면 브러시 모양이 [+] 모양으로 나타나기 때문에 Caps Lock 을 다시 눌러서 반듯이 꺼주기 바랍니다. 그리고 브러시 크기가 작업 창보다 클 경우 [+] 모양으로 보이는 경우도 있기 때문에 브러시 크기를 줄이도록 합니다.

002 | 레이어 마스크 이해하기

합성 작업 시 불러온 이미지를 실수로 훼손하게 되면 다시 이미지를 불러와 작업을 진행해야 합니다. 하지만 레이어 마스크를 이용하면 원본 이미지를 훼손하지 않고, 숨기거나 복원시킬 수 있습니다.

01. 먼저 합성에 사용할 이미지를 불러오겠습니다. 앞선 작업에 이어서 [File] 〉 [Open] 메뉴를 이용해 'Spiderweb' 이미지를 불러옵니다. 툴바에서 [Move Tool]을 선택하고 Shift를 누른 채 이미지를 드래그해서 이전 작업하던 작업 창으로 옮깁니다.

02. 이미지의 위치를 잡기 전에 먼저 크기를 줄여야 합니다. [Edit] 〉 [Free Transform](Ctrl+T) 메뉴를 이용해 자유 변형 라인이 나타나게 합니다.

03. 이 상태에서 옵션 바를 보면 자유 변형 옵션이 나타납니다. [Maintain aspect ratio]에 체크를 확인하고, [W]나 [H]에 수치를 입력해 이미지 크기를 조절할 수 있습니다.

04. [W]나 [H]에 위에 마우스 포인트를 올려놓으면 화살표가 나타납니다. 이때 좌측이나 우측으로 이동하면 이미지 크기를 줄이거나 늘릴 수 있습니다. 합성할 때 이미지 크기 조절 시 가장 많이 사용하는 방법입니다.

05. 크기를 [W] : '65%'로 설정합니다.

06. 'Spiderweb' 이미지를 드래그해서 오른쪽 상단에 위치시키고 자유 변형 라인이 다 보이지 않는다면, Ctrl+0을 눌러 다 보이도록 합니다. 자유 변형을 마무리하기 위해서는 이미지를 더블클릭하거나, 옵션 바의 [V]를 클릭하거나 Enter를 누르면 됩니다.

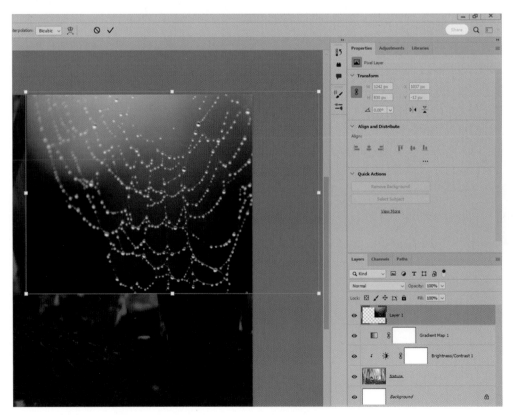

07. 레이어에 이름을 'Spiderweb'으로 바꿉니다. 그리고
[Layers] 패널 하단의 [Add a layer mask]를 클릭해서 레
이어 마스크를 적용합니다.

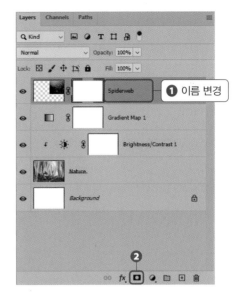

08. 이제 이미지의 사용하지 않을 부분을 지워야 합니
다. 그렇기 위해서 블렌딩 모드를 먼저 설정해 보겠습니다.
블렌딩 모드를 'Normal'로 설정되어 있습니다.

09. 이번에는 블렌딩 모드를 'Linear Dodge (Add)'로 선택합니다. 'Linear Dodge (Add)'는 각 채널
의 색상 정보를 보고 명도를 증가시켜서 기본 색상을 밝게하여 혼합 색상을 반영합니다. 블렌딩 모드
가 설정되어 이미지가 달라진 걸 확인할 수 있습니다.

10. 블렌딩 모드를 설정하고 나면 'Spiderweb' 이미지의 테두리 부분이 잘린 듯하게 보입니다. 이런 부분을 지울 때 레이어 마스크를 이용하면 이미지 훼손 없이 지우거나 다시 복원할 수 있습니다.

11. 'Spiderweb' 레이어의 레이어 마스크를 선택하고, 툴바에서 [Brush Tool]을 선택합니다. 그리고 작업 창 화면을 마우스 오른쪽 버튼으로 클릭해 브러시 선택 창을 띄웁니다. 브러시 창을 띄울 때는 항상 작업 창 안에서 마우스 오른쪽 버튼으로 클릭해야 합니다. 첨부한 [Young Jin Brushes] 폴더 중에 부드러운 원 브러시를 선택합니다. 선택한 브러시는 파란색 테두리가 나타납니다.

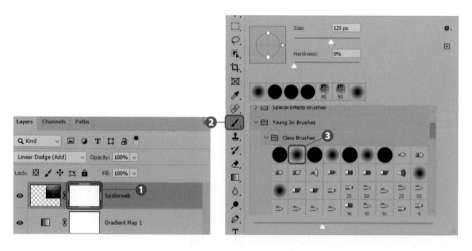

💡Tip 레이어 마스크가 아닌 이미지가 선택된 상태에서 진행하면 이미지가 훼손됩니다.

12. 상단의 옵션 바를 확인합니다. 옵션 바에서도 브러시 모양 옆의 화살표를 클릭하면 브러시를 선택할 수 있습니다. [Brush Size] : '200px'로 설정합니다. [Size]에 직접 입력하거나 키보드 왼쪽 큰 괄호와 오른쪽 큰 괄호를 이용해 크기를 조절합니다. [Mode]는 브러시의 혼합 모드를 설정할 수 있습니다. 특별한 상황이 아닌 이상 항상 'Normal'로 설정되어 있습니다. [Opacity] : '100%', [Flow] : '100%'로 설정하고 [Smoothing] : '0%'를 확인합니다.

13. 전경색을 검은색으로 바꾸기 위해, [Foreground Color] : '#000000'으로 설정합니다. 레이어 마스크에서 검은색은 이미지를 숨기는 역할을 하고 흰색은 나타내는 역할을 합니다. 지금은 테두리를 숨기기 위해 지워야 하기 때문에 검은색을 선택합니다.

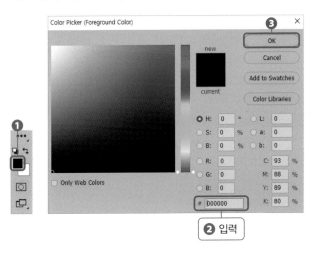

💡Tip 색상 선택 방법

레이어 마스크 작업 시에는 완전한 검은색(#000000)과 흰색(#ffffff)을 사용해야 합니다. 색상이 연한 검은색이나 연한 흰색을 쓰면 색의 농도가 약해져 레이어 마스크에서 완벽하게 지워지지 않거나 나타나지 않습니다. 레이어 마스크 사용 시 이미지가 잘 지워지지 않거나 나타나지 않을 때는 색상 수치를 꼭 확인합니다.

14. 'Spiderweb' 이미지의 잘린 듯한 부분들을 지워주니 훨씬 자연스러워졌습니다. 레이어 마스크에서도 브러시를 어느 정도 칠했는지 확인할 수 있습니다.

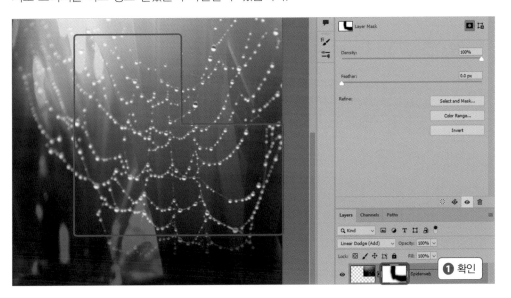

15. 레이어 마스크를 확대해서 볼 수도 있습니다. Alt 를 누른 상태로 레이어 마스크를 한 번 클릭하면, 색을 칠한 곳을 더 자세히 볼 수 있습니다. 다시 원래대로 전환할 때는 Alt 를 누른 상태로 레이어 마스크를 다시 클릭합니다.

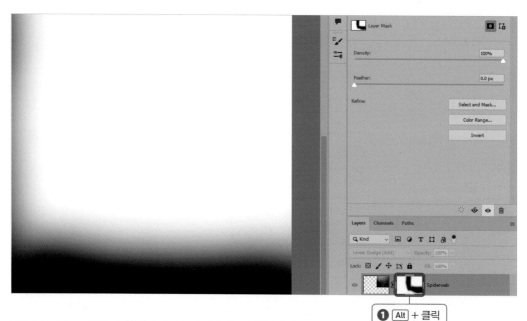

❶ Alt + 클릭

레이어 마스크 사용 순서입니다. 이 과정을 꼭 기억합니다.

❶ 레이어에 레이어 마스크를 적용합니다.
❷ 툴바에서 [Brush Tool]을 선택합니다.
❸ 전경색을 '#000000' 또는 '#ffffff'로 선택합니다.
❹ 브러시의 [Opacity]와 [Flow]를 확인합니다.
❺ 레이어에서 사용하거나 사용하지 않을 부분들을 칠합니다.

브러시를 이용해 이미지에 색을 더해 자연스럽고 사실적인 효과를 만들 수 있습니다.
자연스러운 색상을 선택하는 방법에 대해 알아보겠습니다.

01. 먼저 작업 순서에 맞춰 [Brightness/Contrast]를 설정하겠습니다. 다양한 효과로 어두운 배경을 만들긴 했지만 주제에 더 집중될 수 있도록 배경을 더 어둡게 만들겠습니다. [Layers] 패널 아래의 [Create new fill or adjustment layer]에서 [Brightness/Contrast]를 선택하고, [Brightness] : '-85', [Contrast] : '40'으로 설정합니다.

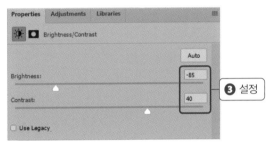

02. 이전보다 확실히 더 어두워진 걸 확인할 수 있습니다.

03. 이제 브러시로 색을 칠하기 위해 새로운 레이어를 만듭니다. [Layer] 〉 [New] 〉 [Layer]([Shift]+[Ctrl]+[N]) 메뉴를 클릭하거나, [Layers] 패널 하단의 [Create a new layer]를 클릭합니다. 레이어 이름을 'Mist'로 변경합니다.

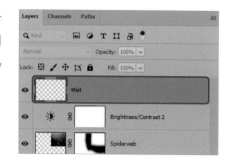

04. 툴바에서 [Brush Tool]을 선택하고 부드러운 원 브러시를 선택합니다. 어두운 파랑 배경이기 때문에 전경색을 선택할 때도 파랑 계열의 연한 색상을 선택하면 자연스럽게 보일 수 있습니다. [Foreground Color] : '#415365'로 설정하고 [OK] 버튼을 클릭합니다.

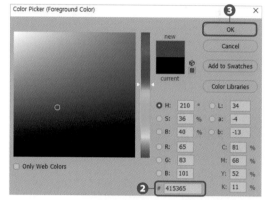

05. [Brush Size] : '800px'로 설정하고 [Opacity] : '100%', [Flow] : '100%'로 설정합니다. 전체 이미지의 아래쪽 3분의 2지점을 왼쪽에서 오른쪽으로 그어서 색을 칠합니다. [Shift]를 누른 상태로 드래그하면 반듯하게 칠할 수 있습니다. 위치를 잘못 칠했을 경우 [Ctrl]+[Z]를 누른 후 다시 칠합니다.

06. 색상이 진한 경우에는 자연스러운 농도 조절을 위해 [Opacity] : '43%'로 줄입니다. 색상이 연해지면서 훨씬 자연스럽게 보입니다.

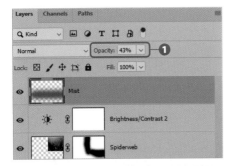

07. 이번에는 바닥을 합성하겠습니다. [File] 〉 [Open]([Ctrl]+[O]) 메뉴를 클릭하고 'Moss' 이미지를 불러옵니다. 이미지를 작업 창으로 옮기고 'Moss'라고 이름을 변경합니다. 이제 옮겨온 'Moss' 이미지의 크기를 작업 창에 맞게 줄여야 합니다. [Ctrl]+[T]를 누른 후 이미지가 워낙 크기 때문에 지금은 자유 변형 라인이 보이지 않습니다.

08. [Ctrl]+[0]을 누르면 자유 변형 라인에 맞춰 작업 창이 줄어드는 걸 볼 수 있습니다.

09. [Alt]를 누른 상태로 이미지의 모서리 포인트를 선택해 크기를 줄입니다. 이번에는 수치를 따로 설정하지 않고 작업 창 폭에 맞춰 줄입니다. 이미지를 줄일 때는 폭이 작업 창 안으로 들어가지 않도록 주의합니다.

💡Tip **자유 변형 설정 시 확대 축소**

자유 변형이 설정된 상태에서 [Zoom Tool]을 클릭하면 자유 변형이 풀려 버리게 됩니다. 이럴 때는 단축키를 이용하면 자유 변형 라인을 유지한 채 확대나 축소할 수 있습니다.

- [Ctrl]+[Space Bar] : 자유 변형 상태에서 이미지를 클릭하면 확대합니다.
- [Ctrl]+[Alt]+[Space Bar] : 자유 변형 상태에서 이미지를 클릭하면 축소합니다.
- [Alt]를 누른 상태로 휠 마우스를 사용하면 줌인, 줌 아웃을 할 수 있습니다.

10. 크기 조절이 마무리되면 [Enter] 또는 상단의 [V]를 클릭합니다. [Zoom Tool]을 이용해 이미지를 클릭해 작업 창 크기를 50%로 확대합니다.

11. 이제 레이어 마스크를 적용하고 'Moss' 이미지의 사용하지 않을 부분을 지웁니다. [Brush Tool]을 선택하고 부드러운 원 브러시를 선택합니다. [Opacity] : '100%', [Flow] : '100%'로 설정합니다. [Foreground Color] : '#000000'으로 설정하고 [Brush Size] : '800px'로 설정합니다.

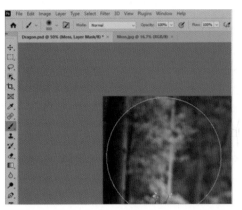

12. 레이어 마스크가 선택되어 있는지 확인 후 'Moss' 레이어에서 사용하지 않을 부분을 지웁니다. 부드러운 원 브러시는 테두리가 흐리기 때문에 지울 때 번지 듯 지워집니다. 지울 부분과 거리를 어느 정도 두고 지우면 자연스럽게 합성된 듯하게 지울 수 있습니다. 바닥에 깔린 이끼를 만들어 준다고 생각하면서 지웁니다. Ctrl + S 를 눌러 저장합니다.

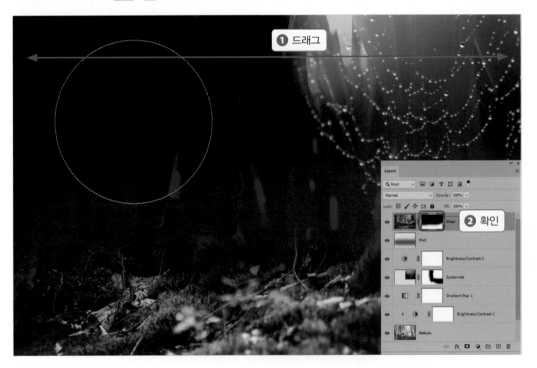

LESSON 04

쉽고 빠른 Pen Tool 활용법

[Pen Tool]은 이미지의 필요한 부분을 깔끔하게 선택할 수 있는 도구입니다. 합성에 있어 가장 중요한 도구이며 포토샵이 꾸준히 업데이트되면서 선택할 수 있는 다양한 포토샵 AI 기능이 나왔지만 아직까지 [Pen Tool] 만큼 깔끔하게 선택할 수는 없습니다. 깔끔하고 자연스러운 합성 기술의 핵심인 [Pen Tool]에 대해서 자세히 배워보겠습니다.

예제 파일 기본편 〉 PART 02 〉 Lesson 04 〉 Dragon.jpg / Dragon.png
완성 파일 기본편 〉 PART 02 〉 Lesson 04 〉 Dragon.psd

001 | **Pen Tool 이해하기**

[Pen Tool]은 이미지의 필요한 부분을 선택해서 잘라내거나 모양을 그릴 때 사용하면 효과적인 도구입니다. 대표적인 [Pen Tool] 활용 방법과 그 외 목록들의 기능에 대해 간단하게 살펴보겠습니다.

01. [File] 〉 [Open]([Ctrl]+[O]) 메뉴를 클릭하여 'Dragon' 이미지를 불러옵니다. [Pen Tool] 사용 방법을 바로 넘어갈 사람들은 첨부해 놓은 'Dragon Png' 이미지를 선택한 후 합성을 이어서 진행하면 됩니다. 툴바에서 [Pen Tool]을 클릭합니다. [Pen Tool]의 하위 목록에는 다양한 툴이 있습니다. 각 기능에 대해 잠깐 알아보겠습니다.

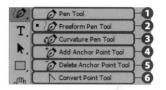

기능 Tip

❶ Pen Tool : 패스 선을 이용해 선택 영역을 만듭니다.

❷ Freeform Pen Tool : 자유롭게 패스 선을 만들 수 있습니다.

❸ Curvature Pen Tool : 포인트를 추가로 생성하거나 포인트를 움직여 모양을 자유롭게 변경할 수 있습니다.

❹ Add Anchor Point Tool : 앵커 포인트를 추가합니다.

❺ Delete Anchor Point Tool : 포인트를 삭제할 수 있습니다.

❻ Convert Point Tool : 직선과 곡선의 패스 선을 바꿉니다.

02. 이제 [Pen Tool]을 선택한 상태로, 옵션 바의 [Pick tool mode]에서 'Path'를 선택합니다.

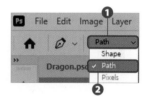

기능 Tip

❶ Shape : 선택 영역을 모양으로 만들 수 있습니다.

❷ Path : 선택 영역을 지정할 수 있습니다.

❸ Pixels : [Ractangle Tool] 사용 시 활성화되며 모양을 만들면 바로 색상이 적용됩니다.

002 | 패스 선 이해하기

[Pen Tool]을 이용해 그린 선을 패스 선이라고 합니다. 패스 선은 포인트와 핸들에 따라 곡선의 양이나 거리가 달라집니다. 간단한 패스 선의 원리를 알아보겠습니다.

01. 'Dragon' 이미지를 합성에 사용하기 위해 [Pen Tool]을 이용해 필요한 부분만 선택하겠습니다. 시작 포인트를 클릭하고 두 번째 포인트를 클릭하면 다음 두 번째 포인트는 파란색이 됩니다. 그리고 두 번째 포인트를 클릭한 채 드래그하면 핸들이 나타납니다. 양쪽 핸들은 자연스러운 곡선 부분을 조절할 때 사용됩니다.

🖐 기능 Tip

❶ 핸들 : 자연스러운 곡선 구간을 선택할 때 조절합니다.

❷ 패스 선 : 선택되어 이어지는 선을 말합니다.

❸ 포인트 : 선택했던 포인트들을 나타냅니다.

02. 직선 구간은 포인트를 찍어서 이어주면 되고 곡선 구간은 포인트를 클릭 드래그한 후 핸들을 이용해야 곡선 모양으로 만듭니다. 패스 선은 핸들을 따라가려는 경향이 있습니다. 곡선 구간이 길고 넓은 곳은 포인트를 한 번에 멀리 찍어 핸들을 길게 하고 곡선의 폭을 넓게 만들어 줄 수 있습니다.

03. 하지만 곡선 구간이 심한 곳에서는 오히려 핸들이 길어지면 다음 포인트를 자연스럽게 클릭하기 어려울 수 있습니다. 이런 경우에는 핸들을 한 번 끊어주고 이어서 만드는 게 좋습니다. Alt 를 누른 채 패스 선 포인트에 마우스를 올려놓으면 작은 방향 표시가 나타납니다. 이때 클릭해서 끊어주면 됩니다.

04. 그리고 다시 이어서 새로운 패스 선을 그리고 곡선 구간에 맞춰서 핸들을 이용해 모양을 만듭니다. Ctrl 을 누른 채 포인트나 패스 선을 선택하면 선택한 부분을 이동할 수 있습니다. 디테일한 조정을 해야 할 경우 사용합니다.

05. 만약 핸들을 이용해 곡선 구간을 선택하기 어렵다면 촘촘하게 곡선 구간을 선택하는 방법도 있습니다. 하지만 자연스러운 곡선 효과를 만들기는 어렵습니다. 모든 선택이 마무리되면 마지막 포인트를 맨 처음 찍었던 포인트와 연결합니다. 맨 처음 찍었던 포인트 위에 마우스 포인트를 올리면 동그란 원 모양이 나타납니다. 이때 클릭하면 모든 패스 선이 이어지게 됩니다.

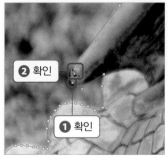

[Pen Tool]을 이용해 원하는 사물의 모양을 선택해서 따로 선택 영역을 지정해 점선 선택 영역으로 만든 후 잘라내 합성에 사용할 수 있습니다.

01. 먼저 선택 영역을 만들기 위해 패스 선이 연결된 이미지를 마우스 오른쪽 버튼으로 클릭하고 [Make Selection]을 선택합니다. [Make Selection] 창이 나타나면, [Feather Radius] : '0pixels'로 설정합니다.

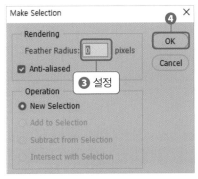

기능 Tip

❶ Feather Radius : 흐림 반경을 설정합니다.

❷ Anti-aliased : 픽셀이 깨지는 현상을 부드럽게 만듭니다.

❸ Operation : 선택 범위를 선택합니다.

02. [OK] 버튼을 클릭하면 패스 선이 점선으로 바뀝니다.

03. 이때 [Layers] 패널의 [Add a layer mask]를 클릭하면 레이어 마스크가 설정되면서 선택했던 부분만 남게 됩니다. 만약 반대로 선택되어 있다면 레이어 마스크를 선택하고 Ctrl + I 를 눌러 선택 영역을 반전시키면 됩니다.

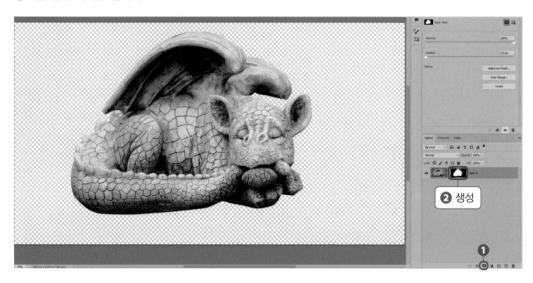

04. 보통 합성 작업 시에는 원본 이미지의 일부분을 다시 복원시켜 사용하는 경우가 많습니다. 그래서 레이어 마스크가 설정된 상태로 작업 창에서 사용합니다. 원본 이미지의 배경을 사용할 필요가 없다면, 레이어 마스크를 선택한 상태에서 마우스 오른쪽 버튼을 클릭한 후 [Apply Layer Mask]를 선택하여 PNG 파일로 만들어 사용할 수 있습니다.

LESSON 05
다양한 툴들을 이용한 명암 효과

다양한 툴들을 이용해 배경과 사물에 명암 효과를 만들 수 있습니다. 명암 효과는 그림자와 마찬가지로 사물을 사실적으로 보이게 만드는 아주 중요한 부분입니다. 명암 효과를 표현할 수 있는 대표적인 툴들을 사용해 보겠습니다.

예제 파일 기본편 〉 PART 02 〉 Lesson 05 〉 Texture.jpg / Dragon.png
완성 파일 기본편 〉 PART 02 〉 Lesson 05 〉 다양한 툴바를 이용한 명암 효과.psd

001 | Brush Tool을 이용한 명암 조절하기

배경과 사물의 자연스러운 합성을 위해서는 명암이나 그림자 효과를 설정하면 훨씬 자연스러운 합성 효과를 만들 수 있습니다. 명암 효과를 만들기 위해서는 조정 레이어를 이용하는 방법도 있고 [Brush Tool]과 같은 툴을 이용해 명암을 만드는 방법이 있습니다.

01. 먼저 앞에서 [Pen Tool]을 이용해서 선택했던 'Dragon' 이미지를 [Move Tool]을 이용하여 Shift 를 누른 상태로 작업 창으로 이동시킵니다.

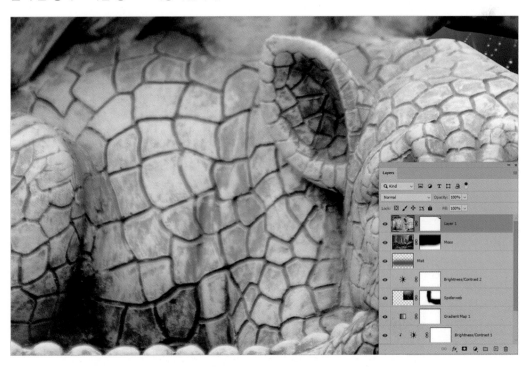

02. 옮겨온 이미지는 작업 화면에 어울리게 크기를 조절해야 합니다. [Edit] 〉 [Free Transform](Ctrl +T) 메뉴를 클릭하거나, [Maintain aspect ratio]가 켜져 있나 확인하고 크기는 [W] : '22%', [H] : '22%'로 설정합니다. 크기는 조금씩 오차가 있을 수 있습니다.

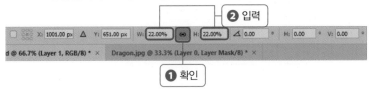

03. 크기 조절이 마무리되면 [Enter]를 누르고, [Move Tool]로 'Dragon' 이미지의 위치를 잡습니다. 레이어 이름을 'Dragon'으로 변경합니다.

04. 이제 'Dragon' 레이어의 레이어 마스크를 선택하고 아랫부분이 풀에 가린 듯 지워줘야 합니다. 레이어 마스크를 선택한 상태에서 [Brush Tool]을 선택합니다. [Brush Size] : '175px' 정도로 설정하고 부드러운 원 브러시를 선택해서 지웁니다. 이미지의 위치가 맞지 않을 경우 [Move Tool]을 이용해서 위치를 다시 잡아주고 마무리합니다.

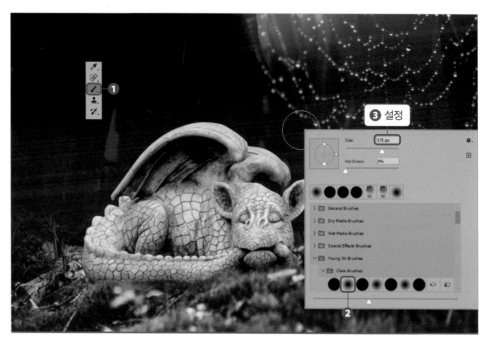

05. [Layers] 패널의 [Create a new layer]를 클릭하여 새로운 레이어를 만들고, [Layer] 〉 [Create Clipping Mask]([Ctrl]+[Alt]+[G]) 메뉴를 클릭해서 클리핑 마스크를 적용합니다.

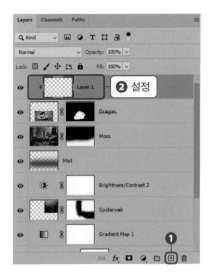

06. 먼저 툴바에서 부드러운 원 브러시를 선택하고 [Foreground Color] : '#000000'으로 설정합니다. 그리고 [Opacity] : '25%', [Flow] : '25%'로 설정합니다. [Opacity]와 [Flow]를 낮게 설정한 이유는 색상이 약한 상태에서 점점 진하게 칠하면서 색상 변화를 보고 명암의 농도를 쉽게 조절할 수 있기 때문입니다. 뒤쪽 빛이 강하기 때문에 'Dragon' 앞쪽을 어둡게 만들 필요가 있습니다.

🔅Tip **[Opacity]와 [Flow] 값 설정**
[Opacity]와 [Flow] 수치는 보통 낮은 수치를 적용한 후 천천히 여러 번 칠하면서 브러시 농도의 변화를 보면서 적당할 때까지 칠하는 게 좋습니다. 빛이 닿지 않는 부분은 더 어둡게 칠해야 한다는 걸 잊지 않도록 합니다.

07. [Brush Size] : '150px' 이하로 설정하고 키보드 큰 괄호(⬚)를 이용해 크기를 바꿔가면서 살살 칠해서 명암을 만듭니다. 'Dragon'의 형태는 보여야 하기 때문에 브러시를 너무 과하지 않게 칠합니다. 레이어의 이름은 'Shadow'로 변경합니다.

❶ 브러시 칠하기

002 | Dodge/Burn Tool 사용하기

[Dodge Tool]과 [Burn Tool]은 이미지의 특정 영역을 밝게 또는 어둡게 만듭니다. [Dodge/Burn Tool] 을 많이 사용할수록 해당 영역이 더 밝아지거나 어둡게 바뀌게 됩니다.

01. 해당 이미지에 [Dodge/Burn Tool]을 사용하면 영구적으로 변하기 때문에 원본 이미지를 유지하려면 복제 레이어를 사용해 작업하거나 새로운 레이어를 만들고, 블렌딩 모드를 설정해 작업하는 방법이 있습니다. 이번에는 새로운 레이어를 만든 후 블렌딩 모드를 이용해 작업합니다.

🖐️ 기능 Tip

❶ Dodge Tool : 이미지를 밝게 합니다.
❷ Burn Tool : 이미지를 어둡게 합니다.
❸ Sponge Tool : 이미지의 채도를 변경합니다.

02. 새로운 레이어를 만들고 Ctrl+Alt+G를 눌러서 클리핑 마스크를 설정합니다. 레이어의 이름을 'Dodge/Burn'으로 변경합니다.

003 | Dodge/Burn Tool 사용을 위한 Fill 사용법

블렌딩 모드는 두 개 이상의 상위 레이어에 혼합 모드를 설정해 다양한 보정 효과를 표현하는 방법입니다. 이 방법을 레이어에 적용한 후 [Dodge Tool]과 [Burn Tool]을 이용해 명암을 만들 수 있습니다.

01. 먼저 색을 설정하기 위해 [Edit] 〉 [Fill](Shift+F5) 메뉴를 클릭합니다. [Fill] 창이 나타나면 [Contents] : '50% Gray'를 선택하고 [OK] 버튼을 클릭합니다.

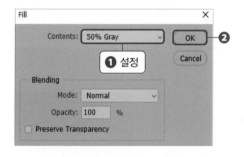

02. 레이어와 이미지의 색상이 회색으로 변한 걸 확인할 수 있습니다.

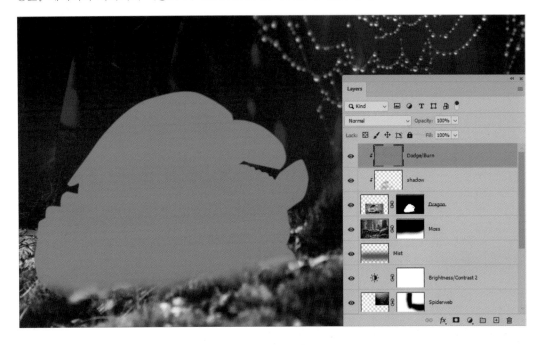

03. 블렌딩 모드를 'Overlay'로 설정하여 블렌딩 모드의 영향을 받지 않게 만듭니다. 원래 'Overlay' 는 밝은 영역은 더 밝게 어두운 영역은 더 어둡게 만들어주는 대비를 이용한 혼합 방식인데 50% 회 색은 대비의 영향을 받지 않기 때문에 'Overlay'로 설정하면 이미지가 투명하게 나타납니다. 이때 [Dodge/Burn Tool]을 이용해 명암을 만듭니다.

04. [Dodge Tool]이나 [Burn Tool]을 선택하면 옵션 바가 다음과 같이 바뀝니다.

👆 기능 Tip

❶ Range : 어두운 영역과 중간 영역, 밝은 영역에 따라 조절할 수 있는 양이 달라집니다.

❷ Exposure : 설정할 효과의 강도를 설정합니다.

❸ Protect Tones : 색상의 색조 변경을 방지합니다.

05. [Dodge Tool]을 선택하고 부드러운 원 브러시를 선택합니다. [Brush Size] : '10px'로 설정하고 [Range] : 'Midtones', [Exposure] : '20%'로 설정합니다. 이미지의 몸통과 얼굴 그리고 다리 등 경계 라인 부분들과 조금 더 어두워야 할 부분들을 칠합니다. [Burn Tool]은 [Dodge Tool]과 반대로 밝게 만드는 효과를 주지만 지금은 굳이 사용할 필요가 없습니다.

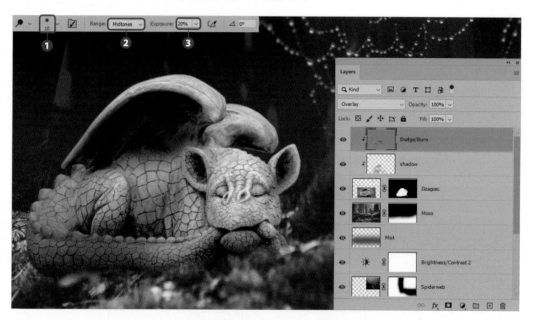

💡 Tip [Expouse] 설정 기준

[Dodge Tool]도 [Brush Tool]과 비슷합니다. 수치가 너무 높을 경우 명암이 강하게 칠해지기 때문에 약한 수치로 여러 번 칠해 농도가 변화하는 과정을 보면서 조금씩 설정하는 게 좋습니다.

004 | Grunge Texture를 이용한 피부 질감 효과

[Grunge Texture]를 이용하면 색상 변형과 블렌딩 모드를 통해 다양한 질감을 표현할 수 있습니다.
'Dragon' 피부가 자연스럽게 배경과 어우러져 보일 수 있도록 만듭니다.

01. [File] > [Open]([Ctrl]+[O]) 메뉴를 클릭하여 'Texture' 이미지를 불러옵니다. 툴바에서 [Move
Tool]을 선택하고 작업 창으로 드래그해서 이동시킵니다.

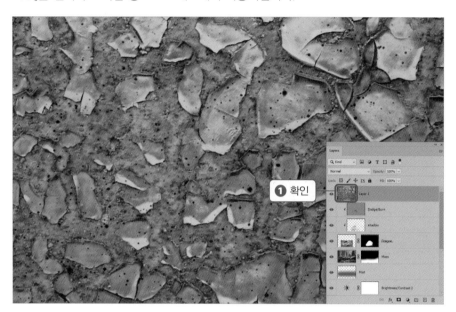

02. 이번에도 [Ctrl]+[Alt]+[G]를 눌러 'Dragon' 이미지에 클리핑 마스크를 설정합니다. 이 텍스처를
이용해 'Dragon'의 피부 질감을 표현하는 겁니다. [Ctrl]+[T]를 누르고 크기를 [W] : '18%', [H] :
'18%'로 설정하고 'Dragon' 전체에 담습니다.

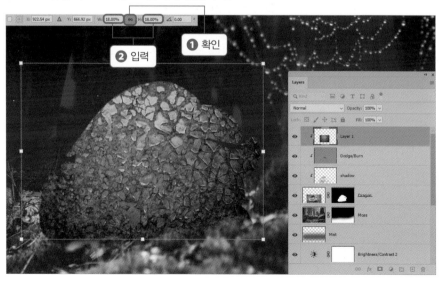

03. 'Layer 1' 레이어의 [Opacity] : '25%'로 설정하고 자연스럽게 얼룩진 듯한 느낌으로 만듭니다. 블렌딩 모드를 'Vivid Light'로 설정합니다. 'Vivid Light'는 혼합 색상이 50% 회색보다 밝으면 대비를 감소시켜 이미지를 밝게 하고, 혼합 색상이 50% 회색보다 어두우면 대비를 증가시켜 이미지를 어둡게 합니다.

04. 툴바에서 [Eraser Tool]을 클릭하고 부드러운 원 브러시를 선택합니다. [Brush Size] : '100px' 로 설정한 후 날개 안쪽 부분과 귀 안쪽 부분을 지워서 자연스럽게 만듭니다.

05. 'Brightness/Contrast'를 이용해 이미지의 'Dragon'의 밝기를 더 어둡게 조절합니다. [Layers] 패널에서 [Create new fill or adjustment layer]를 클릭한 후 [Brightness/Contrast]를 선택합니다. 이번에도 'Dragon' 이미지에 'Brightness/Contrast'와 클리핑 마스크를 적용합니다. [Brightness] : ' – 103', [Contrast] : '58'로 설정합니다.

❶ 설정

Curves 활용 방법

'Curves' 조정에서는 이미지의 색조 범위 전체에 있는 점을 조정합니다. 그래프의 오른쪽 위에는 밝은 영역이 표시되고, 왼쪽 아래에는 어두운 영역이 표시됩니다. 그래프의 수평축은 원본 이미지 값을 표시하고, 수직축은 수정된 값을 표시합니다. 선에 점을 추가해서 곡선을 변화시켜 설정할 수도 있습니다. 곡선에서 경사가 심한 부분은 이미지의 대비가 높은 영역을 나타내고 경사가 완만한 부분은 대비가 낮은 영역을 나타냅니다.

완성 파일 기본편 〉 PART 02 〉 Lesson 06 〉 곡선 활용 방법.psd

001 | Curves 이해하기

'Curves' 각 기능의 역할과 그래프에 대해 이해합니다. 조절점을 선에 추가하고 움직이면서 'Curves' 의 모양을 변화시켜 이미지에 반영합니다. 'Curves' 그래프는 밝고 어두운 양의 히스토그램을 나타냅니다.

[Input]과 [Output]

[Input]과 [Output]은 각각 0부터 255의 범위를 가지고 있습니다. 이 범위는 'RGB' 채널의 밝기 단계를 뜻합니다. 왼쪽과 오른쪽 포인트의 기본 위치는 '0'입니다. 입력과 출력이 모두 '0'이라는 뜻입니다. 조절점은 선을 클릭해서 추가할 수 있습니다. 제거하려면 조절점을 그래프 밖으로 드래그하거나 Delete 를 사용합니다.

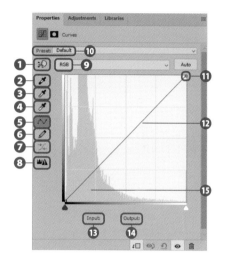

❶ Click and drag in image to modify the curve : 이미지를 클릭해 곡선을 설정합니다.

❷ Sample in image to set black point : 이미지 샘플링을 통해 검은 점을 설정합니다.

❸ Sample in Image to set gray point : 이미지 샘플링을 통해 회색 점을 설정합니다.

❹ Sample in Image to set white point : 이미지 샘플링을 통해 흰색 점을 설정합니다.

❺ Edit points to modify the curve : 곡선을 설정합니다.

❻ Draw to modify the curve : 그려서 곡선을 설정합니다.

❼ Smooth the curve values : 곡선 값을 보정합니다.

❽ Calculate a more accurate histogram : 더 정확한 막대 그래프를 계산합니다.

❾ Preset : 사전 설정을 선택합니다.

❿ RGB : 색상 모드를 선택합니다.

⓫ 흰 점을 설정합니다.

⓬ 검은 점을 설정합니다.

⓭ Input : 입력값을 표시합니다.

⓮ Output : 출력값을 표시합니다.

⓯ 곡선의 밝고 어두운 양의 히스토그램을 표시합니다. 각 채널 모드에서 색상의 양을 표시합니다.

01. 앞선 따라하기에 이어서 [Layers] 패널에서 [Create new fill or adjustment layer]를 클릭하고 [Curves]를 선택합니다. 앞선 내용과 마찬가지로 [Layer] 〉 [Create Clipping Mask]([Ctrl]+[Alt]+[G]) 메뉴를 클릭해서 클리핑 마스크를 적용합니다.

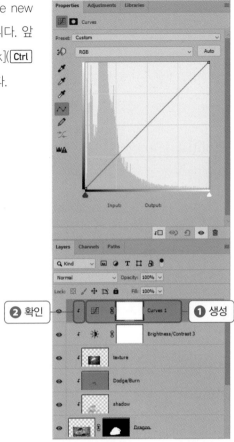

02. 지금은 'Brightness/Contrast' 이용 후 'Dragon'의 명암이 어둡게 변했기 때문에 배경과 어울릴 수 있도록 밝기를 올려줄 필요가 있습니다. 먼저 왼쪽 조절점을 위로 올려 밝게 만듭니다. 왼쪽 조절점을 올려 출력값을 높이면 어두운 부분의 양이 줄어들면서 밝게 변하게 됩니다. 왼쪽 조절점을 선택한 후 [Input] : '255', [Output] : '29'로 직접 입력해도 됩니다.

03. 이번에는 오른쪽 조절점을 왼쪽으로 옮겨 더 밝게 만듭니다. 오른쪽 조절점을 왼쪽으로 움직이면 'Levels'와 같은 역할을 하기 때문에 맨 오른쪽부터 조절점이 이동한 부분까지는 전부 흰색 영역이 되면서 훨씬 밝아집니다. 오른쪽 조절점을 선택하고 [Input] : '196', [Output] : '255'로 설정합니다. 'Dragon'이 밝아진 걸 확인할 수 있습니다.

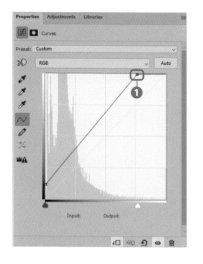

04. 'RGB'를 클릭하면 색상 채널이 나타납니다. 'Red' 채널을 선택합니다. 이곳에서 'RGB' 색상과 보색인 'CMYK' 색상을 조정할 수 있습니다. 오른쪽 조절점을 선택해서 아래로 내려 'Red'의 보색인 'Cyan'을 추가합니다. [Input] : '255', [Output] : '252'로 만듭니다.

05. 'Curves' 설정 후 배경과 어우러진 걸 확인할 수 있습니다.

▲ Before　　　　　　　　　　　▲ After

002 | 그룹 레이어 만들기

여러 레이어를 하나의 그룹 레이어로 만들어 사용할 수 있습니다. 그룹 레이어는 보통 하나의 레이어에 여러 가지 효과를 설정했을 때 사용하면 좋습니다. 그룹 레이어로 지정하면 레이어가 복잡하지 않고 쉽게 찾을 수 있어 관리하기 편합니다.

01. 먼저 그룹 레이어로 지정할 레이어들을 Shift 를 누른 상태로 모두 선택합니다. [Layer] 〉 [Group Layers](Ctrl + G) 메뉴를 클릭하여 그룹 레이어로 지정합니다. 그룹 레이어 이름도 'Dragon'으로 변경합니다.

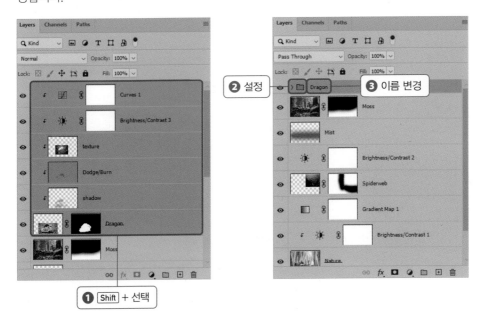

LESSON 07

블렌딩 모드(Blending Mode) 살펴보기

블렌딩 모드를 이용하면 더 화려하고 다양한 합성 효과를 표현할 수 있습니다. 블렌딩 모드는 레이어 간의 색상값 혼합을 통해 더하거나 곱하고 나누거나 빼서 레이어에 다양한 색상 변화 효과를 표현합니다. 이런 블렌딩 모드는 좀 더 판타지적인 장면을 표현하는 데 유용합니다.

완성 파일 기본편 〉 PART 02 〉 Lesson 07 〉 Blending Mode 살펴보기.psd

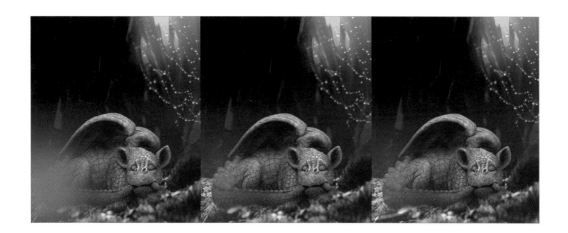

블렌딩 모드는 두 개 이상의 레이어에서 상위 레이어에 혼합 모드 효과를 설정하면 색상 혼합을 통한 다양한 보정 효과를 표현할 수 있습니다. 블렌딩 모드는 다양한 옵션이 있고 각 옵션을 선택할 때마다 실시간으로 이미지 변화를 확인할 수 있습니다.

❶ Normal : 아무런 효과가 적용되지 않은 기본 모드입니다.

❷ Dissolve : 레이어 투명도가 '100' 이하일 때 혼합 색상이 노이즈 효과로 나타납니다.

❸ Darken : 각 채널의 색상 정보를 보고 기본 색상과 혼합 색상 중 어두운 색상을 나타냅니다.

❹ Multiply : 혼합 색상이 흰색과 가까우면 투명하게 처리되고, 검은색과 가까우면 하위 레이어와 섞여서 어둡게 나타냅니다.

❺ Color Burn : 각 채널의 색상 정보를 보고 대비를 증가시켜서 기본 색상을 어둡게 표시하고 흰색은 색상 변화가 없습니다.

❻ Linear Burn : 각 채널의 색상 정보를 보고 명도를 감소시켜서 기본 색상을 어둡게 해서 혼합 색상을 표시하고 흰색은 색상 변화가 없습니다.

❼ Darker Color : 두 레이어 중 어두운 색상을 나타냅니다.

❽ Lighten : 두 레이어의 밝은 색상을 나타내고 어두운 부분은 투명 처리됩니다.

❾ Screen : 혼합 색상과 기본 색상의 반전색을 곱한 후 전체 색상을 밝게 표현하고 검은색은 투명 처리가 됩니다.

❿ Color Dodge : 각 채널의 색상 정보를 보고 채널의 대비를 감소시켜 기본 색상을 밝게 혼합해서 나타냅니다.

⓫ Linear Dodge(add) : 각 채널의 색상 정보를 확인하고 명도를 증가시켜서 색상을 밝게 혼합하여 나타냅니다.

⓬ Lighter Color : 기본 색상과 혼합 색상의 채널 값 중 가장 높은 채널 값의 밝은 부분들을 나타냅니다.

⓭ Overlay : 기본 색상의 밝은 영역과 어두운 영역은 지키면서 색상을 혼합하여 밝기와 농도를 변화합니다.

⓮ Soft Light : 혼합 색상에 따라 50% 회색보다 어두우면 더 어둡게 밝으면 더 밝게 표현합니다.

⓯ Hard Light : Overlay와 비슷하지만 50% 회색보다 밝거나 어두우면 훨씬 강하게 밝거나 어둡게 표현됩니다.

⓰ Vivid Light : 혼합 색상의 대비에 따라 50% 회색보다 밝으면 대비를 감소시켜 밝아지고 50% 회색보다 어두우면 대비를 증가시켜 어둡게 나타냅니다.

⑰ Linear Light : 혼합 색상이 50% 회색보다 밝으면 이미지를 밝게 하고, 50% 회색보다 어두우면 이미지를 어둡게 합니다.

⑱ Pin Light : 혼합 색상이 50% 회색보다 밝으면 어두운 부분은 대체되고 혼합 색상보다 밝은 색상은 변화가 없습니다. 50% 회색보다 어두우면 반대로 효과가 적용됩니다.

⑲ Hard Mix : RGB와 CMYK 색상 모드로 표시합니다.

⑳ Difference : 색상을 반전시켜 나타내고 검은색과 혼합하면 변화가 없습니다.

㉑ Exclusion : Difference와 비슷하지만, 대비를 더 낮게 표현합니다.

㉒ Subtract : Difference와 비슷하지만, 대비를 더 강하게 표현합니다.

㉓ Divide : 레이어의 색상 값을 반전시켜서 표현합니다.

㉔ Hue : 색조로 혼합 모드를 표시합니다.

㉕ Saturation : 하위 레이어의 명도와 색상을 상위 레이어의 채도와 합쳐서 결과 색상을 표시합니다.

㉖ Color : 기본 색상의 명도와 혼합 색상의 색조와 채도로 결과 색상을 표시합니다.

㉗ Luminosity : Color와 반대 효과로 색상을 표시합니다.

002 | Color Dodge를 이용한 색상 혼합 효과

브러시의 색상과 블렌딩 모드를 활용해 판타지적인 효과를 극대화할 수 있습니다.

01. 먼저 색을 설정하기 위해서는 새로운 레이어를 만들어야 합니다. 앞선 작업에 이어서 [Layers] 패널에서 [Create a new layer]를 클릭하고 레이어 이름을 'Blue'로 변경합니다. [Brush Tool]을 선택하고 전경색을 선택합니다. [Color Picker] 창에서 [Foreground Color] : '027bf7'로 설정합니다.

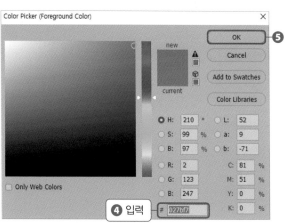

02. 툴바에서 [Brush Tool]을 선택합니다. 오른쪽 큰 괄호(⬚)를 이용해 [Brush Size] : '800px'로 설정합니다. [Opacity] : '100%', [Flow] : '100%'로 설정하고 'Dragon' 꼬리를 중심으로 브러시를 찍습니다.

03. 블렌딩 모드를 'Color Dodge'로 바꾸고 레이어의 [Opacity] : '50%'로 설정하여 약한 파란빛이 생기도록 만듭니다. 'Color Dodge'는 각 채널의 색상 정보를 보고 채널의 대비를 감소시켜 기본 색상을 밝게 혼합해서 나타냅니다.

포토샵에는 다양한 흐림 효과가 존재합니다. 'Motion Blur'는 동적인 흐림 효과를 뜻합니다. 흐림의 방향을 정할 수 있는 각도를 지정할 수 있고 흐림의 강도도 지정할 수 있습니다.

01. 이번에는 브러시를 이용해 흐르는 듯한 빛 효과를 만듭니다. 새로운 레이어를 만들고 [Foreground Color] : '#ffffff'로 설정합니다.

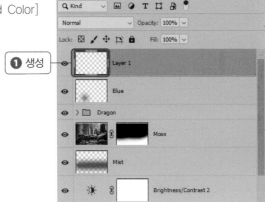

02. 부드러운 원 브러시를 선택하고 [Brush Size] : '25px'로 설정합니다. 왼쪽 아래쪽에 네 번 정도 물결이 흐르는 듯 그립니다.

03. [Filter] > [Blur] > [Motion Blur] 메뉴를 클릭합니다. [Motion Blur] 창이 나타나면 [Angle] : '10°', [Distance] : '280Pixels' 설정하고 [OK] 버튼을 클릭합니다. [Angle]은 각도, [Distance]는 거리를 뜻합니다.

04. 이번에는 블렌딩 모드를 'Overlay'로 설정합니다. 'Overlay'는 기본 색상의 밝은 영역과 어두운 영역은 지키면서 색상을 혼합하여 밝기와 농도를 변화합니다. 레이어 이름을 'White'로 변경합니다.

효과적인 레이어 스타일 사용법

레이어 스타일은 [Layers] 패널에 바로 레이어에 설정할 수 있는 효과로써 '그림자, 선, 색상 오버레이' 등 다양한 옵션을 필터 효과를 거치지 않고 바로 설정할 수 있습니다. 디테일하게 사물들을 표현할 때 사용하면 훨씬 자연스러운 합성 효과를 만들 수 있습니다.

예제 파일 │ 기본편 〉 PART 02 〉 Lesson 08 〉 Maple.png
완성 파일 │ 기본편 〉 PART 02 〉 Lesson 08 〉 효과적인 레이어 스타일 사용법.psd

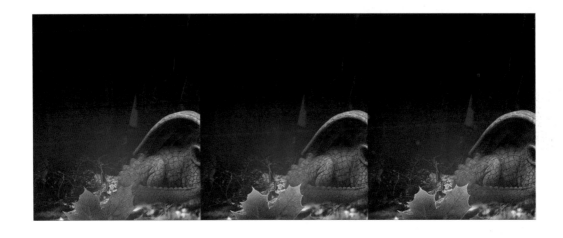

001 | 낙엽에 아웃포커싱 설정하기

'Gaussian Blur'를 이용해 낙엽에 아웃포커싱을 만들어 주겠습니다. 아웃포커싱이란 초점을 맞춘 부분은 선명하게 하고 나머지 부분은 흐리게 하는 효과입니다. 판타지 합성에서 자주 사용하는 합성 효과입니다.

01. [File] 〉 [Open](Ctrl+O) 메뉴를 클릭하여 'Maple' 이미지를 불러옵니다. [Move Tool]을 이용하여 'Maple' 이미지를 작업 창으로 이동시킵니다. Ctrl+T를 누른 후 크기를 [W] : '76%', [H] : '76%'로 설정합니다. 크기를 줄인 후 Enter를 누르고, 'Dragon'의 꼬리를 살짝 가릴 수 있게 위치시킵니다. 레이어 이름을 'Maple'로 변경합니다.

① Ctrl + T
② 크기 조정

02. 'Maple' 레이어에도 몇 가지 조정 레이어가 들어갑니다. 나중에 다시 효과를 수정할 수 있기 때문에 [Convert to Smart Object] 설정 후 사용하겠습니다. 'Maple' 레이어의 이름 부분을 마우스 오른쪽 버튼으로 클릭한 후 [Convert to Smart Object]를 선택합니다.

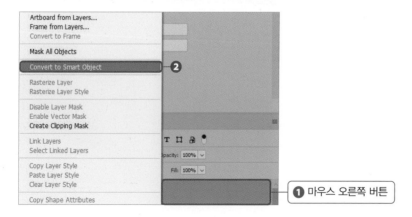

② (Convert to Smart Object)
① 마우스 오른쪽 버튼

03. [Filter] 〉 [Blur] 〉 [Gaussian Blur] 메뉴를 클릭하고, [Gaussian Blur] 창이 나타나면 [Gaussian Blur]를 '3pixels'로 설정합니다. 'Gaussian Blur'를 설정하면 이미지가 흐려지고 레이어도 Convert to Smart Object 효과로 인해 'Smart Filters' 레이어에 레이어 마스크 효과가 설정된 게 나타납니다.

04. 이제 아웃포커싱 효과를 주기 위해 낙엽 아랫부분만 살짝 흐리게 만들어 주겠습니다. 'Maple' 레이어의 레이어 마스크를 선택하고 [Brush Tool]을 선택합니다. [Foreground Color] : '#000000'으로 설정하고 [Opacity] : '100%', [Flow] : '100%'로 설정합니다. 그리고 'Maple' 레이어의 윗부분만 지웁니다. 반드시 'Smart Filters' 레이어의 레이어 마스크를 선택 후 지워야 합니다.

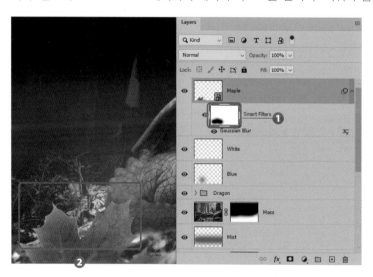

레이어 스타일은 따로 필터 효과를 거치지 않고 [Layers] 패널에서 바로 설정할 수 있는 효과입니다. 내부 그림자, 외부 그림자, 선 등 자주 사용하는 필수 효과들을 쉽고 빠르게 설정할 수 있습니다.

01. 'Maple' 레이어를 선택하고 [Layers] 패널의 [Add a layer style]을 클릭합니다. 목록에서 [Blending Options] 또는 [Inner Shadow]를 바로 선택합니다.

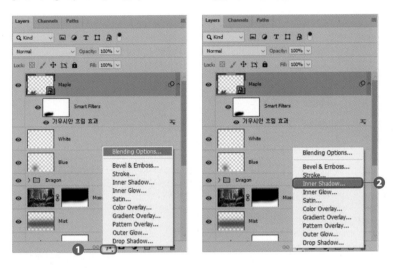

02. [Layer Style] 창이 나타나면 다양한 옵션 목록을 확인할 수 있습니다.

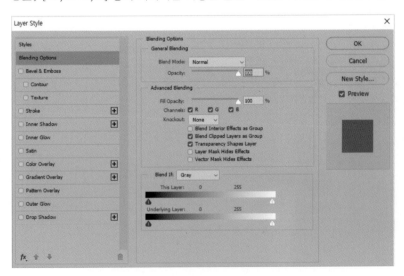

🔆 Tip **Use Global Light**

전체 조명 사용은 레이어 스타일이 설정된 모든 레이어의 조명 각도를 한꺼번에 바꿀 수 있습니다. 레이어마다 따로 레이어 스타일 조명 각도가 설정될 수 있도록 꼭 체크를 해제합니다.

Inner Shadow

[Inner Shadow]는 레이어의 안쪽으로 그림자를 만들어 준다는 뜻입니다. 현재 낙엽은 PNG 파일이기 때문에 낙엽의 테두리가 기준이 되고 그 부분을 시작으로 효과가 설정되게 됩니다.

01. [Inner Shadow]의 [Blend Mode] : 'Color Dodge'로 바꿉니다. 색상 칸을 클릭하고 [Color Picker] 창이 나타나면 [Color] : '#ffffff'로 설정합니다. [Angle] : '52°'로 설정하고 [Use Global Light]의 체크는 꺼둡니다. [Distance] : '1px', [Size] : '3px'로 설정합니다. 'Maple' 레이어 테두리에 빛 라인이 생기면서 낙엽이 좀 더 생동감 있게 바뀐 걸 확인할 수 있습니다.

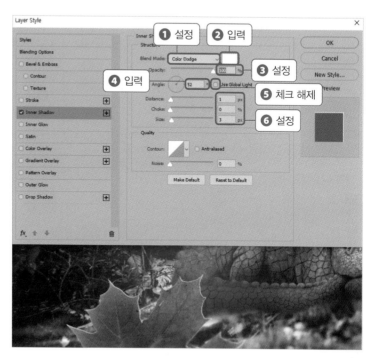

기능 Tip

❶ Blend Mode : 내부 그림자의 혼합 모드를 설정합니다.

❷ Opacity : 내부 그림자의 투명도를 조절합니다.

❸ Angel : 내부 그림자의 각도를 설정합니다.

❹ Distance : 내부 그림자와 레이어의 거리를 설정합니다.

❺ Choke : 내부 그림자의 퍼지는 각도를 설정합니다.

❻ Size : 내부 그림자의 크기를 조절합니다.

❼ Contour : 내부 그림자의 윤곽을 선택합니다.

❽ Anti-aliased : 윤곽선을 부드럽게 만듭니다.

❾ Noise : 윤곽선에 노이즈를 추가합니다.

❿ Make Default : 기본값으로 설정합니다.

⓫ Rest to Default : 기본값으로 재설정합니다.

Gradient Overlay

'Gradient Overlay'를 이용해 레이어에 그레이디언트 효과를 설정할 수 있습니다. 그레이디언트는 두 가지 이상의 색상을 자연스럽게 섞어 화면에 나타내는 기법을 뜻합니다.

01. 이번에는 [Gradient Overlay]를 클릭합니다. [Gradient Editor] 창이 나타나면 [Blend Mode] : 'Overlay'로 설정합니다. [Opacity] : '83%'로 설정합니다. 이제 그레이디언트 색상을 선택하기 위해 그레이디언트를 클릭합니다.

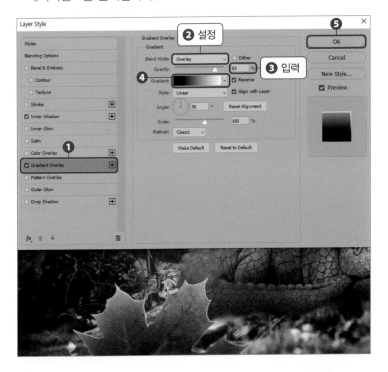

02. [Gradient Editor] 창이 나타나면 왼쪽 [Color Stop] : '#ffffff', 오른쪽 [Color Stop] : '#000000'으로 설정합니다. 색상 선택을 마무리하고 [OK] 버튼을 클릭합니다.

03. 마지막으로 [Angel] : '90"를 확인합니다. [Reverse]는 색상의 반전 효과를 표현합니다. 흰색과 검은색의 위치를 바뀌어 있을 경우 선택합니다. [Scale] : '100%'로 설정합니다. 끝으로 [OK] 버튼을 클릭하여 그레이디언트 효과를 마무리합니다.

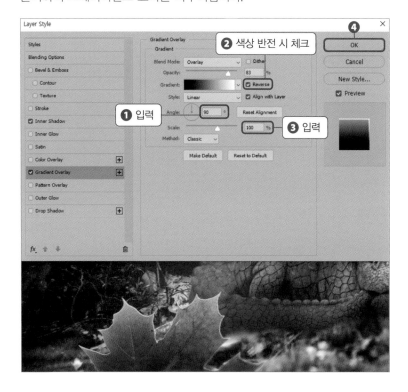

04. 레이어 스타일 설정 전과 후의 모습입니다. 'Maple' 레이어에 'Gradient Overlay'와 테두리에 'Inner shadow'가 설정되어 훨씬 자연스러운 모습으로 보입니다.

05. 'Maple' 레이어에도 레이어 스타일이 설정된 걸 확인할 수 있습니다.

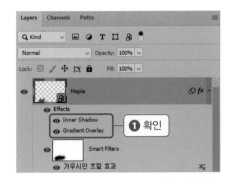

003 | 보케 효과 만들기

보케 효과는 사진의 아웃포커스 부분에 흐릿한 예술 블러 효과를 만드는 사진 표현 방법입니다. 각기 다른 렌즈 수치와 조리개 설정에 따라 다양한 보케 효과를 만들어 낼 수 있습니다.

01. 보케 효과를 만들기 전에 작은 점들이 필요합니다. 그러기 위해서는 먼저 새로운 레이어를 만들고 [Foreground Color] : '#000000'으로 설정한 후 레이어 이름을 'Bokeh'로 변경합니다.

02. 그리고 툴바에서 [Paint Bucket Tool]을 선택한 후 작업 창을 클릭하여 검은색으로 칠합니다.

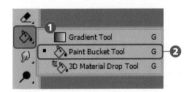

(Tip) 또는 전경색이 검은색인지 확인한 후 Alt+Delete 를 눌러서 레이어에 검은색을 채웁니다.

03. 레이어가 검은색으로 채워지고 작업 창도 검은색으로 채워진 걸 확인할 수 있습니다. 검은색을 배경으로 노이즈를 추가해야 블렌딩 모드를 통해 자연스러운 보케 효과를 표현할 수 있습니다.

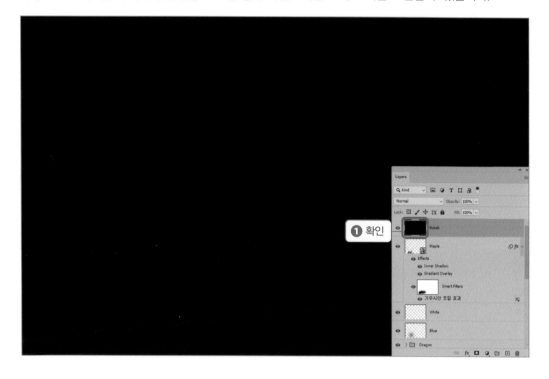

004 | 노이즈 효과

노이즈는 화면에서 픽셀이 깨지면서 생기는 화질 저하 현상의 작은 점들을 뜻합니다. 이런 노이즈에 이용해 빈티지한 이미지 효과와 필터 효과를 적용하면 비와 눈 같은 다양한 표현을 만들수 있습니다. 이번에는 노이즈를 활용해 보케 효과를 만들어 보겠습니다.

01. 검은색 배경 확인 후 [Filter] 〉 [Noise] 〉 [Add Noise] 메뉴를 클릭합니다. [Add Noise] 창이 나타나면 [Amount] : '100%', [Distribution] : 'Gaussian', [Monochromatic]에 체크하고 [OK] 버튼을 클릭합니다.

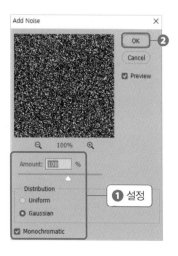

❶ Amount : 노이즈 양을 설정합니다.

❷ Distribution : 분포 모양을 결정합니다.

❸ Uniform : 균일하게 표현합니다.

❹ Gaussian : 불규칙하게 표현합니다.

❺ Monochromatic : 단색으로 표현합니다.

02. 노이즈 설정 후의 모습입니다.

필터 갤러리에서는 다양한 특수 효과 필터들을 사용할 수 있습니다. 미리 보기를 보면서 이미지에 설정할 수 있습니다. 미리 보기를 통해 보케 효과를 만들 점들의 양과 모양을 설정합니다.

01. 이제 필터를 이용해 보케 모양의 기준이 되는 하얀 점 모양으로 바꿔야 합니다. [Filter] > [Filter Gallery] 메뉴를 클릭합니다. 다양한 필터 효과 중에 [Artistic] > [Dry Brush]를 선택합니다. [Brush Size] : '2', [Brush Detail] : '8', [Texture] : '1'로 설정합니다.

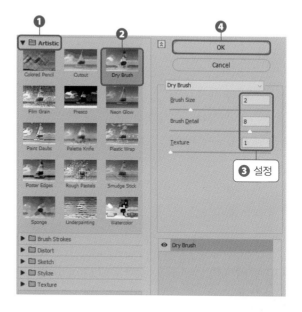

🖐 기능 Tip

❶ Brush Size : 값이 커질수록 이미지가 뭉개지면서 흐려집니다.

❷ Brush Detail : 값이 커질수록 이미지가 디테일하게 표현됩니다.

❸ Texture : 값이 커질수록 이미지가 거칠게 표현됩니다.

02. 다양한 모양의 작은 점들로 바뀐 걸 확인할 수 있습니다. 이 하얀 점들과 흐림 효과를 이용해 보케 효과를 만듭니다.

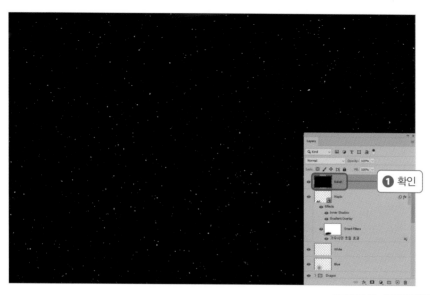

LESSON 09

[Blur Tools] 패널 활용 방법

각 흐림 효과 도구는 필터마다 직관적인 조정 컨트롤을 가지고 있기 때문에 원하는 흐림 효과로 설정 및 조절할 수 있습니다. 실시간 미리 보기를 보면서 제어할 수 있기 때문에 아웃포커스, 인포커스 등 다양한 흐림 효과를 빠르고 편리하게 설정할 수 있습니다.

예제 파일 기본편 〉 PART 02 〉 Lesson 09 〉 Aurora.jpg / Leaf.jpg / Rain.jpg / Smoke.jpg / Waterdrop.jpg / Animal eyes.png / Ladybug.png

완성 파일 기본편 〉 PART 02 〉 Lesson 09 〉 흐림 효과 갤러리.psd

001 | [Blur Tools] 패널 종류

상황에 따라 조정 컨트롤을 이용해 흐림 효과들을 사용할 수 있습니다. 흐림 효과 갤러리를 실행하면 전체 이미지의 미리 보기와 효과 목록이 나타납니다.

❶ Field Blur : 전체 흐림 효과를 조정하고 이미지에 다중 핀을 추가해 각 핀에 대해 각각의 흐림 효과를 따로 조정할 수도 있습니다.

❷ Iris Blur : 원을 중심으로 한 조정 컨트롤이 나타나고 조리개 흐림 효과를 사용하여 넓이와 깊이에 자유롭게 흐림 효과를 조정할 수 있습니다.

❸ Tilt-Shift : 기울기 이동 렌즈로 찍은 이미지 효과를 나타냅니다. 각도를 자유롭게 조절할 수 있고 선명한 영역을 지정한 다음 가장자리를 점점 흐리게 합니다.

❹ Path Blur : 패스 컨트롤을 이용해 동작 흐림 효과를 설정할 수 있습니다. 패스 선의 방향에 따라 모양과 양을 조절할 수 있습니다. 여러 개의 패스 선을 이용해 다양한 경로 흐름 효과를 중복 설정할 수 있습니다.

❺ Spin Blur : 포인트를 중심으로 회전 흐림 효과를 설정할 수 있습니다. 타이어에 회전 효과를 표현할 때 주로 사용합니다. 여러 개의 포인트를 지정해 중복해서 사용할 수 있습니다.

❻ Effects : 블러의 효과를 조절합니다.

❼ Motion Effects : 동작 효과를 조절합니다.

❽ Noise : 노이즈 효과를 조절합니다.

Field Blur

전체 흐림 효과를 조정할 수 있고 핀을 추가로 지정해 위치에 따라 흐림 효과를 따로 설정할 수도 있습니다.

01. [Filter] 〉 [Blur Gallery] 〉 [Field Blur] 메뉴를 클릭합니다. 블러 효과가 설정된 미리 보기가 나타나고 설정되고 우측에 각종 효과를 제어할 수 있는 창이 나타납니다.

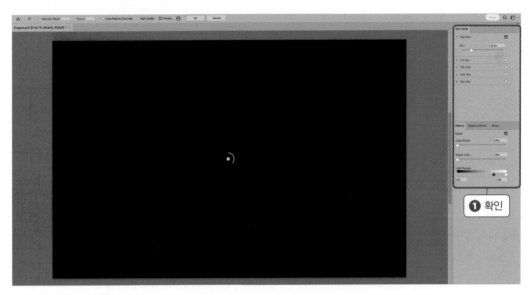

02. [Blur] : '13px'로 설정합니다. 그리고 아래 [Effects]를 클릭하고 [Bokeh] 〉 [Light Bokeh] : '46%', [Light Range] : '104, 255'로 설정한 후 [OK] 버튼을 클릭합니다.

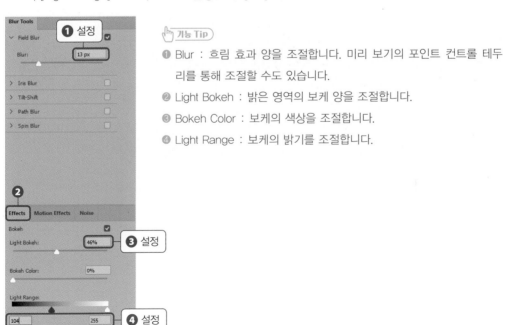

🖐 **기능 Tip**

❶ Blur : 흐림 효과 양을 조절합니다. 미리 보기의 포인트 컨트롤 테두리를 통해 조절할 수도 있습니다.

❷ Light Bokeh : 밝은 영역의 보케 양을 조절합니다.

❸ Bokeh Color : 보케의 색상을 조절합니다.

❹ Light Range : 보케의 밝기를 조절합니다.

보케 효과가 설정된 모습입니다. 보케 모양은 랜덤으로 나타나기 때문에 이미지와 다를 수 있습니다.

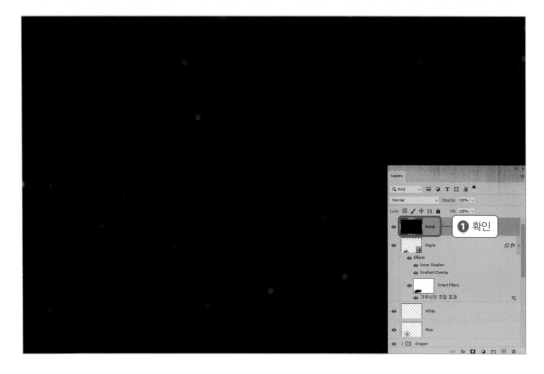

03. 이제 블렌딩 모드를 'Screen'으로 설정하고 레이어의 [Opacity] : '42%'로 설정해 보케 효과가 과하지 않게 보이도록 합니다. 'Screen'은 혼합 색상과 기본 색상의 반전색을 곱한 후 전체 색상을 밝게 표현하고 검은색은 사라지고 투명하게 처리합니다.

04. [Motion Blur]를 이용해 'Bokeh' 레이어에 동적인 효과를 추가합니다. [Filter] 〉 [Blur] 〉 [Motion Blur] 메뉴를 클릭하고, [Motion Blur] 창이 나타나면 [Angle] : '90°', [Distance] : '10Pixels'로 설정합니다.

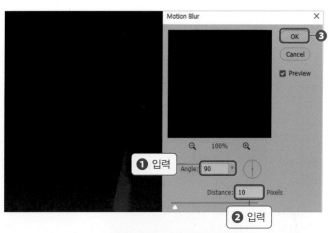

05. 새로운 레이어를 만들고 이름을 'Color'로 변경합니다. 이번에는 브러시와 블렌딩 모드를 이용해 색상 효과를 만들겠습니다. [Foreground Color] : '#15314e'로 설정하고 툴바에서 [Brush Tool]을 선택합니다. [Opacity] : '100%', [Flow] : '100%'로 설정합니다. 마우스 오른쪽 버튼을 클릭한 후 부드러운 원 브러시를 다시 한번 선택하고 [Brush Size] : '500px'로 설정합니다.

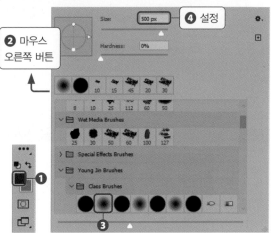

06. 'Dragon' 중앙을 기준으로 브러시를 이용해 위에서 아래로 칠합니다. 블렌딩 모드는 'Color Dodge'로 설정합니다. 옅은 색상을 유지하고 밝게 바뀐 모습입니다. 'Color Dodge'는 각 채널의 색상 정보를 보고 채널의 대비를 감소시켜 기본 색상을 밝게 혼합해서 나타냅니다.

002 | [Brushes] 패널 설정을 이용한 파티클 효과

브러시 설정을 이용하면 작은 먼지 같은 파티클 효과들을 표현할 수 있습니다. 주로 반딧불이나 먼지 효과에 자주 사용합니다. 브러시 설정 메뉴 사용법에 대해 알아보고 파티클 효과를 만들어 보겠습니다.

01. 툴바에서 [Brush Tool]을 선택하고 [Foreground Color] : '#ffffff'로 설정합니다. 작업 창을 마우스 오른쪽 버튼을 클릭한 후 부드러운 원 브러시를 선택합니다. [Brush Size] : '7px'로 설정합니다.

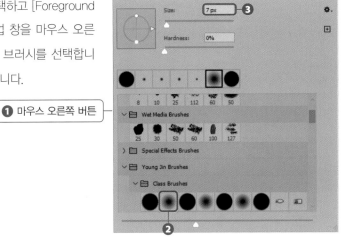

❶ 마우스 오른쪽 버튼

02. [Brush Size] 옆의 브러시 아이콘을 클릭하면 나타나는 [Brush Settings] 패널로 브러시를 다양하게 설정할 수 있습니다. 다양한 브러시 설정 기능에 대해 알아보고 기본적인 브러시 모양의 간격과 크기, 각도, 경도 등을 설정하겠습니다.

03. 먼저 브러시 간격을 넓힙니다. [Brush Tip Shape]을 클릭하고 [Spacing] : '300%'로 설정합니다.

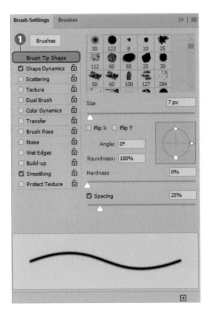

❷ 입력

04. 대표적인 크기 지터와 각도 지터, 뒤집기를 이용해 브러시의 크기와 방향을 설정합니다. [Shape Dynamics]를 클릭하고 [Size Jitter] : '80%'로 설정합니다. [Size Jitter]는 랜덤으로 다양한 브러시 크기를 설정할 수 있습니다. 이어서 [Scattering]을 클릭하고 [Scatter] : '800%'로 설정합니다. [Scattering]은 브러시의 분산 양을 설정할 수 있습니다.

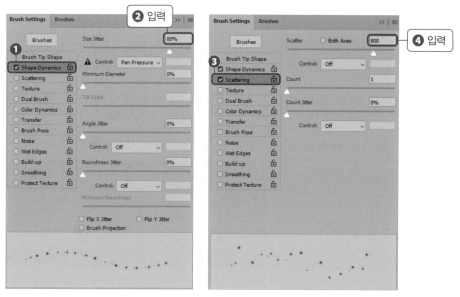

05. F5 를 눌러서 [Brushe Settings] 패널을 닫습니다. 전경색이 흰색인지 다시 한번 확인하고 파티클 레이어가 선택되어 있나 확인합니다. 'Dragon' 꼬리 부분 쪽에 여러 번 찍어서 칠합니다. 파티클 양은 임의로 설정해도 상관없습니다. 브러시 크기를 더 줄여 다양하게 찍어서 만듭니다.

06. 이제 자연스럽게 보이게 하기 위해 [Particle]을 흐리게 만들어야 합니다. [Filter] 〉 [Blur] 〉 [Gaussian Blur] 메뉴를 클릭하고 [Radius] : '2Pixels'로 설정합니다.

003 | 자유 변형 도구 옵션 살펴보기

이번에는 자유 변형 도구의 다양한 옵션에 대해 알아보겠습니다. 필요에 따라 자유 변형 도구를 활용해 이미지의 방향이나 모양을 변형시켜 훨씬 자연스럽게 합성할 수 있습니다.

01. [File] 〉 [Open]([Ctrl]+[O]) 메뉴를 클릭하여 'Leaf' 이미지를 가져옵니다. [Shift]를 누른 상태로 작업 창으로 옮겨와 중앙에 위치시키고, [Ctrl]+[T]를 누르고 크기를 [W] : '15%'로 설정합니다. [Maintain aspect ratio]가 체크되어 있으면 자동으로 높이도 [H] : '15%'로 설정됩니다. [Free Transform] 사용시에는 항상 [Maintain aspect ratio]가 체크되어 있나 확인합니다.

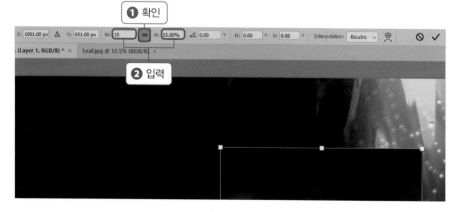

02. 레이어 이름을 'Leaf'로 변경하고, 낙엽의 방향을 반
대로 위치시키기 위해 자유 변형 라인이 활성화된 상태에서
[Edit] 〉 [Transform] 메뉴 또는 마우스 오른쪽 버튼으로 클
릭해 자유 변형 옵션 창을 띄웁니다. [Flip Horizontal]을 선
택해서 방향을 반대로 하고 이미지를 참고해 비슷한 위치에
'Leaf' 레이어 낙엽 부분이 나오게 위치시킵니다.

03. 'Leaf' 레이어의 블렌딩 모드를 'Screen'으로 설
정하고 [Opacity] : '95%'로 설정합니다. 'Screen'은
혼합 색상과 기본 색상의 반전색을 곱한 후 전체 색상
을 밝게 표현하고 검은색은 투명 처리가 됩니다.

004 | Levels를 이용한 투명도 조절

블렌딩 모드를 'Screen'으로 설정한 상태에서 'Levels'를 이용해서 남아있는 테두리 잔상 부분을 지우개나 레이어 마스크를 이용하지 않고 투명 처리할 수 있습니다. 잔상이 진한 경우에는 이미지의 명암 변화가 생길 수 있기 때문에 'Levels'를 사용하지 않도록 합니다.

01. 'Levels'를 이용하면 이미지의 밝기나 대비를 조절할 수 있습니다. 판타지 합성에서는 주로 [Screen] 모드 설정 후 잔상 제거 효과 용도로 자주 사용합니다. [Image] 〉 [Adjustments] 〉 [Levels] (Ctrl+L) 메뉴를 클릭합니다. [Layers] 패널의 조정 레이어를 이용하지 않고 이번에는 바로 이미지에 'Levels'를 적용합니다. [Input Levels] : '40, 1.00, 255'로 설정합니다.

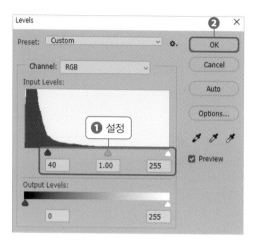

02. 'Levels' 사용 전과 후의 모습입니다. 테두리가 깔끔해진 걸 확인할 수 있습니다.

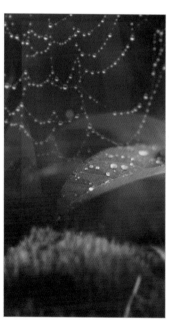

💡Tip **단축키 오류**

간혹 일부 조정 레이어 단축키 실행 시 윈도우 단축키가 아닌 그래픽 카드 단축키가 실행되는 경우가 있습니다. 사전에 확인하고 단축키가 중복되지 않도록 설정합니다. 포토샵 단축키는 [Edit] 〉 [Keyboard Shortcuts] 메뉴에서 설정할 수 있습니다.

005 | Color Balance를 이용한 색감 조정

'Color Balance'를 사용하여 이미지의 색상을 수정할 수 있습니다. 이미지의 전체 색상을 변경하기 위해 주로 사용합니다. 어두운 영역, 중간 영역 또는 밝은 영역을 선택하여 색조를 디테일하게 조절합니다.

01. 이번에도 이미지에 색상 효과를 바로 설정합니다. 'Leaf' 레이어 색상을 배경 색상과 비슷한 톤으로 만들겠습니다. [Image] 〉 [Adjustments] 〉 [Color Balance](Ctrl + B) 메뉴를 클릭합니다. [Color Balance] 창이 나타나면 [Color Levels] : '−30, 0, +67'로 설정합니다.

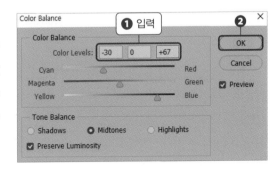

기능 Tip

❶ Color Levels : 색상 값을 설정합니다.
❷ Cyan/Magenta/Yellow : 색조를 표시합니다.
❸ Tone Balance : 어두운 영역, 중간 영역, 밝은 영역의 색조를 설정합니다.
❹ Preserve Luminosity : 이미지의 색상 변경 시 광도 값이 변경되는 것을 방지합니다.

02. 'Color Balance' 사용 전과 후의 모습입니다. 색상이 바뀐 걸 확인할 수 있습니다.

▲ Before

▲ After

006 | 물방울 이미지 합성하기

물방울 이미지로 블렌딩 모드를 활용해 물이 맺힌 느낌을 표현합니다. 풀에 맺혀 있는 이슬과 떨어지는 물방울을 한꺼번에 표현할 수 있습니다.

01. [File] 〉 [Open]([Ctrl]+[O]) 메뉴를 클릭해서 'Rain' 이미지를 불러온 후 작업 창의 정중앙에 위치시키고 이미지 크기를 줄입니다. 크기는 [W] : '45%', [H] : '45%'로 설정합니다. 그리고 이미지를 아래로 이동시켜 아래쪽에 물방울들이 보일 수 있도록 위치시킵니다. 자유 변형 라인이 보이지 않을 때는 [Ctrl]+[O]을 이용해서 작업 창을 축소한 후 작업을 진행합니다. 크기 조절이 마무리되면 [Enter]를 누르고 레이어 이름을 'Rain'으로 변경합니다. 레이어의 블렌딩 모드를 'Screen'으로 설정합니다. 그리고 [Layers] 패널에서 [Add a layer mask]를 클릭하여 레이어 마스크를 적용합니다.

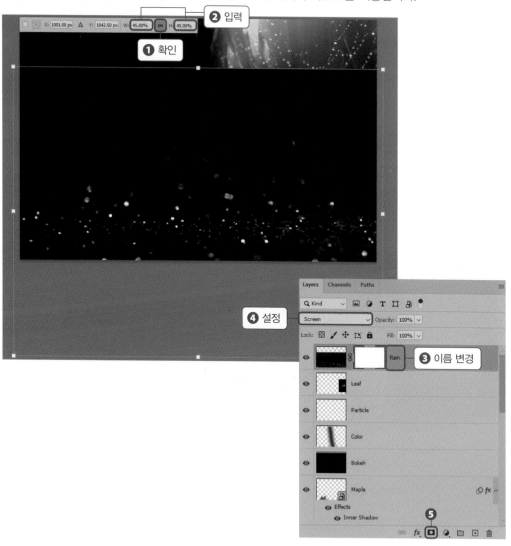

02. 툴바에서 부드러운 원 브러시를 선택하고
[Brush Size] : '600px'로 설정합니다.

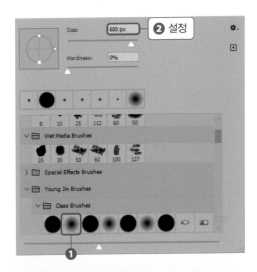

03. 'Rain' 레이어의 레이어 마스크를 선택하고
불필요한 부분들을 지웁니다. 위쪽 선이 보이는
부분과 아래 'Maple' 레이어가 있는 부분만 중복
되지 않게 지웁니다. 레이어 마스크가 적용된 부
분을 따로 확인할 수도 있습니다. Alt 를 누른 상
태에서 레이어 마스크를 클릭하면 레이어 마스크
를 적용한 부분이 작업 창에 나타납니다. 해제 시
에는 다시 한번 Alt 를 누른 상태에서 레이어 마
스크를 클릭합니다. 자연스럽고 깔끔하게 지워진
걸 확인할 수 있습니다.

▲'Rain' 레이어의 레이어 마스크

007 | 오로라를 이용한 안개 효과

오로라나 연기 효과 비슷한 이미지들은 블렌딩 모드를 이용해 안개 효과나 먼지 효과 등으로 활용할수 있습니다. 이번에는 오로라 이미지에 명암과 색조를 조절해 자연스러운 안개 효과로 만들어 보겠습니다.

01. [File] 〉 [Open](Ctrl + O) 메뉴를 클릭하여 'Aurora' 이미지를 불러온 후 작업 창으로 옮겨오고 Ctrl + T 를 눌러 크기를 설정합니다. 오로라의 방향을 반대로 바꿔줘야 합니다. 마우스 오른쪽 버튼을 클릭한 후 [Flip Horizontal]을 선택하고 Enter 를 누릅니다.

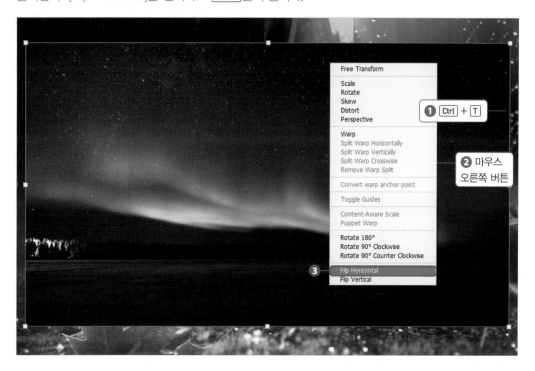

02. 레이어의 블렌딩 모드를 'Screen'으로 바꾸고 레이어의 [Opacity] : '70%'로 설정합니다. 레이어 이름은 'Aurora'로 변경합니다.

03. 이번에도 단축키를 이용해서 이미지에 바로 효과를 적용하겠습니다. 먼저 'Levels'를 이용해 테두리를 자연스럽게 만듭니다. Ctrl + L 을 누르고 [Levels] 창이 나타나면 [Input Levels] : '38, 0.93, 234'로 설정합니다. 테두리가 훨씬 깔끔해진 걸 확인할 수 있습니다.

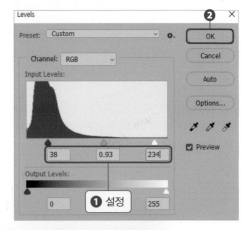

008 | Hue/Saturation을 이용한 색감 조절

'Hue/Saturation'을 이용하여 이미지의 특정 부분의 색조, 채도와 밝기를 조정하거나 이미지의 전체 색상을 동시에 조정할 수 있습니다.

01. 주변 환경과 어울릴 수 있도록 파란색 톤으로 만들겠습니다. [Image] 〉 [Adjustments] 〉 [Hue/Saturation]([Ctrl]+[U]) 메뉴를 클릭하고, [Hue/Saturation] 창이 나타나면 [Colorize]에 체크합니다. [Colorize]는 이미지를 단색 모드로 변경하기 위해. [Hue] : '+224', [Saturation] : '83'으로 설정합니다.

기능 Tip

❶ Hue : 색상을 설정합니다.
❷ Saturation : 색조를 설정합니다.
❸ Lightnness : 밝기를 설정합니다.
❹ Colorize : 전체 색상 또는 특정 부분의 선택 영역을 단색으로 설정합니다.

02. 색상이 바뀐 걸 확인할 수 있습니다. 안개 위치는 임의로 지정해도 상관없습니다. [Move Tool]을 이용해 안개 라인을 'Dragon'보다 조금 더 위쪽에 위치시켜 보겠습니다.

03. 이미지를 부드럽게 만들어 주기 위해 'Blur' 효과를 적용합니다. [Filter] 〉 [Blur] 〉 [Gaussian Blur] 메뉴를 클릭하고 [Gaussian Blur] 창이 나타나면 [Radius] : '3Pixels'로 설정합니다.

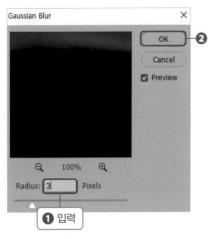

04. 이제 테두리를 더 깔끔하게 만들기 위해 레이어 마스크를 사용합니다. [Layers] 패널에서 'Aurora' 레이어에 레이어 마스크를 적용합니다. 브러시를 선택하고 [Foreground Color] : '#ffffff'로 설정합니다. [Brush Size] : '600px', [Opacity] : '100%', [Flow] : '100%'로 설정합니다.

05. 안개 효과로 쓰일 'Aurora' 레이어를 제외한 테두리 부분을 깔끔하게 지웁니다. 'Aurora' 레이어의 레이어 마스크 이미지를 참고합니다.

009 ㅣ 무당벌레 합성하기

귀엽고 아기자기한 분위기 연출을 위해 풀숲에 어울리는 무당벌레를 합성하겠습니다. 이런 작고 사소한 사물 하나에도 작품의 퀄리티를 훨씬 높일 수 있습니다.

01. [File] 〉 [Open]([Ctrl]+[O]) 메뉴를 클릭하여 'Ladybug' 이미지를 작업 창으로 불러온 후 [Ctrl]+[T]를 눌러 크기와 각도를 설정합니다. 크기는 [W] : '20%', [H] : '20%' 설정하고 각도도 조금 기울입니다. 각도를 똑같이 지정할 필요는 없습니다. 'Dragon'의 날개에 자연스럽게 앉은 듯한 느낌이 들도록 날개 기울기에 맞춥니다.

02. 각도를 조정할 때는 자유 변형이 활성화된 상태에서 상단의 [Rotate]를 통해 회전시킬 수 있지만 보통 바깥 테두리 부분에 마우스 포인트를 올려놓고 양쪽 화살표가 나타날 때 돌려 작업하는 게 좋습니다. 방향 조절이 마무리되면 [Enter]를 누릅니다.

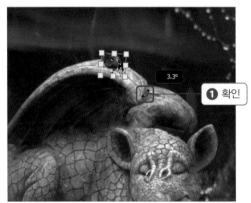

03. 이번에는 'Curves'를 이용해 배경과 어울리게 'Ladybug' 이미지의 대비와 밝기를 조절하겠습니다. [Image] 〉 [Adjustments] 〉 [Curves]([Ctrl]+[M]) 메뉴를 클릭합니다. 왼쪽 조절점을 클릭해서 위로 옮기거나 직접 입력합니다. 출력값을 입력하기 위해서는 먼저 조절점을 클릭해야 합니다. 왼쪽 조절점을 클릭하고 [Input] : '0', [Output] : '62'로 설정합니다.

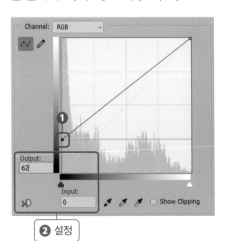

04. 이제 'Ladybug' 이미지에 그림자 효과를 적용하겠습니다. 레이어 이름을 'Ladybug'로 변경합니다. 그리고 그림자를 그려줄 새로운 레이어를 만들고 그림자 레이어는 'Ladybug' 레이어 아래에 위치해야 합니다. 이런 미세한 그림자를 그릴 때는 불투명도와 흐름 수치를 낮춰서 변해가는 과정을 보며 작업하는 게 좋습니다. [Opacity] : '45%', [Flow] : '45%'로 적용합니다. 전경색을 '#000000'으로 설정하고 툴바에서 [Brush Tool]을 선택합니다.

05. 레이어의 이름을 'Ladybug Shadow'라고 변경하고 아랫부분에 그림자를 그립니다. 범위를 벗어난 부분은 [Eraser Tool]을 이용해 수정해 가면서 그립니다.

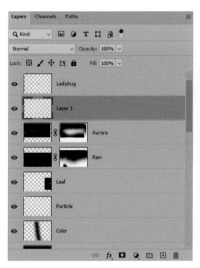

💡Tip 레이어 아래에 레이어 만들기
새로운 레이어를 레이어 아래에 만들 때는 현재 레이어가 선택된 상태에서 Ctrl 을 누른 상태로 [Layers] 패널의 [Create a new layer]를 클릭하면 됩니다.

06. 귀여운 표정을 짓는 용의 얼굴을 표현하기 위해 부엉이의 부리부리한 눈 이미지를 사용해 합성하겠습니다. 미리 만들어 놓은 PNG 파일을 이용해 바로 합성에 사용합니다. [File] 〉 [Open](Ctrl+O) 메뉴를 클릭하여 'Animal eyes PNG' 이미지를 작업 창으로 옮겨오고 Ctrl+T를 이용해 크기를 [W] : '8%', [H] : '8%'로 설정합니다.

07. 크기 조절 후 [Enter]를 누르고, [Move Tool]을 이용하여 감긴 눈 위에 위치시킵니다. 레이어 이름을 'Animal eyes PNG'로 변경합니다.

010 | 떨어지는 물방울 표현하기

빗방울 이미지를 사용해 날개에 떨어지는 물방울을 합성하겠습니다. 'Aurora'를 합성했던 원리와 같은 방법으로 'Levels'를 이용해서 효과를 적용합니다.

01. [File] > [Open]([Ctrl]+[O]) 메뉴를 클릭하여 'Waterdrop' 이미지를 작업 창으로 불러온 후 크기를 [W] : '13%', [H] : '13%'로 설정합니다.

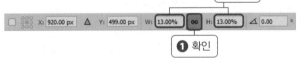

02. 이번에는 미리 레이어의 블렌딩 모드를 'Screen'으로 바꿔서 빗방울 위치를 확인하고 옮깁니다.

03. 자유 변형 적용 상태에서도 블렌딩 모드를 미리 설정할 수 있습니다. 무당벌레 옆에 떨어진 듯하게 위치시키고 크기와 위치 조절이 마무리됐으면 [Enter]를 누릅니다. 레이어의 이름도 'Waterdrop'으로 변경합니다. 이제 이미지에 바로 'Levels'를 적용해 테두리를 깔끔하게 다듬겠습니다. 단축키 [Ctrl]+[L]을 누르고 [Levels] 창이 나타나면 [Input Levels] : '44, 1.00, 233'으로 설정합니다.

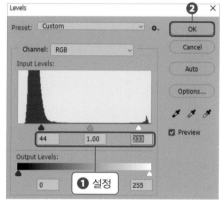

04. 'Levels'를 이용하여 전체 밝기가 조절됐지만 아직 불필요하게 밝은 부분과 지저분한 부분들이 남아있기 때문에 [Eraser Tool]로 지우겠습니다. 툴바에서 [Eraser Tool]을 선택하고 부드러운 원 브러시를 선택합니다. 브러시 크기는 [Brush Size] : '200px' 정도로 설정합니다. 'Waterdrop' 이미지에서 필요하지 않은 부분을 지우고 퍼지는 작은 물방울 부분도 자연스럽게 지웁니다.

05. 흐림 효과를 적용해 동적인 효과를 주도록 하겠습니다. [Filter] 〉 [Blur] 〉 [Gaussian Blur] 메뉴를 클릭하고 [Radius] : '0.5Pixles'로 설정합니다.

011 | **연기 효과**

연기 스톡 이미지를 이용해 자연스러운 연기를 표현할 수 있습니다. 'Dragon'의 콧구멍에서 연기가 나오는 듯한 효과를 만듭니다.

01. [File] 〉 [Open](Ctrl+O) 메뉴를 클릭하여 'Smoke' 이미지를 작업 창으로 불러온 후 Ctrl+T를 이용해 크기를 [W] : '28%', [H] : '28%' 설정합니다.

02. 레이어의 블렌딩 모드를 'Screen'으로 설정하고 연기가 콧구멍에서 나오는 듯 크기와 위치를 맞추고 Enter를 누릅니다. 레이어의 이름을 'Smoke'로 변경하고 Ctrl+L을 눌러서 [Levels] 창이 나타나면 [Input Levels] : '32, 1.00, 255'로 설정합니다.

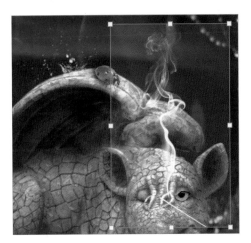
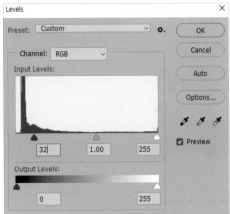

03. 연기가 너무 진하면 어색해 보일 수 있기 때문에 레이어의 [Opacity] : '55%'로 설정합니다. 그리고 [Eraser Tool]을 이용하여 향 부분은 지우고 마무리합니다.

012 | Gradient Map을 이용한 색감 조정

최종적인 마무리 색감 작업은 주로 'Gradient Map'을 사용합니다. 'Gradient Map'은 전체적인 색상을 비슷하고 자연스러운 톤으로 만드는 데 효과적입니다.

01. [Layers] 패널의 [Create new fill or adjustment layer]를 클릭하고 [Gradient Map]을 선택합니다. 그레이디언트 편집 색상을 선택합니다.

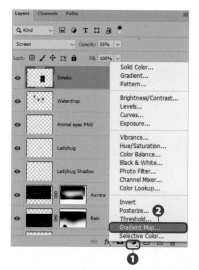 

02. [Gradient Editor] 창을 열고 왼쪽 [Color Stop] : '#134f7d', 오른쪽 [Color Stop] : '#fff5af'로 설정합니다. 색상 적용이 마무리되면 [OK] 버튼을 클릭합니다. 이 두 가지 색상을 통해 빈티지적이면서 부드러운 색상으로 표현할 수 있습니다. [Opacity] : '15%'로 설정하여 색상의 농도를 조절합니다.

03. 조정 레이어는 블렌딩 모드를 적용할 수도 있고 같은 조정 레이어를 여러 개 중복해서 사용할 수도 있습니다. 같은 'Gradient Map' 색상과 블렌딩 모드를 활용해 분위기를 바꿔보겠습니다. 'Gradient Map 2' 레이어를 선택하고 Ctrl+J를 눌러 레이어를 복사합니다. 'Gradient Map 2 copy' 레이어의 블렌딩 모드를 'Soft Light'로 설정하고 레이어의 [Opacity] : '35%'로 설정합니다. 이런 미세한 차이에도 색상이 바뀌는 걸 확인할 수 있습니다.

LESSON 10
선명도의 이해

선명 효과는 합성의 퀄리티를 높이를 가장 중요한 요소입니다. 이미지의 선명도를 높이는 다양한 선명 효과를 기본적으로 알아보고 대표적으로 자주 사용하는 선명 효과에 대해 자세히 알아보겠습니다.

완성 파일 기본편 〉 PART 02 〉 Lesson 10 〉 선명도의 이해.psd

001 | 통합 레이어 만들기

통합 레이어는 기존에 작업했던 모든 레이어를 하나의 레어어로 만들어 레이어 맨 위에 위치시킵니다. 통합 레이어를 활용해 다양한 필터 효과를 빠르고 쉽게 설정하거나 수정할 수 있습니다.

01. 선명 효과를 적용하기 전에 모든 레이어를 합쳐 하나의 통합 레이어로 만든 후 선명 효과를 적용합니다. 단축키 Shift + Ctrl + Alt + E 를 누릅니다. 통합 레이어를 만드는 이유는 통합 레이어에 [Convert to Smart Object] 적용한 후 필터 효과를 사용하면 나중에 수정이 필요할 경우 통합 레이어를 바로 수정할 수 있기 때문입니다. 통합 레이어를 선택하고 마우스 오른쪽 버튼을 클릭한 후 [Convert to Smart Object]를 선택합니다.

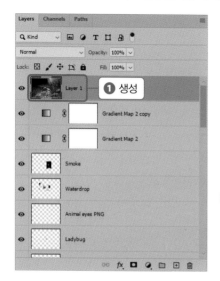

02. [Convert to Smart Object]가 설정된 걸 확인할 수 있습니다.

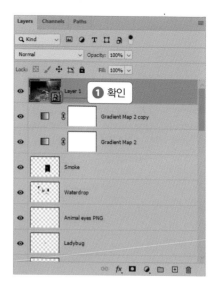

💡TIP **Convert to Smart Object**
이미지를 벡터 속성으로 변경하여 크기 조절 시 속성이 유지되고 해상도가 깨지지 않습니다. 또한 필터 효과들을 레이어에 기록하여 차후에도 개별적으로 수정이 가능합니다.

002 | Unsharp Mask를 이용한 선명 효과

선명 효과는 이미지의 선명도를 높이는 중요한 역할을 합니다. 포토샵에는 다양한 선명 효과가 있습니다. 각각의 선명 효과에 대해 간단하게 알아보고 'Unsharp Mask'를 적용합니다.

01. [Filter] 〉 [Sharpen] 메뉴를 클릭합니다.

❶ Sharpen : 기본 선명도를 올립니다.

❷ Sharpen Edges : 가장자리의 선명도를 올립니다.

❸ Sharpen More : 기본 선명도를 더 올립니다.

❹ Smart Sharpen : 이미지의 그림자 영역과 하이라이트 영역을 개별적으로 선명하게 조절합니다.

❺ Unsharp Mask : 가장자리의 대비를 증가시켜 이미지의 선명도를 조절합니다.

02. 'Unsharp Mask'는 쉽고 디테일하며 깔끔한 선명 효과를 조절하기에 가장 효과적인 기능입니다. 이미지의 가장자리를 따라 대비를 증가시켜 이미지를 선명하게 합니다. [Filter] 〉 [Sharpen] 〉 [Unsharp Mask] 메뉴를 클릭하고 [Unsharp Mask] 창이 나타나면 [Amount] : '100%', [Radius] : '1.0Pixels', [Threshold] : '1levels'로 설정하고 [OK] 버튼을 클릭합니다. [Convert to Smart Object]를 적용한 상태이기 때문에 레이어의 'Smart Filters' 목록에 적용한 'Unsharp Mask' 효과가 표시된 걸 확인할 수 있습니다. 이 'Unsharp Mask' 효과를 더블클릭하면 빠르게 다시 수정할 수 있습니다.

기능 Tip

❶ Amount : 선명 효과의 양을 조절합니다.

❷ Radius : 선명 효과의 범위를 조절합니다.

❸ Threshold : 불필요한 부분의 선명 효과를 조절합니다.

003 | 최종 아웃포커스 효과 적용하기

완성한 이미지의 통합 레이어에 아웃포커스 효과를 적용합니다. 아웃포커스 효과를 이용해 자연스러운 사진 촬영 효과를 만듭니다.

01. [Filter] 〉 [Blur Gallery] 〉 [Tilt-Shift] 메뉴를 클릭하고 [Tilt-Shift] 창이 나타나면 [Blur] : '15px'로 설정합니다. 선을 드래그해 위 아래로 'Blur' 효과를 적용할 범위를 지정할 수 있습니다. 점선은 선 안에서 흐림 효과의 양을 조절할 수 있습니다. 이번에는 점선은 사용하지 않습니다.

02. 위쪽에는 아웃포커스 효과를 적용할 필요가 없습니다. 먼저 위쪽 선을 클릭해서 위쪽 끝까지 드래그합니다. 이제 아래쪽 선을 선택해 아래로 드래그합니다. 'Dragon'의 얼굴에 흐림 효과가 적용되지 않도록 설정합니다. 설정이 완료되면 Enter 나 상단의 [OK]를 클릭합니다.

💡Tip 색상 변화 방지하기

'Unsharp Mask'는 밝기와 색상에도 영향을 미칩니다. 선명 효과를 적용하면 디테일하고 복잡한 색 질감이 있는 영역에서 색상 값이 높아지거나 낮아집니다. 이러한 색상 변화를 예방하기 위해서는 언샵 마스크의 혼합 모드를 변경해야 합니다. 색상 변화가 심할 경우 블렌딩 모드를 'Normal'(표준)에서 'Luminosity'(광도)로 변경합니다. 그러면 원본 이미지의 색상 값이 그대로 유지됩니다.

004 | Camera Raw Filter를 이용한 마스킹 효과

'Camera Raw Filter'는 이미지 보정 효과에 탁월한 포토샵 AI 기능입니다. 작업의 모든 마무리 단계에 이미지 보정을 위해 사용합니다. 마스킹 도구는 사진의 색상과 광도 범위를 디테일하게 설정하고 편집합니다.

01. [Filter] 〉 [Camera Raw Filter] 메뉴를 클릭합니다. [Basic]을 기본으로 다양한 효과들을 설정할 수 있는 [Camera Raw Filter] 창이 나타납니다.

02. 이제 오른쪽 상단의 [Masking]을 클릭하고 [Linear Gradient]를 선택합니다. 이제 [Linear Gradient]를 적용할 수 있습니다. [Show Overlay (auto)]가 체크되어 있을 경우 본인의 선택 영역을 미리 확인할 수 있으며 색상 아이콘을 이용해 색상을 바꿀 수 있습니다.

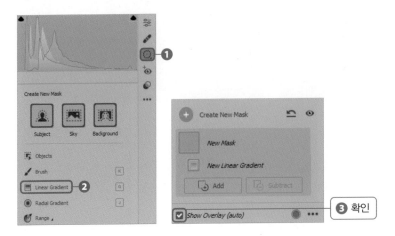

03. 이제 이미지에서 그레이디언트를 적용할 부분을 선택해서 드래그합니다. 화면이 너무 클 경우 왼쪽 아래의 [Select zoom level]을 선택해서 크기를 줄이거나 Alt 를 누른 채 휠 마우스를 이용해 줌 인 또는, 줌 아웃합니다.

04. 왼쪽 아래에 포인트를 찍고 드래그해서 원하는 만큼 적용할 부분을 선택합니다.

05. 이제 그레이디언트를 적용할 부분의 밝기와 색상을 설정합니다. 오른쪽 목록의 [Light]에서 [Exposure] : '−0.75'로 설정합니다. [Exposure]는 빛의 양을 뜻합니다. 그리고 [Color]에서 [Temperature] : '−10'으로 설정합니다. [Temperature]는 따뜻한 색과 차가운 색의 온도를 뜻합니다. 설정이 마무리되면 Enter 또는 [OK] 버튼을 클릭합니다. [Layers] 패널을 통해 적용한 필터 효과들의 목록을 확인할 수 있습니다. 필터 목록을 클릭하면 언제든 다시 필터 효과를 수정할 수 있습니다.

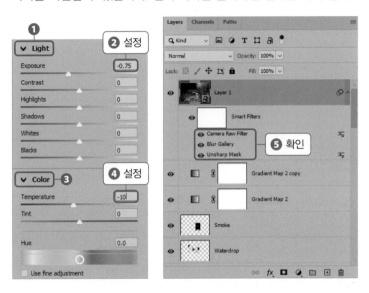

005 | Vibrance를 이용한 색상 조절

'Vibrance'는 클리핑 현상을 최소화시키며 채도가 낮은 부분의 색상을 높게 증가시켜 미세하게 조절할 수 있습니다. 'Saturation'은 일괄적으로 전체적인 채도를 동시에 조절합니다.

01. 전체적인 색상이 약하기 때문에 'Vibrance'를 이용해 농도를 조절하겠습니다. [Vibrance] : '30'으로 설정하고 작업을 마무리합니다.

🔘Tip **클리핑 현상이란?**

히스토그램 범위를 벗어난 이미지의 밝은 영역과 어두운 영역을 말합니다. 색을 가지고 있지만 밝기 범위를 넘어선 부분으로 완전한 검은색이나 흰색으로 뭉쳐 보입니다. 이런 현상으로 인해 이미지의 세부 묘사 디테일이 보이지 않는 현상을 클리핑이라고 합니다.

▲ Dragon

PART
01

움직이는 건물

콘셉트

마법사가 도시 속의 낡고 오래된 건물에 생명력을 불어넣어 자유를 주고 모두가 잠든 깊은 밤 함께 떠
나면서 안갯속으로 사라져가는 뒷모습을 표현하고 있습니다.

**LESSON
01**

안개 숲 만들기

채도를 이용해 이미지의 색상을 변경하고 먹구름 이미지를 활용해 배경과 어울리는 흐린 날의
숲 배경을 자연스럽게 합성합니다.

**LESSON
02**

달빛 효과 표현하기

레이어의 블렌딩 모드와 레이어 마스크를 활용해 달 이미지를 자연스럽게 합성하고 구름 브러
시를 사용해서 안개 효과를 표현합니다.

**LESSON
03**

워프 이해하기

자유 변형 옵션 중에 하나인 워프 기능을 이용해서 원근법을 적용하는 방법을 배우고 움직이
는 듯한 건물 이미지로 만듭니다.

**LESSON
04**

신발 합성하기

펜 도구를 이용해서 신발끈을 만들고 혼합 모드와 자유 변형을 이용해서 발자국 이미지를 바
닥에 자연스럽게 합성하는 방법을 배웁니다.

**LESSON
05**

렌즈 플레어를 이용한 빛 표현하기

렌즈 플레어 이미지를 램프 불빛으로 만드는 방법에 대해 알아봅니다.

**LESSON
06**

Levels 사용 방법

이미지의 밝기와 명암을 조절하는 레벨 사용 방법을 배우고 모션 블러를 이용해서 사실적인
안개 효과를 표현합니다.

LESSON 01
안개 숲 만들기

판타지 합성에서 안개 효과는 판타지스러움을 극대화해 주는 중요한 요소입니다. 숲 이미지와 안개 이미지를 효과적으로 사용하는 방법과 배경 색상 효과를 통해 자연스러운 안개 배경 숲을 만들겠습니다.

예제 파일 활용편 〉 PART 01 〉 Lesson 01 〉 background.jpg / road.jpg / forest.jpg / storm.jpg

완성 파일 활용편 〉 PART 01 〉 Lesson 01 〉 안개 숲 만들기.psd

001 | 배경 이미지 활용하기

보통 작업 창을 만들고 작업을 진행하는 경우가 많습니다. 그러나 가끔은 크기가 정해져 있는 배경 이미지를 활용해 바로 작업하는 경우도 있습니다. 이번에는 배경 이미지를 바로 불러와 사이즈를 조절하지 않고 합성 작업을 진행합니다.

01. 먼저 [File] 〉 [Open]([Ctrl]+[O]) 메뉴를 클릭하여 'Background' 이미지를 불러옵니다. 자물쇠는 레이어가 잠겨있을 때 나타납니다. 레이어가 잠겨있는 상태에서는 레이어를 움직일 수 없습니다. 자물쇠를 더블클릭하면 자물쇠를 풀 수 있고 레이어를 이동할 수도 있습니다.

02. 'Hue/Saturation'을 이용해 이미지의 채도를 낮게 조절합니다. [Image] 〉 [Adjustments] 〉 [Hue/Saturation]([Ctrl]+[U]) 메뉴를 클릭하여 [Hue/Saturation] 창이 나타나면 [Saturation] : '–65'로 설정합니다.

03. 이번에는 'Road' 이미지를 불러온 후 [Shift]를 누른 상태로 [Move Tool]을 이용하여 작업 창으로 옮깁니다. 이미지의 폭이 'Background' 이미지보다 미세하게 작기 때문에 이미지 크기를 [W] : '102%', [H] : '102%'로 설정합니다. 그리고 'Background' 레이어에 물이 보이지 않도록 위치시킵니다.

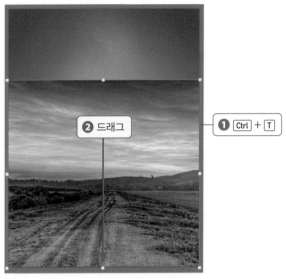

Tip [History] 패널을 이용한 되돌리기

작업을 진행하다 보면 실수로 되돌리기를 해야 하는 경우가 생깁니다. [Ctrl]+[Z]와 같은 단축키를 이용하는 방법도 있지만 [History] 패널을 사용하는 방법도 있습니다. [History] 패널에는 지나온 작업 과정들이 기록되어 있습니다. [Expand Panels]에서 [History] 패널을 클릭하거나 [Window] 〉 [History] 메뉴를 클릭하여 불러올 수 있습니다.

04. 이미지의 채도와 밝기를 조절하기 위해서 [Hue/Saturation]을 적용합니다. Ctrl+U를 눌러 [Hue/Saturation] 창이 나타나면 [Saturation] : '−24', [Lightness] : '−14'로 설정합니다.

Tip 빠른 작업을 위해 자주 사용하는 몇 가지 단축키들은 외워놓는 게 좋습니다.

05. 레이어 마스크를 사용해 필요치 않은 부분을 지웁니다. [Layers] 패널에서 'Road' 이미지를 선택하고 [Add a layer mask]를 적용합니다. 옵션 바에서 부드러운 원 브러시를 선택하고 하늘 부분을 지우고 산도 흐릿하게 지웁니다.

▲ Before

▲ After

06. 레이어의 이름을 그림과 같이 'Road'와 'Background'로 설정합니다.

002 | 이미지 크기 수정하기

컨버스 크기를 통해 다양한 방향으로 이미지의 크기를 수정할 수 있습니다.

01. [Image] 〉 [Canvas Size] 메뉴를 클릭하여 [Canvas Size] 창을 불러옵니다.

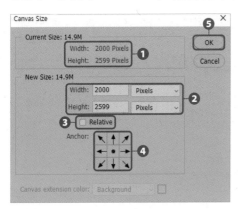

기능 Tip

❶ Current Size : 현재 크기를 말합니다.

❷ New Size : 새로운 크기를 말합니다.

❸ Relative : 현재 크기에서 추가로 수치가 더해져 적용됩니다.

❹ Anchor : 크기가 줄어들거나 늘어나는 방향을 정합니다.

02. 현재 배경 화면의 이미지 높이가 너무 높기 때문에 높이를 줄입니다. 높이를 [Height] : '2427'로 설정합니다. 기준점은 아래 중앙에 위치하도록 합니다. 기준점을 기준으로 이미지 크기가 줄어들게 됩니다. 크기 지정이 마무리되면 [OK] 버튼을 클릭한 후 [Proceed] 버튼을 클릭합니다.

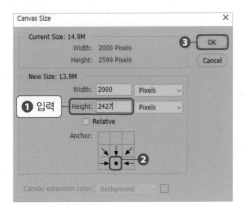

03. 이제 안개 숲 이미지를 합성합니다. 'Forest' 이미지를 불러온 후 [Move Tool]을 선택하고 Shift 를 누른 상태로 작업 창으로 옮겨옵니다. 옮겨 온 'Forest' 이미지의 위치를 배경 이미지 위쪽으로 옮기고 아래쪽은 길 끝과 비슷하게 맞춥니다. 레이어 이름을 'Forest'로 변경하고 맞추기 어려울 때는 미리 'Forest' 레이어의 투명도를 내려 위치를 보면서 맞춥니다([Opacity] : '49%'. [Opacity]는 1% 차이에도 투명도가 달라집니다).

04. 레이어 마스크를 적용하고 부드러운 원 브러시를 선택합니다. 브러시 크기는 '600 ~ 1000px' 사이로 크기를 바꿔가면서 사용합니다.

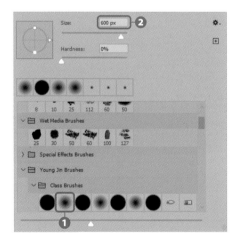

05. 경계선이 진한 부분은 [Opacity], [Flow]를 높게하고 자연스럽게 보여야 할 부분들은 [Opacity], [Flow]를 낮게 설정한 후 여러 번 칠해서 적용합니다. 이미지의 검은색 부분은 브러시의 [Opacity], [Flow] 값이 높은 부분이고, 연한 부분은 값이 낮은 부분입니다. 이미지를 참고합니다.

 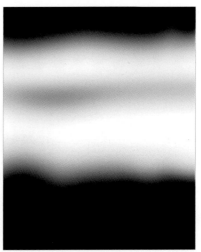

▲ 레이어 마스크 작업 영역

06. 포토샵 브러시를 쉽게 사용하기 위해서는 충분한 시간이 필요합니다. 꾸준한 연습을 통해 실력을 늘릴 수 있습니다.

07. 'Storm' 이미지를 불러와 하늘을 합성하겠습니다. [File] 〉 [Open] 또는 Ctrl+O를 이용해서 이미지를 불러옵니다. [Move Tool]을 이용해 Shift를 누른 상태로 작업 창으로 'Storm' 이미지를 옮겨옵니다. Ctrl+T를 눌러 이미지 크기를 [W] : '38%', [H] : 38%'로 설정합니다.

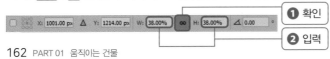

❶ 확인

❷ 입력

08. 'Storm' 이미지의 [Opacity] : '45%'로 내려 위쪽으로 이동하고 어울리는 위치에 놓습니다. 하늘 위치에 어울릴 수 있도록 위쪽으로 위치시킵니다.

❷ Shift + 드래그

❶ 설정

> 💡Tip 레이어의 [Opacity] 활용
>
> 이미지를 합성하기 위해서는 자연스러운 위치를 찾는 것도 중요합니다. 합성할 이미지 레이어의 [Opacity] 값을 내려 아래 레이어의 위치를 확인한 후 위치나 불투명도를 조절하면 자연스러운 합성하는 데 효과적입니다.

09. 전체적인 이미지의 노이즈를 감소를 적용하기 위해 [Filter] 〉 [Noise] 〉 [Reduce Noise] 메뉴를 클릭하고, [Strength] : '5'로 설정합니다. [Strength]는 노이즈를 줄여주는 양을 뜻합니다. 나머지 효과는 모두 '0%'로 설정합니다.

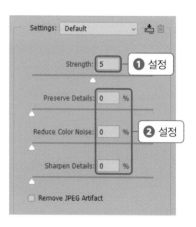

10. 테두리를 깔끔하게 지우기 위해서 [Layers] 패널에서 [Add a layer mask]를 클릭해서 레이어 마스크를 적용합니다. 툴바에서 [Brush Tool]을 선택하고 마우스 오른쪽 버튼을 클릭한 후 부드러운 원 브러시를 선택합니다. [Brush Size] : '1000px'로 설정합니다. 이미지를 참고해서 깔끔하고 자연스럽게 지웁니다.

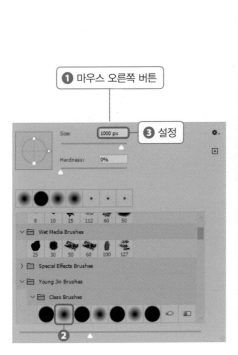

11. 이미지를 통해 레이어 마스크에서 지운 부분을 확인할 수 있습니다. 레이어 마스크 사용 시 지울 때는 항상 [Foreground Color] : '#000000'으로 설정하는 걸 잊지 않도록 합니다. 배경과 어울릴 수 있도록 'Storm' 이미지의 채도와 밝기를 설정합니다. 단축키 Ctrl+U를 누른 후 [Saturation] : '-59', [Lightness] : '28'로 설정합니다.

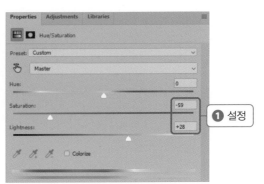

LESSON 02

달빛 효과 표현하기

판타지 합성에서 가장 많이 등장하는 달을 만듭니다. 촬영된 이미지는 낮과 밤은 상관이 없지만 완벽한 달의 모습을 사용하기 위해서는 주로 밤에 촬영된 사진을 사용합니다. 브러시와 블렌딩 모드를 이용해 달 이미지를 더 사실적으로 표현할 수 있습니다.

예제 파일 ▸ 활용편 〉 PART 01 〉 Lesson 02 〉 2693 안개 브러시.abr / Moon.jpg
완성 파일 ▸ 활용편 〉 PART 01 〉 Lesson 02 〉 달빛 효과 표현하기.psd

001 | 흑백 효과와 달빛 효과

이미지를 흑백으로 만들어 채도가 낮은 이미지들과 자연스럽게 합성할 수 있습니다. 보통 어두운 분위기를 연출할 때 많이 사용합니다. 달 이미지는 보통 배경이 어둡게 촬영되기 때문에 블렌딩 모드를 이용해 간단하게 합성할 수 있습니다.

01. [File] 〉 [Open]([Ctrl]+[O]) 메뉴를 클릭하여 'Moon' 이미지를 불러옵니다. 'Moon' 이미지는 파란 계열의 색상이기 때문에 합성 분위기와 어울리지 않습니다. 작업 창으로 옮기기 전에 흑백으로 만든 후 합성을 진행합니다. [Image] 〉 [Adjustments] 〉 [Desaturate]([Shift]+[Ctrl]+[U]) 메뉴를 클릭해서 흑백으로 만듭니다.

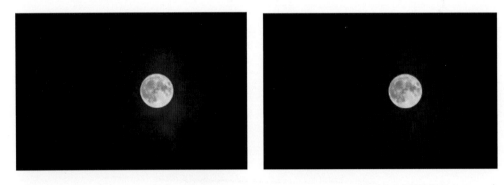

02. [Move Tool]을 이용해 작업 창으로 옮겨오고 하늘에 달을 위치시킵니다.

❶ 드래그

03. 레이어 이름을 'Moon'으로 설정하고 블렌딩 모드를 'Screen'으로 설정합니다. [Layers] 패널에서 [Add a layer mask]를 클릭하고 부드러운 원 브러시를 선택한 후 테두리 잔상을 깔끔하게 지웁니다.

04. 완벽하게 다 지우지 않고 달 주변의 뿌연 느낌을 살려 가져가는 것도 하나의 방법입니다. 옆의 그림은 레이어 마스크를 지운 모습입니다. 달 주변의 뿌연 느낌은 원본 이미지를 살려 지우지 않고 자연스럽게 만들었습니다.

05. 이제 마무리로 달빛을 만들기 위해 [Layers] 패널에서 [Create a new layer]를 클릭하여 새로운 레이어를 만듭니다. 그리고 툴바에서 [Brush Tool]을 선택하고 부드러운 원 브러시를 선택합니다. [Opacity] : '100%', [Flow] : '100%'를 확인하고 [Brush Size] : '600px'로 설정한 후 달을 중심으로 브러시를 찍습니다. 달빛이 약할 경우 Ctrl+J를 눌러 레이어를 한 번 복사해 달빛을 더 강하게 표현합니다.

Tip Ctrl+J는 레이어를 복사하는 단축키입니다.

06. 그룹 레이어는 여러 레이어를 하나로 그룹지어 관리하기 쉽게 만듭니다. 그룹 레이어도 클리핑 마스크를 적용할 수 있어 한꺼번에 조정 레이어 효과를 적용할 수도 있습니다. 이제 달 관련 레이어들을 그룹 레이어로 만들기 위해 [Shift]를 누른 상태로 'Layer I copy'부터 'Moon' 레이어까지 선택합니다. 그리고 [Layer] 〉 [Group Layers] 메뉴([Ctrl]+[G])를 클릭해서 그룹 레이어로 만듭니다.

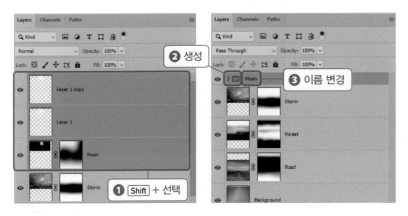

ℹ️Tip 그룹 레이어에 다른 레이어가 갇혔을 때

레이어 이동을 하다 보면 가끔 그룹 레이어 안으로 레이어가 들어가는 경우가 있습니다.
이럴 때는 그룹 레이어를 열고 레이어를 선택한 후 드래그해서 꺼내면 됩니다. 드래그가 어려우면 [Ctrl]+[[], [Ctrl]+[]]를 이용해 한 칸씩 레이어를 위나 아래로 옮겨도 됩니다.

002 | 숲속 길 만들기와 안개 브러시 활용

평범한 길 이미지를 숲속에 합성하고 안개 브러시를 활용해 자욱하게 흐르는 듯한 안개 효과를 표현합니다.

01. [File] 〉 [Open]([Ctrl]+[O]) 메뉴를 클릭하여 'Forest Road' 이미지를 불러온 후 [Shift]를 누른 상태로 작업 창으로 옮겨옵니다. [Ctrl]+[T]를 누르고 크기를 [W] : '17%', [H] : '17%'로 설정합니다. 그리고 숲 사이 가운데에 위치시킵니다.

02. 레이어 이름을 'Forest Road'로 변경합니다. 'Forest Road' 레이어에 레이어 마스크를 적용합니다. [Foreground Color] : '#000000'으로 설정하고 부드러운 원 브러시를 선택합니다. 브러시 사용 시에는 항상 [Opacity] : '100%', [Flow] : '100%'가 맞는지 확인합니다. 테두리를 지워 숲과 길이 자연스럽게 만듭니다.

03. 이제 새로운 레이어를 만들고 안개 효과를 만들겠습니다. [Layers] 패널에서 [Create a new layer]를 클릭합니다. [Foreground Color] : '#ffffff'로 설정하고 브러시를 선택합니다. 작업 창에서 마우스 오른쪽 버튼을 클릭한 후 [Cloud Brushes Part 1] 폴더를 열고 '2693 안개 브러시'를 선택합니다. [Brush Size] : '2000px'로 다시 설정합니다.

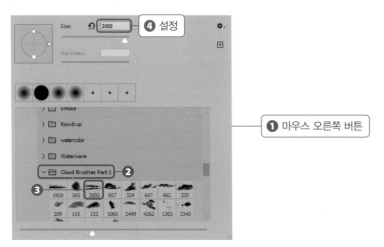

04. 숲에 안개가 걸친 듯 이미지의 위치를 참고해서 자연스럽게 찍습니다. 레이어 이름을 'Fog'로 설정하고 레이어의 [Opacity] : '63%'로 줄입니다.

LESSON 03
워프 이해하기

뒤틀기 효과를 이용해 이미지를 변형시킬 수 있습니다. 사용자가 직접 뒤틀기를 조작해서 사용하는 방법과 포토샵에서 제공하는 뒤틀기 유형 선택을 통해 다양한 모양으로 변형시키거나 늘리고 줄일 수 있습니다.

예제 파일　활용편 〉 PART 01 〉 Lesson 03 〉 Building.png / Building 2.jpg / Crack.jpg
완성 파일　활용편 〉 PART 01 〉 Lesson 03 〉 워프 이해하기.psd

자유 변형의 'Warp'를 이용해 'Building PNG' 파일을 걷는 모습처럼 만듭니다. 'Warp' 효과는 마우스로 이미지의 특정 부분을 직접 드래그해 수동으로 조정하는 방법과 포토샵에서 제공하는 뒤틀기 유형 선택을 바로 적용하는 방법이 있습니다. 'Warp'를 이용해 모양을 뒤트는 방법은 초보자에게는 난이도가 있는 작업이기 때문에 첨부한 'Building PNG 2' 이미지를 이용해 바로 작업에 사용합니다.

01. [File] 〉 [Open]([Ctrl]+[O]) 메뉴를 클릭하여 'Building PNG' 이미지를 불러온 후 'Warp'를 적용하기 전에 먼저 원근법을 적용합니다. [Ctrl]+[T]를 누르고 마우스 오른쪽 버튼을 클릭한 후 [Perspective]를 선택합니다. [Perspective]의 원근법을 활용해 건물을 아래쪽 시야에서 바라보는 모양으로 만들어야 합니다. 오른쪽 아래 포인트를 클릭 드래그해서 아래쪽 양쪽 폭이 넓어지게 만듭니다.

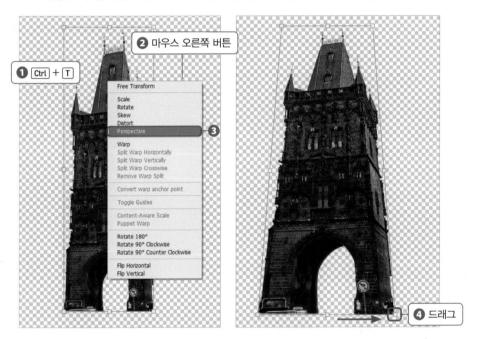

02. 수평 기울기 각도인 [H] : '4.79°'로 바뀐 걸 확인할 수 있습니다.

03. [Edit] 〉 [Transform] 〉 [Warp] 메뉴, 또는 [Free Transform] 실행 후 팝업 창에서 'Warp' 기능을 사용할 수 있습니다. 'Warp'를 실행하면 [Split]와 [Grid]를 이용해 다양한 개수의 격자 형태로 분할할 수 있습니다.

04. 또한 'Warp'의 뒤틀기 유형 선택을 이용해 원하는 모양으로 바로 바꿀 수도 있습니다.

05. 이번에는 이미지의 특정 부분만 드래그한 후 뒤틀어 모양을 변형시킵니다. 건물이 걷는 듯한 모습처럼 오른쪽 아래 건물 기둥 쪽을 위로 밀어 올리고 왼쪽 기둥 쪽은 발바닥을 딛는 것처럼 드래그해서 위치시킵니다. 'Warp' 사용법은 숙련도가 필요합니다. 작업이 어려울 때는 첨부 파일 'Building PNG 2' 이미지를 이용해 바로 합성을 진행해도 됩니다.

06. 작업을 마무리한 후 'Building PNG' 이미지의 크기를 [W] : '50%', [H] : '0%'로 설정합니다. 'Building PNG 2' 이미지를 바로 사용한 경우에는 크기가 이미 설정되어 있기 때문에 따로 크기를 설정하지 않아도 됩니다. 위쪽 지붕 부분이 달에 살짝 가리도록 위치합니다. 레이어 이름을 'Building'으로 변경하고, [Layers] 패널에서 [Create new fill or adjustment layer]를 클릭한 후 [Curves]를 선택합니다.

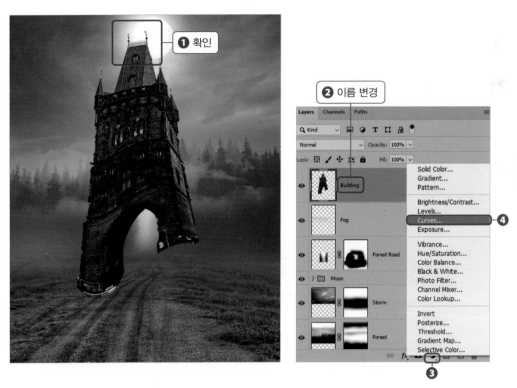

07. 'Building' 레이어를 선택하고 Ctrl + Alt + G를 눌러서 클리핑 마스크를 적용합니다. 왼쪽 조절점을 [Input] : '0', [Output] : '30'으로 설정하고 오른쪽 조절점을 [Input] : '255', [Output] : '155'로 설정합니다.

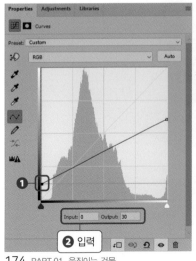

08. 'Curves' 적용 후 빌딩과 배경이 어우러진 걸 확인할 수 있습니다.

002 | 갈라진 벽 표현하기

깨끗한 건물들을 깨진 벽 이미지를 이용해서 오래되고 낡은 건물로 쉽게 표현할 수 있습니다.

01. 'Crack' 이미지를 불러온 후 [Quick Selection Tool]을 이용하여 이미지의 가장자리를 선택해서 선택 영역을 지정해야 합니다. 벽돌의 자연스러운 모양만 선택하기 위해 [Quick Selection Tool]을 사용합니다. 그리고 벽의 부서진 벽돌 부분을 대충 선택합니다.

02. Ctrl+C를 눌러 선택 영역을 복사한 후 작업 창에서 Ctrl+V를 눌러 붙여넣습니다. 레이어의 맨 위에 복사된 걸 확인할 수 있습니다. 'Building' 레이어에 'Curves' 효과를 똑같이 적용하기 위해 'Building' 레이어와 'Curves 1' 조정 레이어 사이에 드래그해서 위치시킵니다.

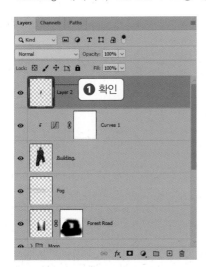
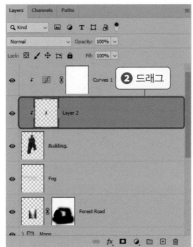

03. 왼쪽 기둥 위쪽에 위치시키고, 크기를 [W] : '75%', [H] : '75%'로 설정하고, [Rotate] : '4.62°'로 돌립니다. 이 부분은 빌딩이 걷다가 부서진 부분을 표현하는 겁니다. [Eraser Tool]을 이용해 테두리를 자연스럽게 지웁니다. 밝은 벽돌 부분이 지워지지 않게 주의합니다.

04. 'Crack'으로 레이어 이름을 변경합니다. 그리고 [Create a new layer]를 클릭해 'Crack' 레이어와 'Curves 1' 조정 레이어 사이에 새로운 레이어를 만듭니다. 이 레이어는 'Building' 레이어의 명암을 만들기 위함입니다.

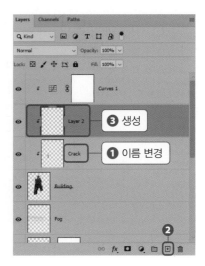

05. 부드러운 원 브러시를 선택하고 [Brush Size] : '300px' 이하로 조절하면서 'Building' 레이어의 어두워야 할 부분들을 칠해서 그림자를 만듭니다. 브러시를 [Opacity] : '30%', [Flow] : '30%' 이하로 설정하고 칠하면서 변하는 과정을 보고 양을 조절합니다. 브러시 적용 전과 후의 비교 모습입니다.

▲ Before

▲ After

06. Shift 를 누른 상태로 'Building' 관련 레이어들을 전부 선택합니다. Ctrl 을 누른 상태로 레이어를 한 개씩 선택할 수도 있습니다. 선택이 완료되면 Ctrl + G 를 눌러서 그룹 레이어로 만들고 이름을 다시 'Building'으로 변경합니다.

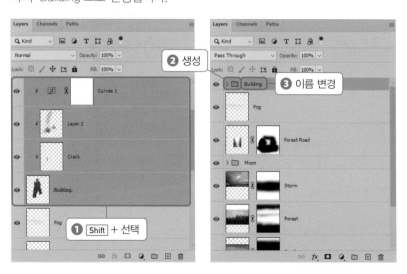

LESSON 04
신발 합성하기

신발 이미지를 합성해 걸어가는 건물 모양을 만듭니다. 그리고 [Pen Tool]의 'Shape' 기능에 대해 자세히 알아보고 직접 신발 끈을 만들어 보겠습니다. 또한 더 빠르게 파일을 작업 창에 불러와 합성을 효율적으로 할 수 있는 방법에 대해서도 알아보겠습니다.

예제 파일 활용편 〉 PART 01 〉 Lesson 04 〉 Footprint.jpg / Brick.jpg / Left Shoes.png / Right Shoes.png
/ Man.png / Lamp.png / 4443 구름 브러시.abr

완성 파일 활용편 〉 PART 01 〉 Lesson 04 〉 신발 합성하기.psd

001 | Place Embedded 활용하기

[Place Embedded]를 이용하면 이미지를 현재 작업 창에 바로 열 수 있기 때문에 합성 작업을 빠르게 진행할 수 있습니다. 하지만 초보자가 사용하기에는 다소 번거로운 방법일 수 있습니다. 반복 학습을 통해 꾸준히 사용하는 습관을 갖도록 합니다. [Place Embedded]는 [Convert to Smart Object]가 적용된 상태로 나타나는데 [Rasterize Layer]를 통해 해제할 수 있습니다.

01. [File] 〉 [Place Embedded] 메뉴를 클릭하고, 'Left Shoes PNG' 이미지를 선택한 후 [Place] 버튼을 클릭합니다.

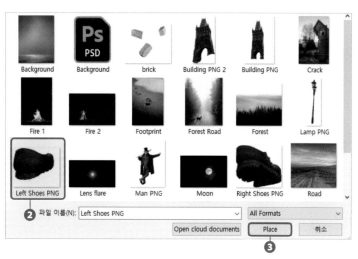

> ℚTip 상황에 따른 [Place Embedded] 열기
> 합성 시에는 넓은 시각으로 전체 이미지의 필요한 부분을 사용할 때가 많습니다. 하지만 [Place Embedded]로 열게 되면 이미지가 작업 창에 작게 나타나기 때문에 확대해야 하는 번거로움이 있습니다. 이런 부분을 생각해서 합성 상황에 따라 [Open]이나, [Place Embedded]를 선택해서 여는 게 좋습니다.

02. 'Left Shoes PNG' 이미지를 왼쪽 기둥에 맞춰 위치시킵니다. 크기는 조절할 필요가 없습니다. 위치 확인 후 Enter 를 누릅니다. 디테일한 위치 조절 시에는 키보드 방향키를 사용합니다.

> ℚTip 키보드 방향키는 항상 [Move Tool]이 선택된 상태에서 사용합니다.

03. 이번에는 [Place Embedded] 메뉴를 이용하여 'Right Shoes PNG' 이미지를 불러옵니다. 신발 위치를 조정하고 [Enter]를 누릅니다. 크기가 맞다면 굳이 크기를 새로 조절할 필요는 없습니다.

002 | Shape를 이용한 신발 끈 만들기

[Pen Tool]에 속해 있는 'Shape'를 이용하여 면과 선의 색상 그리고 두께와 모양 등을 설정할 수 있습니다. [Shape] 사용 시에는 'Shape' 레이어가 자동 생성되기 때문에 레이어를 따로 만들 필요가 없습니다.

01. 먼저 툴바에서 [Pen Tool]을 선택합니다. [Pen Tool]을 실행하면 상단의 옵션 바에 다양한 기능이 나타납니다.

기능 Tip

❶ Pick tool mode : 선택 도구 모드입니다. 'Shape', 'Path', 'Pixels' 모드 중 선택 가능합니다.

❷ Fill : 모양 칠 유형을 설정합니다. 모양에 색상을 넣거나 빼고 색상을 설정합니다.

❸ Stroke width : 모양 획 유형을 설정합니다. 모양에 색상을 넣거나 빼고 선의 두께를 설정합니다.

❹ Stroke type : 선의 모양을 설정합니다.

❺ W : 모양의 폭을 설정합니다.

❻ H : 모양의 높이를 설정합니다.

02. 선을 이용해 신발 끈을 만들어야 하기 때문에 선택 도구 모드에서 'Shape' 모드를 선택합니다. 그리고 [Fill]의 색상을 선택한 후 팝업 창이 나타나면 [No Color]를 선택합니다. [No Color]를 선택해야 패스 선이 연결되었을 때 패스 선 안에 색이 채워지지 않습니다. [Fill]과 마찬가지로 [Stroke]에도 색을 설정해야 합니다. [Stroke]의 색상을 클릭해서 팝업 창을 띄웁니다. 신발 끈을 검은색으로 만들 거기 때문에 검은색을 선택합니다. 신발 끈 두께도 설정해야 합니다. 지금 신발 크기라면 두께 [Stroke width] : '6px'가 적당합니다. [Stroke type]도 선으로 선택합니다.

03. 이제 자연스럽게 휘어지듯 신발 끈을 그립니다. [Pen Tool]을 사용했던 방법으로 그려주면 됩니다.

04. 선을 그리고 난 후 [Esc]를 두 번 누르면 패스 선은 사라지고 모양만 남게 됩니다. 그리고 [Layers] 패널에는 자연스럽게 'Shape 1' 레이어가 생성된 걸 확인할 수 있습니다.

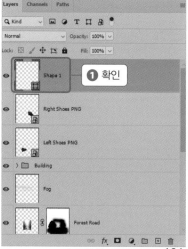

05. 신발 끈 위쪽 부분은 발목 앞쪽에 위치해야 자연스럽기 때문에 발목 쪽에 넘어온 부분을 지우도록 합니다. 레이어 마스크를 사용해도 되고 [Eraser Tool]을 사용해도 되지만, [Eraser Tool]을 사용하기 위해서는 'Shape' 레이어를 일반 레이어로 바꿔야 합니다. 'Shape' 레이어는 일부 툴바 기능을 사용할 수 없기 때문입니다. 레이어를 선택하고 마우스 오른쪽 버튼을 클릭한 후 [Rasterize Layer]를 선택합니다.

06. 툴바에서 [Eraser Tool]을 선택하고 선명한 원 브러시를 선택한 후 끈 위쪽을 지웁니다. 신발 끈을 임의로 더 많이 만들어도 상관없습니다.

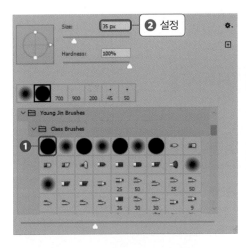

07. 신발 끈의 끝을 보면 쇠나 플라스틱으로 마무리되어 있는 걸 볼 수 있습니다. 사실적인 신발 끈을 표현하기 위해 [Brush Tool]을 이용해 플라스틱이 감싸져 있는 듯하게 그려주겠습니다. 새로운 레이어를 만들고 Ctrl+Alt+G를 눌러서 클리핑 마스크를 적용합니다.

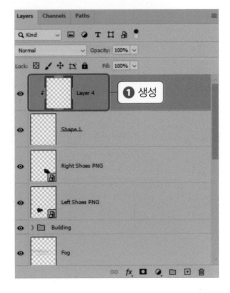

08. 그리고 [Foreground Color] : '#ffffff'로 설정하고 [Brush Tool]을 선택한 후 끝부분만 칠합니다. 레이어의 [Opacity] : '25%'로 설정합니다.

09. [Create new fill of adjustment layer]를 클릭해서 [Curves]를 선택하고 Ctrl + Alt + G 를 눌러서 클리핑 마스크를 적용합니다. [Input] : '0', [Output] : '35'로 설정합니다.

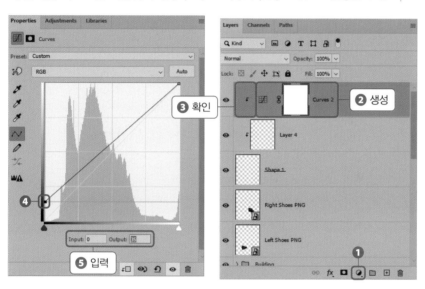

10. 진했던 신발 끈의 대비가 약해지면서 배경과 자연스럽게 어울리는 걸 확인할 수 있습니다. Shift 를 누른 상태로 'Shape 1'부터 'Curves 2' 조정 레이어까지 선택한 후 Ctrl + G 를 눌러 그룹 레이어를 만들고 이름을 'Left shoestring 1'로 변경합니다.

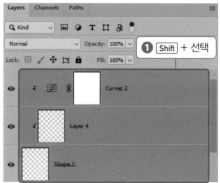

11. 신발 끈 하나로는 자연스럽지 않기 때문에 하나 더 만들겠습니다. 'Building' 레이어 아래쪽에 만들면 따로 지울 필요가 없기 때문에 'Fog' 레이어를 선택하고, [Pen Tool]을 선택합니다. 선택 도구 모드를 'Shape'로 지정하고 [Fill]에 색을 선택하지 않습니다. [Stroke Color] : '#000000', [Stroke Width] : '6px'로 설정합니다.

12. 핸들을 조절해 신발 끈을 타원형 모양으로 만듭니다. [Esc]를 두 번 눌러 패스 선을 지웁니다.

13. 여기에도 'Curves'를 적용해 대비를 자연스럽게 만들어야 합니다. 'Curves' 같은 조정 레이어도 복사할 수 있습니다. 같은 양의 대비 효과를 적용하기 때문에 처음 신발 끈에 적용했던 곡선을 복사해서 사용합니다. 'Left shoestring 1' 그룹 레이어에서 'Curves 2' 조정 레이어를 선택합니다. [Ctrl]+[C]로 복사하고 'Shape 2' 레이어를 선택한 후 [Ctrl]+[V]로 붙여넣습니다. 그리고 [Ctrl]+[Alt]+[G]를 눌러서 클리핑 마스크를 적용합니다.

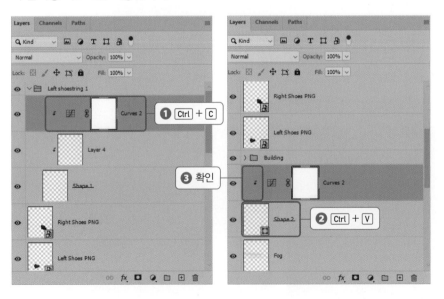

14. 복사된 'Shape 2' 레이어와 'Curves 2' 조정 레이어를 선택하고 Ctrl+G를 눌러서 그룹 레이어 (Left shoestring 2)로 만듭니다.

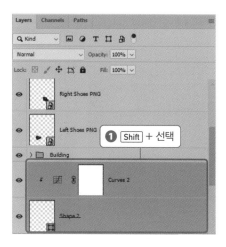 

15. 앞에서 배웠던 방법으로 오른쪽 신발 끈도 만듭니다. 먼저 매듭이 많은 것처럼 만들기 위해 타원 형 모양으로 만들고 Alt를 이용해 핸들을 끊어가면서 자연스럽게 매듭을 만듭니다.

16. Esc 를 두 번 눌러 패스 선을 지우고 이번에도 'Curves' 조정 레이어를 복사해서 적용합니다. 왼쪽 신발 끈에 적용했던 'Curves' 조정 레이어를 복사해서 사용하면 됩니다. 그리고 클리핑 마스크를 적용합니다.

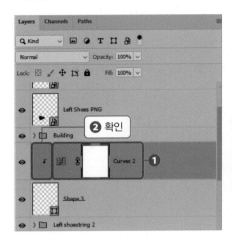

17. Ctrl + G 로 그룹 레이어를 만들고 레이어 이름을 'Right shoestring 1'로 변경합니다.

18. 'Left shoestring 1' 그룹 레이어와 같은 방법으로 오른쪽 신발 끈 끝부분을 'Right Shoes PNG' 레이어 위쪽에 만들고 마무리합니다. 신발 끈 모양은 숙련도에 따라 개인차가 있을 수 있습니다.

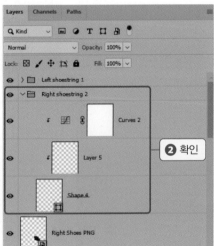

003 | 바닥에 건물 그림자 효과 적용하기

그림자는 빛이 강하거나 약하거나 날씨에 따라서도 만드는 방법이 달라집니다. 지금은 달빛이 강하지만 안개에 가리기 때문에 흐릿한 그림자를 만듭니다.

01. 툴바에서 [Brush Tool]을 선택하고 부드러운 원 브러시를 선택합니다. 'Forest Road' 레이어 위에 새로운 레이어(Shadow 1)를 만들고 [Opacity] : '30%', [Flow] : '30%'로 설정합니다. 바닥에 약한 그림자를 살살 칠해서 그립니다.

02. 모든 사물은 바닥과 가장 가까운 면이 가장 어둡게 나타납니다. 이 부분을 그려주면 합성이 훨씬 자연스럽게 보입니다. 다시 새로운 레이어를 만들고 부드러운 원 브러시를 선택합니다. [Opacity] : '100%', [Flow] : '100%'로 설정하고 그림자를 그립니다. 그림자는 신발의 범위를 너무 벗어나지 않게 칠합니다. 벗어난 부분은 [Eraser Tool]로 수정하고 레이어 이름을 'Shadow 2'로 변경합니다.

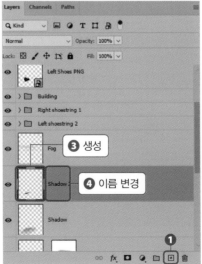

03. 지붕 꼭대기에 남자도 합성합니다. 남자는 'Building' 레이어 아래에 위치해야 합니다.

빠른 합성을 위해 이번에도 [File] 〉 [Place Embedded] 메뉴를 클릭해 'Man PNG' 이미지를 불러옵니다. 한쪽 기둥을 잡고 있는 듯하게 위치시키고 Enter를 누릅니다.

04. 이제 움직이면서 부서져 나간 빌딩 벽돌 잔해를 합성합니다. Ctrl+O를 누르고 'Brick PNG' 이미지를 불러온 후 툴바에서 [Lasso Tool]을 선택합니다. [Lasso Tool]은 자유롭게 선택 영역을 지정할 수 있습니다. [Lasso Tool]을 이용해서 먼저 왼쪽 벽돌을 선택하고, Ctrl+C로 복사한 후 작업 창에서 Ctrl+V를 눌러 붙여 넣습니다. 레이어 이름을 'Brick 1'로 변경합니다.

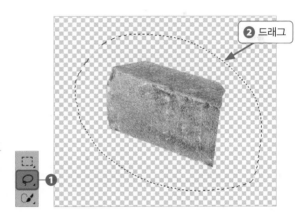

❷ 드래그

❶

05. Shift+Ctrl+]를 이용해 [Layers] 패널 맨 위에 위치시킵니다.

❶ 이름 변경

06. Ctrl+T를 누르고 크기를 [W] : '5%', [H] : '5%'로 설정합니다. 그리고 왼쪽 기둥 부서진 벽 근처에 위치하고, Ctrl+U를 이용해서 [Lightness] : '−75'로 설정한 후 [OK] 버튼을 클릭합니다.

1

❷ 확인

07. 나머지 벽돌도 같은 방법으로 옮겨옵니다. 먼저 불러온 'Brick' 이미지의 선택 영역을 해제합니다. Ctrl+D를 누르면 선택 영역을 해제할 수 있습니다. [Lasso Tool]을 이용해 오른쪽 벽돌도 복사해서 작업 창으로 옮겨옵니다. Ctrl+T를 누르고 크기를 [W] : '5%', [H] : '5%'로 줄입니다. 단축키 Ctrl+U를 이용해 [Lightness] : '−75'로 설정하고 [OK] 버튼을 클릭합니다.

08. 레이어 이름을 'Brick 2'로 변경하고 마무리합니다.

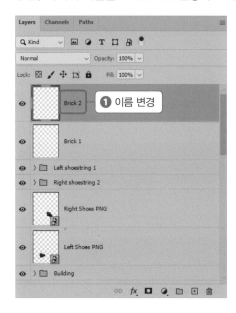

❓Tip 레이어 아래에 레이어 만들기

Ctrl을 누른 상태로 [Layers] 패널의 [Create a new layer]를 클릭하면 현재 선택한 레이어 아래에 새로운 레이어를 만들 수 있습니다.

발자국 이미지를 이용해 건물의 발자국 모양을 만듭니다. 브러시를 사용하기도 하지만 바닥이 움푹 파인 자연스러운 합성을 위해서는 이미지를 사용하는 게 좋습니다.

01. [File] 〉 [Open](Ctrl+O) 메뉴를 클릭하여 'Footprint' 이미지를 불러온 후 작업 창으로 옮겨옵니다. 그리고 Shift+Ctrl+U를 눌러 흑백 이미지로 바꿉니다.

02. 오른쪽 발아래에 위치시키고 Ctrl+T를 누른 후 Shift를 누른 상태로 드래그하여 납작하게 만듭니다. 그리고 원근감을 주기 위해 마우스 오른쪽 버튼을 클릭한 후 [Perspective]를 선택해 아래쪽 부분을 양쪽으로 늘립니다.

03. 블렌딩 모드를 'Overlay'로 설정합니다. 발자국 위치를 확인하고 마우스 오른쪽 버튼을 클릭한 후 [Free Transform]을 선택해서 다시 크기 수정을 하고 Enter를 누릅니다. 그리고 [Eraser Tool]을 이용해 테두리를 깔끔하게 지웁니다.

04. 'Footprint' 이미지를 복사해서 반대쪽에 발자국이 살짝 보이도록 만듭니다. Ctrl+J를 눌러 'Footprint' 레이어를 복사합니다. Ctrl+T를 누른 후 마우스 오른쪽 버튼을 클릭하고 [Flip Horizontal]를 선택하여 반대 방향으로 바꾸고 위치시킵니다. 크기와 위치를 추가로 수정하고 마무리합니다.

❷ 마우스 오른쪽 버튼

Rotate 180°
Rotate 90° Clockwise
Rotate 90° Counter Clockwise
Flip Horizontal ❸
Flip Vertical

❶ 확인

05. 이제 바닥에 브러시를 이용해서 먼지 효과를 추가로 만듭니다. [Layers] 패널 맨 위에 새로운 레이어를 만듭니다. 툴바에서 [Brush Tool]을 선택하고 [Cloud Brushes Part 2] 폴더에서 4443 구름 브러시를 선택합니다. [Foreground Color] : '#c4c4c4'로 설정합니다.

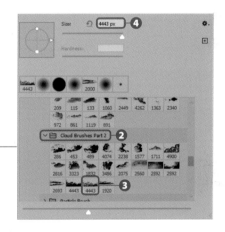

❶ 마우스 오른쪽 버튼

06. 브러시 크기를 유지한 채 [Opacity] : '100%', [Flow] : '100%'인 상태에서 아래쪽 중앙을 기준으로 한 번 찍습니다. 그리고 레이어의 [Opacity] : '25%'로 설정해서 과하지 않게 적용합니다. 레이어 이름을 'Dust'로 변경합니다.

❶ 확인

005 | 가로등을 이용하여 움직이는 팔 만들기

'Puppet Warp'와 'Lamp PNG' 이미지를 이용해 자연스럽게 움직이는 팔 모양을 만들겠습니다.

Puppet Warp

'Puppet Warp'는 특정 부분을 뒤틀고 왜곡해서 자연스러운 모양으로 만들 수 있는 기능입니다. 벡터 파일과 PNG 파일에 사용하면 효과적입니다.

01. 먼저 왼쪽에 합성할 'Lamp PNG' 이미지는 'Building' 레이어 아래에 위치해야 합니다. 'Building' 레이어 아래에 있는 레이어 중 하나를 선택하고, [File] > [Place Embedded] 메뉴를 클릭하여 'Lamp PNG' 이미지를 불러옵니다. 'Lamp PNG' 이미지의 크기를 [W] : '18%', [H] : '18%'로 설정합니다. 각도를 돌려 마치 팔을 들고 있는 듯하게 위치하고 Enter 를 누른 후 [Edit] > [Puppet Warp] 메뉴를 클릭합니다.

02. 오른쪽부터 중앙 그리고 왼쪽 순으로 핀을 세 개 클릭합니다. 자연스러운 효과를 위해서는 보통 핀을 세 개 이상 클릭하는 게 좋습니다. 맨 아래 핀과 중앙 핀은 고정 점이 되고 맨 위의 핀을 왜곡시켜주는 겁니다. 맨 위의 핀을 선택하면 선택한 핀은 파란 점으로 나타납니다. 이때 클릭 드래그해서 왜곡시켜 모양을 만듭니다.

🖐 기능 Tip

❶ Shift 를 누른 상태로 여러 핀을 선택할 수 있습니다.

❷ Alt 를 누른 상태로 핀을 드래그하면 핀을 중심으로 왜곡할 수 있습니다.

❸ Delete 를 누르면 핀을 제거할 수 있습니다.

03. 'Lamp PNG' 이미지를 또 불러와 오른쪽 팔도 만들어 주겠습니다. 왼쪽과 마찬가지로 오른쪽 팔도 핀을 세 개 적용하고 모양을 만듭니다. 오른쪽 'Lamp PNG' 이미지는 'Building' 레이어 위쪽에 위치합니다.

 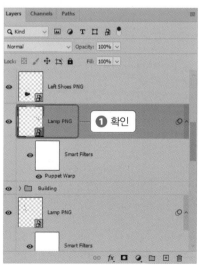

04. 오른쪽 'Lamp PNG' 이미지는
어두운 면이라 'Curves'를 적용해 대
비를 줄이고 어둡게 만듭니다. Ctrl
+M을 누르고, [Curves] 창이 나타
나면 왼쪽 조절점은 [Output] : '36',
[Input : '255'로 설정하고, 오른쪽
조절점은 [Output] : '128', [Input] :
'255'로 설정합니다.

006 ┃ 전체 색상 조정하기

'Brightness/Contrast'와 'Color Balance' 등을 이용해서 밤 분위기와 어울리는 어두운 계열 색상으로
만듭니다.

01. [Layers] 패널에서 [Create new fill or adjustment layer]를 클릭하고 [Brightness/Contrast]를 선
택합니다. [Brightness] : '–78', [Contrast] : '–50'으로 설정합니다.

02. 다시 [Layers] 패널에서 [Create new fill or adjustment layer]를 클릭하고 [Color Balance]를 선택합니다. [Midtones] : '-19, 0, 30'으로 설정합니다.

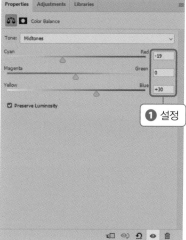

03. 다시 [Layers] 패널에서 [Create nes fill or adjustment layer]를 클릭하고 [Gradient Map]을 선택합니다. 왼쪽 [Color Stop] : '#161719', 오른쪽 [Color Stop] : '#5b8dff'로 설정합니다.

렌즈 플레어를 이용한 빛 표현하기

렌즈 플레어 이미지를 이용해 다양한 빛 효과를 만들 수 있습니다. 자동차 라이트, 전등, 번개 등과 같이 빛이 필요한 모든 합성 부분에 사용이 가능하고 가장 사실적으로 표현할 수 있습니다.

예제 파일 활용편 〉 PART 01 〉 Lesson 05 〉 Lens flare 1.jpe / Lens flare 2.jpg
완성 파일 활용편 〉 PART 01 〉 Lesson 05 〉 렌즈 플레어를 이용한 빛 표현.psd

001 | 전등에 불빛 만들기

렌즈 플레어 이미지를 이용해서 'Lamp PNG' 이미지에 불빛 효과를 추가하고 사실적인 전등 효과를 표현합니다.

01. [File] 〉 [Place Embedded] 메뉴를 클릭해 'Lens flare 1' 이미지를 불러옵니다. 오른쪽 'Lamp PNG' 이미지의 전등에 맞춰 위치시키고, 블렌딩 모드를 'Screen'으로 설정합니다.

02. 블렌딩 모드 설정 후 테두리에 잔상이 남게 됩니다. 이 잔상을 지워줘야 합니다. 레이어 마스크를 적용해서 지우도록 합니다. 레이어 마스크 적용 후 부드러운 원 브러시를 선택합니다. [Opacity] : '100%', [Flow] : '100%'로 설정하고 테두리를 깔끔하게 지웁니다.

03. 같은 방법으로 왼쪽 'Lamp PNG' 이미지에도 'Lens flare 2' 이미지를 합성합니다. [File] 〉 [Place Embedded] 메뉴를 클릭하여 'Lens flare 2' 이미지를 불러옵니다. 블렌딩 모드를 'Screen'으로 설정하고 레이어 마스크 적용 후 부드러운 원 브러시를 이용해서 테두리를 깔끔하게 지웁니다.

LESSON 06

Levels 사용 방법

'Levels'는 이미지의 밝기와 명암을 조절할 수 있는 'Curves'와 비슷한 보정 효과 기능입니다. 히스토 그램을 이용해 밝기 분포도를 확인할 수 있어서 보정에 효과적입니다.

예제 파일   활용편 〉 PART 01 〉 Lesson 06 〉 Fire 1.jpg / Fire 2.jpg
완성 파일   활용편 〉 PART 01 〉 Lesson 06 〉 레벨 사용 방법.psd

001 | 램프에서 떨어지는 불꽃 표현하기

타오르는 모닥불의 불꽃을 이용해 램프에서 떨어지는 듯한 불꽃 효과를 표현합니다. 렌즈 플레어 효과를 적용했던 방법과 비슷합니다.

01. [File] 〉 [Open](Ctrl + O) 메뉴를 클릭하여 'Fire 1' 이미지를 불러오고, 툴바에서 [Rectangular Marquee Tool]을 선택합니다.

02. 모닥불에서 불꽃이 날리는 부분만 드래그해서 선택합니다. Ctrl + C 를 눌러 복사한 후 작업 창에서 Ctrl + V 를 눌러 붙여 넣습니다.

❶ 드래그

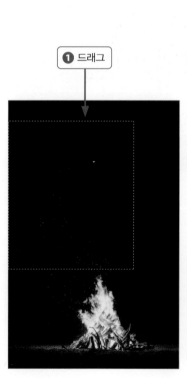

03. [Move Tool]을 선택해서 오른쪽 전등 위에 위치시킵니다. [Layers] 패널의 [Create new fill or adjustment layer]를 클릭하여 [Levels]를 선택하고 Ctrl + Alt + G 를 눌러서 클리핑 마스크를 적용합니다.

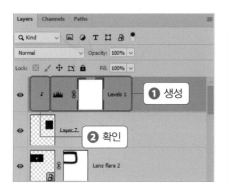

002 | **Levels 이해하기**

'Levels'의 각 기능에 대해 알아보고 불꽃 이미지의 명암을 조절하겠습니다.

Levels

레벨은 명도와 대비를 쉽고 빠르게 조작할 수 있는 기능입니다. 이런 변화 과정은 히스토그램을 통해 확인할 수 있습니다. 히스토그램은 이미지가 가지고 있는 각 픽셀의 밝고 어두운 영역의 양을 표시합니다.

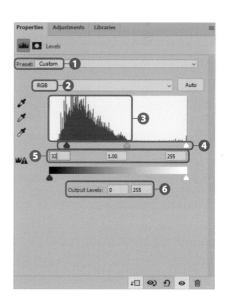

❶ 기본으로 제공하는 레벨 값을 설정합니다.

❷ 색상 모드를 선택합니다.

❸ 이미지에 분포되어 있는 밝고 어두운 부분의 양을 표시합니다.

❹ 슬라이더를 이용해 어두운 영역, 중간 영역, 밝은 영역을 설정합니다.

❺ 입력 레벨을 표시하고 주로 명도를 조절할 때 사용합니다.

❻ 출력 레벨을 표시하고 주로 대비를 조절할 때 사용합니다.

지금 보고 있는 불꽃 이미지의 전체적인 톤은 어둡기 때문에 히스토그램 또한 어두운 영역에 많이 분포되어 있는 걸 확인할 수 있습니다. 중간 영역을 기준으로 왼쪽은 어두운 영역이고, 오른쪽은 밝은 영역이라 볼 수 있습니다.

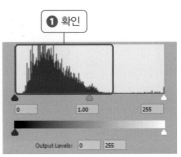

검은색도 다양한 검은색이 존재합니다. 앞에서 적용했던 '전등에 불빛 만들기'의 렌즈 플레어 이미지는 빛을 제외한 배경이 완전 검은색에 가까웠기 때문에 블렌딩 모드를 'Screen'으로 적용했을 때 배경이 밝게 나타나지 않았던 겁니다. 그래서 추가로 'Levels' 효과를 적용할 필요가 없었습니다.

하지만 이번 불꽃 이미지는 완전 검은색이 아닌 밝은 부분이 포함된 탁한 검은색에 가깝기 때문에 블렌딩 모드를 'Screen'을 적용했을 때 배경이 하얗게 나타난 겁니다. 이런 부분을 확인하고 'Levels'의 어두운 영역을 더넓혀 'Screen' 모드에서 배경의 하얀 부분을 사라지게하는 겁니다. 'Screen'은 전체 색상을 밝게 하고 어두운부분은 투명하게 처리합니다.

[Input Levels]의 슬라이더를 움직여서 [Input Levels] : '32, 1.00, 255'로 설정합니다.

배경의 하얀 부분이 깔끔해진 걸 확인할 수 있습니다.

Tip 갑자기 화면 보기 모드가 바뀔 때

작업 도중 실수로 단축키를 눌러 화면 보기 모드가 바
뀌는 경우가 있습니다. 이럴 때는 Tab 이나 Esc 또는,
F 를 연속으로 눌러 보기 모드를 원래대로 전환할 수
있습니다.

003 | Blur Tool 활용하기

[Blur Tool]은 이미지의 특정 부분을 문질러서 이미지를 흐리게 만듭니다.

01. 불꽃도 바람에 날리면 빠르게 날리고 천천히 날리는 차이로 인해 불꽃의 흐
름이 다르게 보입니다. 이때 [Blur Tool]을 사용해서 특정 부분만 흐림 효과를 적
용해 불꽃을 자연스럽게 만들 수 있습니다. 툴바에서 [Smudge Tool]을 길게 누
르면 하위 목록에 [Blur Tool]이 나타납니다.

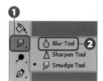

02. 부드러운 원 브러시 모양을 선택하고 [Brush Size] : '80px', [Strength] : '50%'로 설정합니다.
[Strength]는 흐림의 강도를 말합니다.

03. 불꽃의 바깥쪽 부분과 램프 쪽 부분에 살살 칠
해서 흐림 효과를 적용합니다.

04. 이제 [Shift]를 누른 상태로 불꽃 이미지와 'Levels' 조정 레이어를 선택하고 [Ctrl]+[G]를 눌러서 그룹 레이어로 만듭니다. 레이어 이름을 'Fire'로 변경하고, [Ctrl]+[J]를 눌러서 그룹 레이어를 복사합니다.

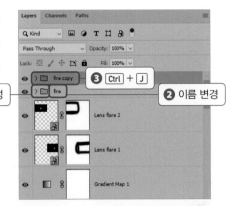

05. 반대쪽 램프에도 불꽃 이미지를 합성해야 합니다. 복사한 'Fire copy' 그룹 레이어를 [Move Tool]을 이용해 반대쪽 램프에 위치시킵니다. [Ctrl]+[T]를 눌러서 불꽃의 크기나 각도를 수정합니다. 크기를 조절할 때는 [Alt]를 누른 상태로 모서리에 포인트를 올려 조절하고 각도는 테두리 바깥쪽에 포인트 이동 후 양쪽 화살표가 나타날 때 돌려서 수정합니다.

06. [File] 〉 [Open]([Ctrl]+[O]) 메뉴를 클릭하여 'Strom' 이미지를 불러옵니다. [Shift]를 누른 상태로 작업 창으로 옮겨와 이미지가 중앙에 위치하게 합니다. [Ctrl]+[T]와 [Ctrl]+[O]을 눌러서 자유 변형 라인이 보일 수 있도록 합니다. 'Strom' 이미지에 동작 흐림 효과를 적용해서 안개 효과로 만들어줄 겁니다.

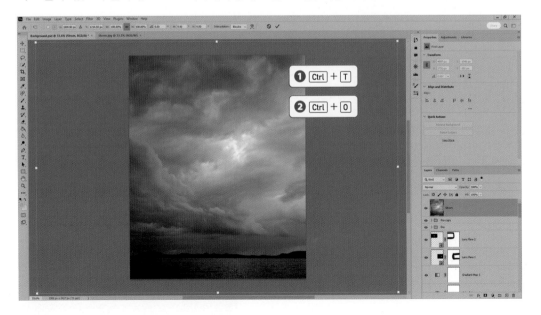

💡Tip **자유 변형 라인이 보이지 않을 때**

자유 변형 라인이 보이지 않을 때는 Ctrl+T를 적용한 상태에서 Ctrl+0 또는 Ctrl+−를 여러 번
클릭하면 작업 창을 축소해 화면에 보일 수 있습니다.

07. 레이어 이름을 'Storm'으로 변경하고 지붕 끝이 조금 보이도록 아래로 내린 후 Enter 를 누릅니
다.

08. [Filter] > [Blur] > [Motion Blur] 메뉴를 클릭하고 [Angel] : '0°', [Distance] : '200Pixels'로 설정
합니다.

09. 레이어 마스크를 적용하고 부드러운 원 브러시를 이용해 위쪽을 지웁니다. 그리고 블렌딩 모드
는 'Soft Light', [Opacity] : '60%'로 설정하고 마무리합니다.

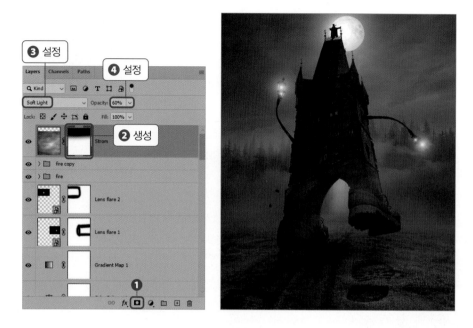

10. [Layers] 패널의 [Create new fill or adjustment layer]를 클릭하고 [Gradient Map]을 선택합니다.
왼쪽 [Color Stop] : '#939393', 오른쪽 [Color Stop] : '#fffb87'로 색상을 설정합니다.

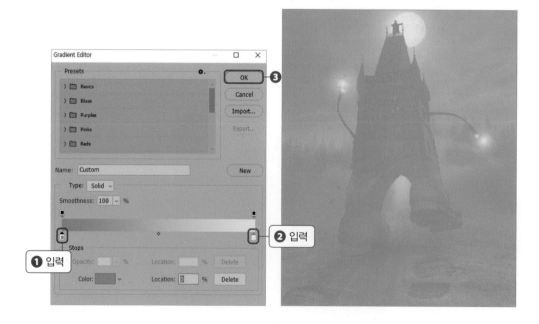

11. 블렌딩 모드는 'Soft Light', [Opacity] : '40%' 설정합니다.

004 | 반사된 빛 표현하기

렌즈 플레어 같은 빛을 표현하는 경우 가까운 사물들에 빛이 반사되는 경우가 있습니다.
램프의 빛이 강하기 때문에 디테일한 효과를 위해 건물에 반사된 빛을 표현해 주겠습니다.

01. 부드러운 원 브러시를 선택합니다. [Foreground Color] : '#ffeb7a'로 설정합니다. 'Building' 그룹
레이어를 열고 새로운 레이어를 하나 만든 후 Ctrl+Alt+G 를 눌러서 클리핑 마스크를 적용합니다.
브러시를 이용해 빛이 반사될 만한 부분에 색을 칠합니다.

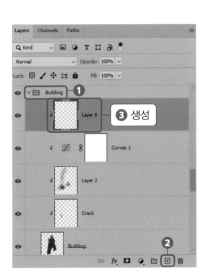

02. 블렌딩 모드는 'Overlay', [Opacity] : '70%'로 설정합니다. 램프의 빛과 건물의 거리에 따라 반사된 빛의 밝기를 다르게 표현하면 됩니다.

03. Shift + Ctrl + Alt + E 를 눌러서 통합 레이어를 만듭니다.

005 | 마무리 필터 효과 적용하기

모든 합성 작업의 마무리 단계에서 [Convert to Smart Object]를 적용하면 필터 효과를 적용하고 차후에 수정하기가 편합니다. 마무리 단계로 선명도와 아웃포커싱 효과를 적용하고 마무리합니다.

01. 가장 먼저 [Filter] 〉 [Camera Raw Filter] 메뉴에서 [Temperature] : '+4', [Auto Whites] : '+25'로 설정합니다. [Temperature]는 사진을 차갑게 하거나 따뜻하게 하는 온도를 설정합니다. [Auto Whites]는 이미지 흰색 강도를 설정합니다.

02. [Effects]로 이동해서 비네팅 효과를 주기 위해서 [Vignetting] : '−29'로 설정하고 [OK] 버튼을 클릭합니다.

03. 이번에는 선명도를 조절하기 위해 [Filter] 〉 [Sharpen] 〉 [Unsharp Mask] 메뉴를 클릭합니다. [Amount] : '100%', [Radius] : '1.0Pixels', [Threshold] : '1levels'로 설정하고 [OK] 버튼을 클릭합니다.

04. 마지막으로 흐림 효과를 적용합니다. [Filter] 〉 [Blur Gallery] 〉 [Tilt−Shift] 메뉴를 클릭합니다. [Blur] : '15px' 설정합니다. 보통 기본 '15px'로 설정되어 있습니다.

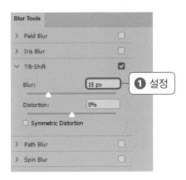

05. 선을 드래그해 위 아래로 흐림 효과를 적용할 범위를 지정할 수 있습니다. 점선은 선 안에서 흐림 효과의 양을 조절할 수 있습니다. 선 위에 마우스를 올리면 화살표가 나타납니다. 선을 밀어서 흐림 효과 범위를 지정하고 [OK] 버튼을 클릭하여 마무리합니다.

▲ 움직이는 건물

PART
02

로봇 합성

콘셉트

강아지와 놀던 아이가 던지 공이 쓰레기 더미 사이로 떨어집니다. 강아지는 공을 찾기 위해 쓰레기 더미로 향하게 되고 거기에 폐기 처분되어 버려졌지만, 아직은 작동 중인 오래되고 낡은 로봇을 발견하게 됩니다.

LESSON 01

Gradient Tool을 이용한 일몰 합성하기

[Gradient Tool]은 조정 레이어가 아닌 원하는 선택 영역을 지정하여 그레이디언트 색상 채우기를 적용할 수 있습니다. 이런 색상 채우기와 레이어 마스크를 활용해 자연스러운 일몰과 밤하늘을 합성합니다.

예제 파일 활용편 〉 PART 02 〉 Lesson 01 〉 Background.jpg / Hill.png / Lensflare 1.jpg / Sunset.jpg / Trash.png

완성 파일 활용편 〉 PART 02 〉 Lesson 01 〉 그레이디언트 도구를 통한 일몰 합성.psd

001 | Gradient Tool 사용법

[Gradient Tool]은 원하는 색상과 모양을 선택해 다양한 그레이디언트 효과를 적용할 수 있습니다.

01. 자연스러운 배경과 일몰을 합성하기 위해 먼저 작업에 사용할 'Background' 이미지를 불러오고, 'Background' 이미지에 합성할 'Sunset' 이미지도 불러옵니다. 툴바에서 [Move Tool]을 선택하고 Shift 를 누른 상태로 'Sunset' 이미지를 'Background' 이미지의 작업 창 탭 부분 위로 드래그해서 옮깁니다. Ctrl + T 를 누르고 [W] : '80%', [H] : '80%'로 설정합니다.

① Ctrl + T

② 설정

02. 레이어의 [Opacity] : '80%'로 설정하고 이미지의 위치를 잡습니다. 합성에서는 색상과 밝기가 너무 강렬하면 다른 이미지와 합성하기가 어렵습니다. 이럴 때 투명도를 내려 색상과 밝기를 낮춰주면 색상이나 밝기 조절이 쉽기 때문에 자연스러운 합성을 진행할 수 있습니다.

03. 이제 [Gradient Tool]을 이용해서 'Background' 이미지의 밤하늘과 일몰 사진을 자연스럽게 합성합니다. [Gradient Tool]을 선택 [Gradient Editor]를 클릭하고 [Basic]에서 [Black, White] 색상을 선택합니다. 모양은 기본 모드인 'Linear Gradient'를 선택합니다.

❶ Gradient Editor : 그레이디언트 색상을 선택하고 편집합니다.

❷ Linear Gradient : 시작부터 끝까지 직선으로 그레이디언트를 적용합니다.

❸ Radial Gradient : 원형 패턴으로 그레이디언트를 적용합니다.

❹ Angle Gradient : 시작점을 둘레로 시계 반대 방향으로 그레이디언트를 적용합니다.

❺ Reflected Gradient : [Linear Gradient]를 반대로 표현합니다.

❻ Diamond Gradient : 다이아몬드 모양으로 그레이디언트를 적용합니다.

04. 색상이 다를 경우 직접 각각의 [Color Stop] 색상을 지정합니다. 왼쪽 [Color Stop] : '#000000', 오른쪽 [Color Stop] : '#ffffff'로 설정합니다.

05. 'Sunset' 레이어에 레이어 마스크를 적용합니다. 레이어 이름을 'Sunset'으로 변경합니다. 이제 작업 창에서 Shift 를 누른 상태로 위에서 아래로 수평선까지 드래그하면, 배경과 노을이 자연스럽게 합성되는 걸 볼 수 있습니다.

06. 만약 위쪽에 'Sunset' 이미지의 잔상이 남아있다면 툴바에서 [Brush Tool]을 선택하고 부드러운 원 브러시를 선택합니다. [Opacity] : '100%', [Flow] : '100%'로 설정하고, 남아있는 라인이 있다면 깔끔하게 지웁니다.

07. 이미지의 채도를 내려 색상을 부드럽게 만들기 위해 레이어의 이미지를 선택하고 Ctrl+U를 누릅니다. [Hue/Saturation] 창이 나타나면, [Saturation] : '−16'으로 설정하고 [OK] 버튼을 클릭합니다.

002 | Hue/Saturation의 Colorize 활용 방법

'Hue/Saturation'의 [Colorize]를 이용해 전체 이미지나 이미지의 특정 선택 영역을 단색으로 지정할 수 있습니다. 이를 활용해 밤하늘의 별을 만들어 보겠습니다.

01. 작업 창에 바로 적용하기 위해 [File] 〉 [Place Embedded] 메뉴를 클릭하여 'Lens flare 1' 이미지를 불러옵니다. [Place Embedded]를 이용해 이미지를 불러오면 자유 변형 효과 적용되어 열리기 때문에 바로 사용할 수 없습니다. 작업 후에는 꼭 Enter 를 누릅니다.

02. Ctrl+U를 눌러 [Hue/Saturation] 창이 나타나면 [Colorize]에 체크합니다. 색상이 단색으로 바뀐 걸 확인할 수 있습니다. 이제 'Lens flare 1' 이미지의 색상을 변경하기 위해 [Hue] : '+360', [Saturation] : '50'으로 설정합니다.

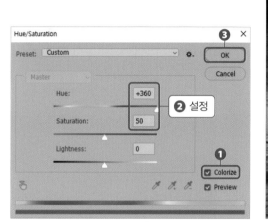

03. Ctrl+T를 누른 후 [W] : '10%', [H] : '10%'로 크기를 설정하고 어두운 쪽에 위치시킵니다.

04. 블렌딩 모드를 'Screen'으로 설정합니다. 그리고 Ctrl+L을 눌러 [Levels] 창이 나타나면, [Input Levels] : '30, 1.00, 255'로 설정해서 테두리를 깔끔하게 만듭니다. 이런 방법으로 'Lens flare 1' 이미지를 이용해 다양한 크기와 여러 색상의 별을 추가해서 만들 수 있습니다.

003 | 바닥 배경 만들기

'Trash PNG' 이미지를 이용해 고물이 있는 쓰레기장을 만들고, 'Hill PNG' 이미지를 이용해 배경 언덕을 합성합니다. 언덕 이미지 같은 경우는 하나의 이미지가 아닌 여러 이미지를 이미 합성한 상태에서 PNG 파일로 만든 이미지입니다.

01. [File] 〉 [Place Embedded] 메뉴를 클릭하여 'Trash PNG' 이미지를 불러옵니다. 작업 창 크기에 맞게 드래그해서 아래쪽을 맞추고 Enter 를 누릅니다.

❶ 드래그

02. 태양 빛이 있기 때문에 쓰레기에 빛이 반사되는 부분을 그립니다. 새로운 레이어를 만들고 클리핑 마스크를 적용합니다.

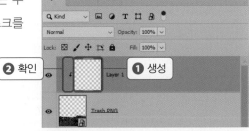

❷ 확인 **❶ 생성**

03. 툴바에서 [Brush Tool]을 선택하고 [Foreground Color] : '#ffdd57'로 설정합니다. 부드러운 원 브러시를 선택하고 [Opacity] : '100%', [Flow] : '100%'로 설정합니다. 'Trash PNG' 이미지의 위쪽 부분에 색을 칠합니다.

❶

04. 블렌딩 모드는 'Soft Light'로 설정하고 레이어의 [Opacity] : '67%'로 설정합니다. 'Soft Light'는
혼합 색상의 50%보다 어두우면 더 어둡게 밝으면 밝게 표현합니다.

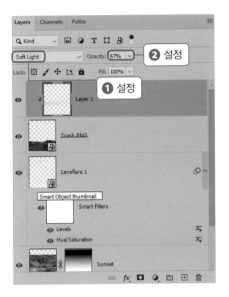

05. 언덕은 'Trash PNG' 레이어 아래에 위치해야 합니다. 먼저 'Lens flare 1' 레이어를 선택합니다.
[File] 〉 [Place Embedded] 메뉴를 클릭하여 'Hill PNG' 이미지를 불러옵니다. 'Hill PNG' 이미지의 크
기를 [W] : '100%, [H] : '100%'로 설정합니다. 오른쪽으로 드래그해서 나무가 살짝 가리게 위치하고
왼쪽 잘린 부분이 보이지 않도록 아래로 내려 위치를 확인한 후 Enter 를 누릅니다.

LESSON 02
로봇 만들기

다양한 중장비와 기계 부품, 그리고 오래된 철들을 활용해 로봇을 만들 수 있습니다. 난이도가 있는 작업이지만, 첨부한 PNG 파일을 이용하여 합성 과정과 사진 찾는 방법에 대해 알아보겠습니다.

예제 파일 활용편 〉 PART 02 〉 Lesson 02 〉 Robot Parts.png / Robot.png / Robot.psd / Machine.png

완성 파일 활용편 〉 PART 02 〉 Lesson 02 〉 로봇 만들기.psd

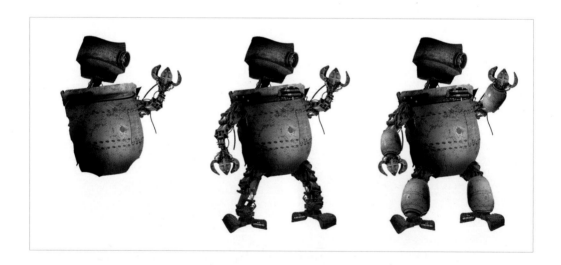

PART 02

001 | 다양한 부품을 이용한 로봇 만들기

부품이나 기계들의 이미지를 활용해 자연스러운 로봇을 만듭니다. 부품 사진을 찾는 방법과 PNG 파일을 이용하여 로봇을 합성하는 과정에 대해 알아보겠습니다.

01. 먼저 로봇을 만들기 위해 작업 창을 새로 만들기 위해 [File] 〉 [New]([Ctrl]+[N]) 메뉴를 클릭합니다. 작업 창을 크게 하면 디테일한 합성 작업에 효과적입니다. [Width] : '3500Pixels', [Height] : '3000Pixels', [Resolution] : '72Pixels/Inch'로 설정합니다. 그리고 [Color Mode] : 'RGB Color/8Bit', [Background Contents] : 'Transparent'로 설정합니다.

❶ 설정

02. [File] 〉 [Open]([Ctrl]+[O]) 메뉴를 클릭해서 'Robot Parts PNG' 이미지를 불러옵니다. 가정 먼저 몸통을 복사해서 작업 창으로 옮겨옵니다. 툴바에서 [Lasso Tool]을 선택하고 로봇 몸통을 드래그해서 선택합니다. 그리고 [Ctrl]+[C]를 눌러 복사한 후 작업 창에서 [Ctrl]+[V]를 눌러 붙여 넣습니다. 이런 몸통은 오래된 철판 그리고 통과 같은 이미지의 사물을 선택해 PNG로 만든 후 작업할 수 있습니다. 주로 자유 변형의 [Warp]를 이용해 모양을 변형시킵니다.

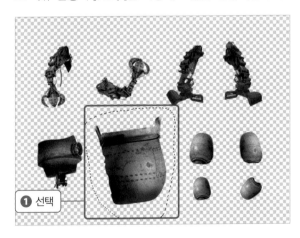

❶ 선택

💡Tip 빠른 합성 작업을 원하는 경우에는 첨부한 'Robot PNG' 이미지를 사용합니다.

03. 복사한 몸통 부분을 작업 창의 중앙에 위치하도록 합니다. 몸통에 레이어 마스크를 적용합니다. 몸통에 사용되지 않을 부분들과 시각적으로 파츠가 들어가야 할 부분들을 우선 지웁니다. 툴바에서 [Brush Tool]을 선택하고 선명한 원 브러시를 이용합니다. [Opacity] : '100%', [Flow] : '100%', [Brush Size] : '300px'로 설정합니다.

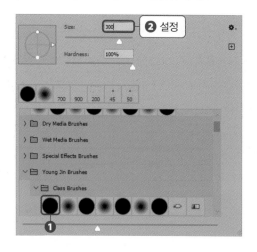

04. 레이어 이름을 'Body'로 변경합니다. 이번에는 새로운 레이어를 만들고 선명한 원 브러시를 이용해 몸통에 팔이 들어갈 부분을 어둡게 칠합니다. 철판이 뜯어진 듯하게 만들면 되기 때문에 대충 그려도 상관없습니다. 이 부분은 팔을 합성해야 할 부분의 어두운 명암입니다. 그리고 레이어의 이름을 'Shadow'라고 변경합니다.

05. 먼저 왼쪽 팔을 합성하겠습니다. 로봇의 팔이나 다리 그리고 마디 같은 부분은 주로 크레인 같은 중장비 기계를 사용해 합성할 수 있습니다. 그리고 이 로봇은 버려진 로봇이고 쓰레기 더미에서 생활하기 때문에 로봇을 만들 때 최대한 낡고 오래된 이미지를 사용해야 자연스러운 빈티지 효과를 표현할 수 있습니다. 이런 오래된 이미지를 찾는 것도 중요합니다.

06. 'Robot Parts PNG' 이미지에서 이번에는 왼쪽 팔을 복사해서 작업 창으로 이동시킵니다. 항상 [Ctrl]+[D]를 먼저 눌러서 선택 영역을 먼저 해제하고 다시 선택 영역을 지정합니다. 툴바에서 [Lasso Tool]을 선택해서 왼쪽 팔을 선택하고 [Ctrl]+[C]로 복사한 후 작업 창에 [Ctrl]+[V]를 눌러 붙여 넣습니다. 툴바에서 [Move Tool]을 선택하고 팔의 위치를 조정한 후 레이어 이름을 'Left Arm'으로 변경합니다.

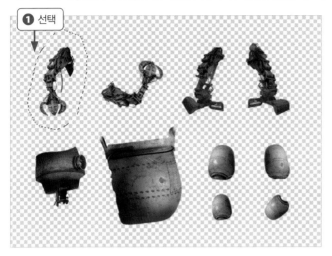

❶ 선택

❷ 확인

07. 같은 방법으로 오른쪽 팔도 합성합니다. 오른쪽 팔은 'Body' 레이어 아래에 위치해야 합니다. 작업 창에 붙여넣은 후 'Right Arm' 레이어를 드래그해서 'Body' 레이어 아래로 옮깁니다. 그리고 작업 창에서 [Move Tool]을 이용해서 팔을 위치시키고 [Ctrl]+[T]를 눌러 방향을 돌려서 손가락이 위쪽으로 향하게 합니다. 마무리로 [Edit] 〉 [Puppet Warp] 메뉴를 클릭하여 왼쪽부터 순서대로 핀을 클릭한 후 팔을 조금 구부려 주고 손가락 마디도 넓힙니다.

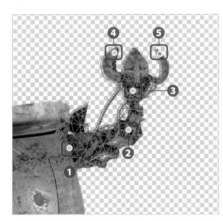

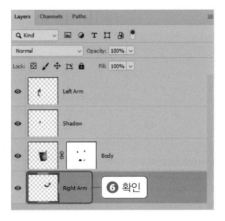

❻ 확인

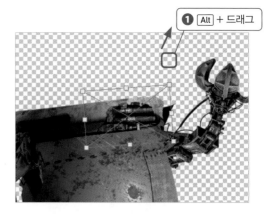

08. 이번에는 [Layers] 패널에서 'Body' 레이어를 선택하고, 목 쪽 한 부분이 파손된 듯한 기계 이미지를 합성하겠습니다. [File] 〉 [Place Embedded] 메뉴를 클릭하여 'Machine PNG' 이미지를 불러오고, Alt 를 누른 상태로 [W] : '160%', [H] : '160%'로 설정하고 목 쪽 부분에 위치시킨 후 Enter 를 누릅니다.

09. 오래되고 낡은 로봇이기 때문에 부서진 부분들을 표현해 주면 더 자연스럽게 보일 수 있습니다. 이번에는 머리를 합성하겠습니다. 머리는 오래된 캔을 사용하고 눈은 렌즈를 활용했습니다. 카메라 거치대를 이용해 목을 표현할 수도 있습니다.

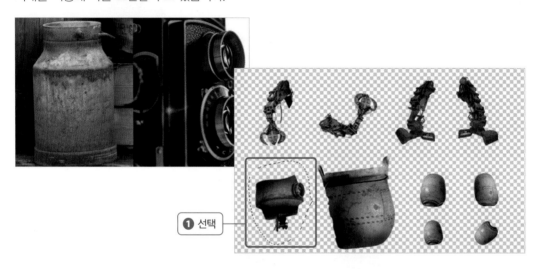

10. [Lasso Tool]을 이용해서 머리를 선택하고 Ctrl + C 를 눌러 복사한 후 작업 창에서 Ctrl + V 를 눌러 붙여 넣습니다. 머리 레이어 이름을 'Head'로 변경합니다. 'Head' 레이어도 'Body' 레이어 아래에 위치해야 합니다. Ctrl + T 를 누르고 머리 방향이 손을 보는 듯하게 돌립니다. 머리 크기는 [W] : '93%', [H] : '93%'로 설정합니다. 자유 변형이 적용된 상태에서 미세한 이동 설정 시에는 키보드 방향키를 사용하도록 합니다. 작업을 마무리하고 Enter 를 누릅니다.

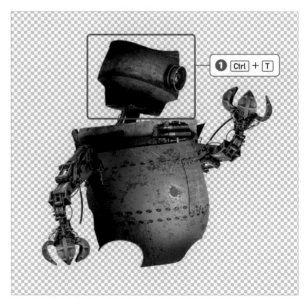

11. 다리를 합성하기 전에 새로운 레이어를 만들고 툴바에서 [Brush Tool]을 선택합니다. 그리고 선명한 원 브러시를 선택합니다. [Opacity] : '100%', [Flow] : '100%', [Brush Size : '300px'로 설정합니다. 그리고 다리에 명암이 될 부분에 찍습니다. 이름을 'Leg Shadow'로 변경합니다.

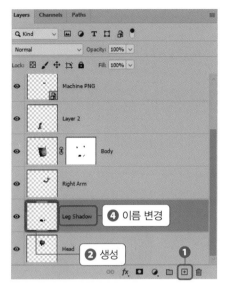

12. 다시 'Robot Parts PNG' 이미지에서 왼쪽 다리를 [Lasso Tool]을 이용해 선택하고 Ctrl+C를 눌러 복사한 후 작업 창에서 Ctrl+V를 눌러 붙여 넣습니다.

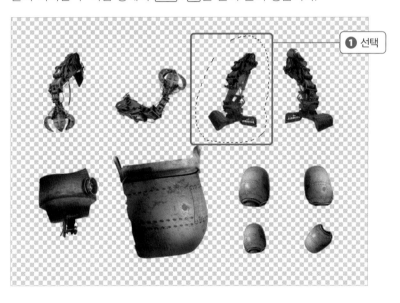

13. 'Body' 레이어 위쪽에 위치시키고, 이름을 'Left Leg'로 변경합니다. 다리의 위쪽 부분에 그림자가 없기 때문에 부자연스러워 보입니다. 툴바에서 [Eraser Tool]을 선택하고 부드러운 원 브러시를 선택합니다. [Brush Size] : '175'로 줄이고 끝부분을 조금만 지웁니다. 너무 과하게 지워서 뒤쪽이 투명해지지 않도록 주의합니다.

14. 이번에는 오른쪽 발을 복사해서 작업 창으로 가져옵니다. 오른쪽 발은 'Body' 레이어 아래에 위치해야 합니다. 위치를 잡은 후 레이어 이름을 'Right Leg'로 변경합니다.

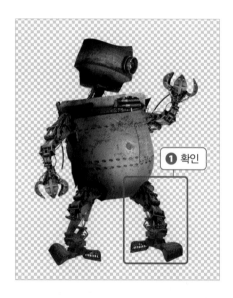

15. 이제 맨 위 레이어를 선택하고 팔과 다리에 커버를 씌워주겠습니다. 'Robot Parts PNG' 이미지에서 [Lasso Tool]을 이용해 먼저 팔에 씌울 커버를 선택하고 Ctrl+C를 눌러 복사한 후 작업 창에서 Ctrl+V를 눌러 붙여 넣습니다.

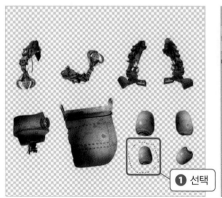 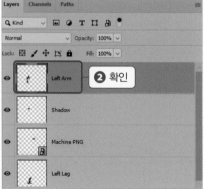

16. 그리고 툴바에서 [Move Tool]을 선택하고 왼쪽 팔 위에 위치시킵니다. 이와 같은 방법으로 나머지 팔과 다리에도 모두 합성합니다.

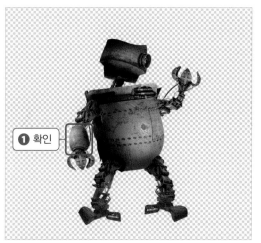 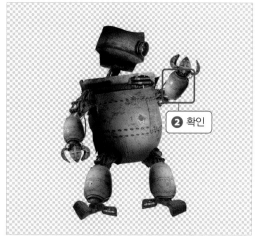

17. [Pen Tool]의 'Shape'를 이용해 선을 만들 수 있습니다. 로봇에서 전선이 떨어진 듯 보이게 만들어 더 낡은 로봇 느낌을 표현합니다. 툴바에서 [Pen Tool]을 선택하고 상단의 [Pick tool mode]에서 'Shape'를 선택합니다. [Fill] : 'No Color', [Stroke] : '6px'로 설정합니다.

18. 전선은 맨 아래 레이어에 위치해야 합니다. 'Head' 레이어를 선택하고, 자연스럽게 선을 그려주고 [Esc]를 두 번 누릅니다. 패스 선은 사라지게 하고 모양만 남게 합니다. 선이 너무 진하기 때문에 레이어의 [Opacity] : '95%'로 설정하고 마무리합니다. 이런 방법으로 선을 추가로 만들어도 됩니다.

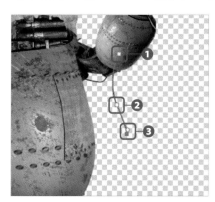 

002 | 텍스처를 이용한 못 만들기

레이어 스타일의 'Bevel & Emboss'를 이용해 텍스처의 입체감과 광택 효과를 자연스럽게 표현할 수 있습니다. 낡고 오래된 로봇이기 때문에 엠보 효과를 이용한 못을 표현해 더 자연스러운 로봇으로 만들 수 있습니다.

01. 먼저 못으로 사용할 텍스처의 일부분을 선택해야 합니다. 툴바에서 [Elliptical Marquee Tool]을 선택합니다.

💡 Tip [Elliptical Marquee Tool]은 타원 및 원형 선택 영역을 지정할 때 효과적입니다.

02. 'Body' 레이어의 일부분을 이용해 못을 만들겠습니다. 'Body' 레이어를 선택하고, 못으로 사용할 일부분을 선택해야 합니다.

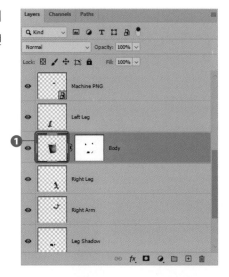

03. Shift 를 누른 상태로 선택하면 타원이 아닌 원형으로 선택할 수 있습니다. 선택한 영역을 단축키 Ctrl + C , Ctrl + V 로 복사합니다. 중복되어 있어 이미지에는 보이지 않지만 복사된 레이어가 생성된 걸 확인할 수 있습니다.

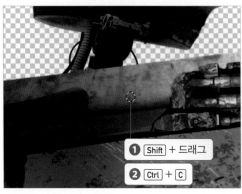

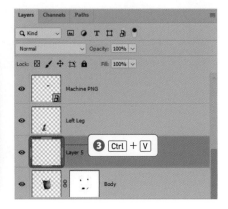

04. [Move Tool]을 이용해 왼쪽 팔 어깨 부분에 위치시킵니다.

1 확인

05. [Layers] 패널의 레이어 스타일 아이콘을 클릭하거나, 복사한 레이어를 더블클릭해서 [Layer Style] 창을 불러옵니다. [Drop Shadow]를 이용해 먼저 그림자를 만들어야 합니다. [Drop Shadow]를 선택하고 [Color] : '#000000'으로 설정합니다. 나머지 [Opacity] : '60%', [Angle] : '82°', [Distance] : '4px', [Size] : '4px'로 설정하고 [OK] 버튼을 클릭합니다.

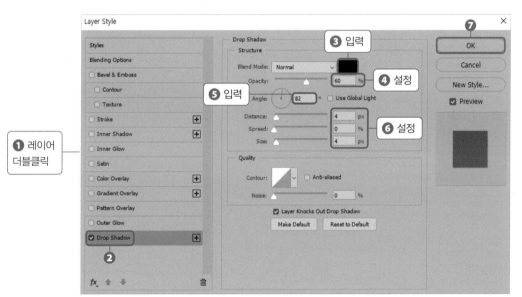

06. 'Drop Shadow'로 인해 그림자 효과가 자연스럽게 나타나는 걸 확인할 수 있습니다.

1 확인

Bevel & Emboss 효과 알아보기

레이어 스타일 중 하나인 'Bevel & Emboss'은 가장 극적이면서 입체감 있는 효과를 표현할 때 사용합니다. 다양한 질감을 사실적으로 표현하는 데 효과적입니다.

Bevel & Emboss

Bevel & Emboss는 경사와 엠보스 효과로 입체감을 표현해 줄 수 있습니다.

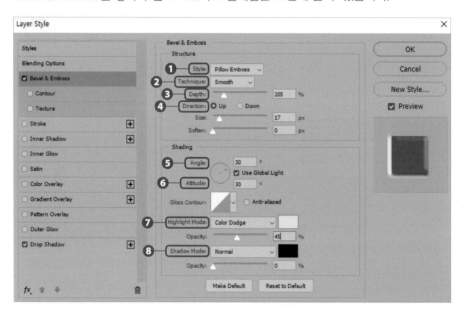

❶ Style : 다양한 경사 위치를 설정합니다.

❷ Technique : 부드럽고 거친 경사 기법을 설정합니다.

❸ Depth : 깊이를 설정합니다.

❹ Direction : 경사 방향을 설정합니다.

❺ Angle : 광원 각도를 설정합니다.

❻ Altitude : 광원 높이를 설정합니다.

❼ Highlight Mode : 밝은 영역 모드를 설정합니다.

❽ Shadow Mode : 그림자 모드를 설정합니다.

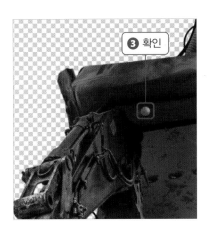

01. [Style] : 'Pillow Emboss'로 설정합니다. [Pillow Emboss]는 [Emboss]와 같은 혼합 상태이지만 반대 효과를 표현합니다. 볼록하면서 테두리가 들어가 있습니다. 철판에 못을 박았을 때를 상상해 못 주변 철판이 안쪽으로 들어가 있는 느낌이 들도록 만들기 위해서 'Pillow Emboss'를 선택했습니다.

[Technique] : 'Smooth', [Depth] : '205%'로 설정합니다.
[Direction] : 'Up', [Size] : '17px', [Angle] : '30°',
[Altitude] : '30°'로 설정합니다.
[Highlight Mode] : 'Color Dodge', [Color] : '#fbff9a',
[Opacity] : '45%'로 설정합니다.
[Shadow Mode] : 'Normal', [Color:#000000],
[Opacity:0%]로 설정합니다.

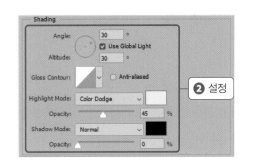

02. 못을 두 개 더 만들기 위해 복사합니다. 툴바에서 [Move Tool]을 선택합니다. 그리고 Shift +Alt 를 누른 상태로 방금 엠보 효과를 적용했던 레이어를 선택해 드래그하면 복사가 됩니다. 못의 위치나 모양이 달라야 자연스럽게 보이기 때문에 Ctrl+T 를 눌러 자유 변형을 활성화하고 Ctrl 을 누른 상태로 포인트를 드래그해서 납작하게 하거나 늘려서 시각적으로 자연스럽게 보일 수 있게 모양을 바꿉니다.

Tip 레이어 복사

[Layers] 패널을 통해 레이어를 복사한 후 작업을 진행해도 상관없지만 [Move Tool]과 단축키 Shift +Alt 를 이용하면 작업 화면에서 바로 복사하고 원하는 곳에 위치시킬 수 있기 때문에 작업 진행이 훨씬 수월합니다. 단축키를 습관화합니다.

03. 레이어를 하나 더 복사하고 같은 작업을 반복한 후
마무리합니다. 레이어의 레이어 스타일은 오른쪽 끝의 작
은 화살표를 클릭하면 열거나 닫을 수 있습니다.

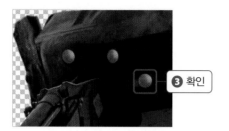

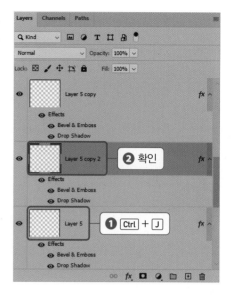

04. 이번에는 'Head' 레이어 주변에도 같은 효과를 만들
어 렌즈를 조립한 듯한 효과를 만들겠습니다. 먼저 철판을
덧댄 듯한 효과를 만들기 위해 'Head' 레이어를 선택합니
다. 툴바에서 [Lasso Tool]로 렌즈 주변을 선택하고 Ctrl
+C와 Ctrl+V를 눌러 복사합니다.

05. 이번에도 복사한 레이어를 더블클릭해 [Layer Style] 창을 활성화합니다. [Drop Shadow]에 체
크하고 색상은 '#000000'으로 설정합니다. [Opacity] : '59%', [Angle] : '−4°'로 설정하고, [Distance]
: '2px', [Size] : '1px' 설정한 후 [OK] 버튼을 클릭합니다.

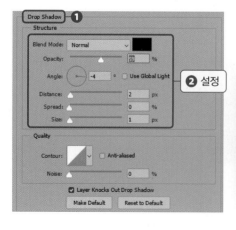

06. 어깨에 만들었던 못을 이번에도 테두리를 따라 만듭니다. 먼저 못으로 만들 부분을 선택하기 위해 툴바에서 [Elliptical Marquee Tool]을 선택하고 방금 전 레이어 스타일을 적용했던 레이어의 일 부분을 선택하고 복사합니다.

2 Shift + 드래그

07. 복사한 레이어를 더블클릭해 [Layer Style] 창을 활성화하고 [Drop Shadow]를 적용합니다. [Color] : '#000000', [Opacity] : '60%', [Angle] : '27°', [Distance] : '3px', [Size] : '1px'로 설정합니다.

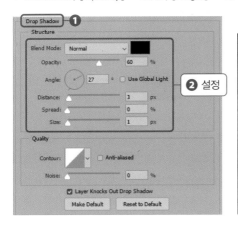

2 설정

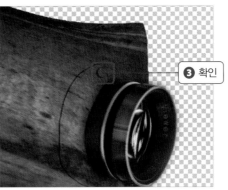

3 확인

08. 'Bevel & Emboss'를 적용합니다. [Style] : 'Inner Bevel', [Depth] : '205%', [Size] : '4px'로 설정합니다. [Angle] : '80°', [Altitude] : '30°'로 설정합니다. [Inner Bevel]은 경계선 안쪽에 입체감을 적용합니다. [Highlight Mode] : 'Color Dodge'로 설정하고 색상은 '#ffffff', [Opacity] : '45%'로 설정합니다. [Shadow Mode] : 'Normal'로 설정하고 색상은 '#000000', [Opacity] : '27%'로 설정하고 [OK] 버튼을 클릭합니다.

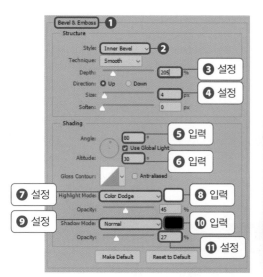

09. Shift + Alt 와 [Move Tool]을 이용해 테두리에 임의로 여러 개를 복사해 적용합니다. 못마다 모양이 다를 수 있기 때문에 Ctrl + T 를 누르고 Ctrl 을 누른 상태로 테두리 포인트를 늘리거나 줄여서 다양한 모양으로 만듭니다. [File] 〉 [Save](Ctrl + S) 메뉴를 클릭하여 완성된 로봇 작업 창을 저장합니다. 그리고 Shift + Ctrl + Alt + E 를 눌러서 통합 레이어로 만들어 로봇 완성을 마무리합니다.

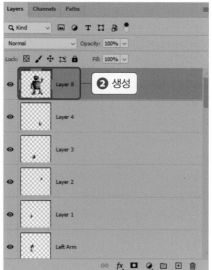

사실적인 동물 털 표현하기

다양한 선택 도구를 이용하면 사물이나 동물의 필요한 부분만 선택할 수 있습니다. 하지만 동물 털은 좀처럼 선택하기가 쉽지 않습니다. 이런 경우 픽셀을 늘려서 직접 털을 그려주면 사실적으로 만들 수 있습니다.

예제 파일 활용편 〉 PART 02 〉 Lesson 03 〉 Dog.png / Dog.psd / Robot.png / 뿌리기 브러시 59.abr

완성 파일 활용편 〉 PART 02 〉 Lesson 03 〉 동물 털 사실적으로 표현하기.psd

001 | Smudge Tool을 이용한 털 표현하기

[Smudge Tool]은 픽셀을 문질러 색상을 매끄럽게 혼합할 때 사용합니다. 이 [Smudge Tool]을 응용해서 픽셀을 늘려 동물의 털을 표현할 수 있습니다.

01. [File] 〉 [Open]([Ctrl]+[O]) 메뉴를 클릭하여 'Dog PSD' 이미지를 불러옵니다. 다음의 작업 과정을 첨부해 놓은 'Dog PNG' 이미지를 이용해 바로 합성 작업을 진행해도 됩니다. 털 작업을 진행하기 전에 'Dog PSD' 이미지를 PNG 파일로 만들어야 합니다. PNG 파일로 만든 후 테두리의 픽셀을 문질러 늘려서 만들어 주는 겁니다.

02. 레이어 마스크를 선택하고 마우스 오른쪽 버튼을 클릭한 후 [Apply Layer Mask]를 선택합니다. [Apply Layer Mask]는 레이어 마스크를 이미지와 합쳐 PNG 파일로 만듭니다. 이 방법도 자주 사용하기 때문에 잊지 않도록 합니다.

 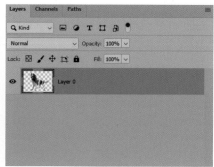

> ♀Tip PSD와 PNG의 차이
>
> PSD 파일은 작업한 모든 레이어를 저장한 포토샵 파일을 뜻합니다. 포토샵 작업 시에는 차후에 수정할 수도 있기 때문에 항상 PSD 파일로 저장하는 게 좋습니다. PNG 파일은 배경이 투명한 하나의 레이어만 나타냅니다. PNG로 저장하면 포토샵으로 작업한 모든 레이어가 하나의 레이어로 저장되기 때문에 주로 사물이나 동물, 식물 같은 하나의 개체를 배경 없이 저장할 때 사용합니다.

03. 툴바에서 [Smudge Tool]을 선택합니다. 작업 창에서 마우스 오른쪽 버튼을 클릭한 후 브러시 선택 창이 나타나면 [Legacy Brushes]를 선택합니다. [Legacy Brushes]는 숨겨져 있던 예전 브러시들의 모음입니다. [레거시 브러시] 폴더를 클릭하고 [기본 브러시] 폴더에서 뿌리기 브러시 59 브러시를 선택합니다.

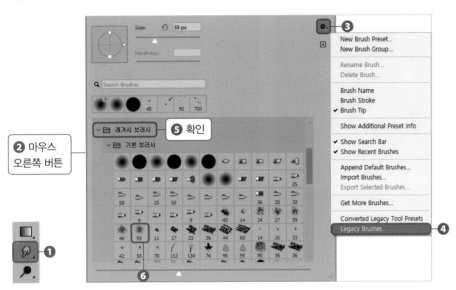

04. 상단의 [Strength]는 어느 정도로 늘릴지를 정하는 강도를 나타냅니다. 털을 짧게 표현할 부분은 [Strength]을 낮게 하고 털을 길게 표현할 부분은 높게 조절해서 사용합니다. [Brush Size] : '50px', [Strength] : '80%'로 설정합니다.

05. 목 부분을 수차례 칠해서 털 모양으로 만든 모습입니다. 한번 칠하고 잘못 칠하거나 마음에 들지 않을 때는 Ctrl+Z를 이용해 되돌린 후 다시 칠하기를 반복합니다. 숙련도가 쌓이면 쉽게 작업할 수 있지만 초보자는 어렵기 때문에 초반에는 첨부한 'Dog PNG' 이미지를 이용해 합성을 진행합니다.

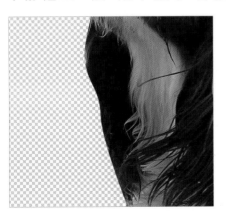

06. [Brush Size]와 [Strength] 수치는 털의 모양이나 방향에 따라 다르기 때문에 임의로 바꿔가면서 작업을 진행해야 합니다. 작업 전과 후의 비교 모습입니다. 털이 크거나 긴 부분은 브러시와 강도 크기를 올리고 작은 부분은 브러시와 강도 크기를 내려 작업을 진행합니다.

▲ Before

▲After

002 ┃ **강아지 합성하기**

털 작업을 마무리한 PNG 파일이나 첨부한 'Dog PNG' 이미지를 이용해 강아지를 배경과 자연스럽게 합성합니다.

01. [Move Tool]을 이용해서 작업 창으로 강아지를 옮겨옵니다. 레이어 이름은 'Dog'로 변경하고 강아지는 레이어 맨 위에 위치시킵니다. Ctrl + T 를 누른 후 크기를 [W] : '38%', [H] : '38%'로 설정합니다.

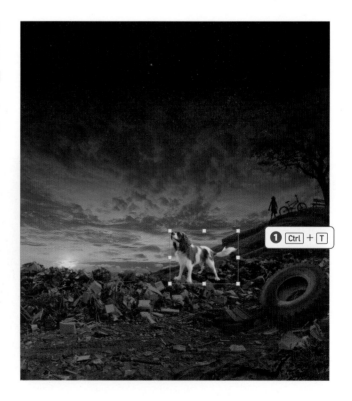

02. 배경과 어울릴 수 있도록 강아지의 명암을 설정합니다. 먼저 [Layers] 패널에서 [Create new fill or Adjustment layer]를 클릭한 후 [Brightness/Contrast] 선택하고 클리핑 마스크를 적용합니다. [Contrast] : '−37'로 설정합니다.

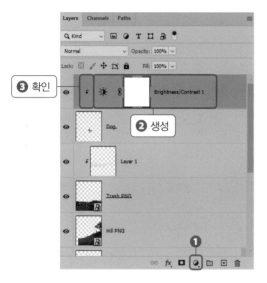
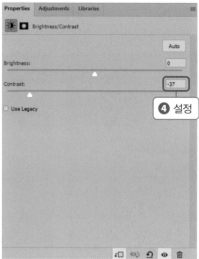

03. 이번에는 [Curves]를 선택하고 클리핑 마스크를 적용합니다. 먼저 맨 오른쪽 조절점을 [Input] : '255', [Output] : '170'으로 설정하고 선을 클릭해서 첫 번째 조절점을 추가합니다. 그리고 [Input] : '94', [Output] : '59'로 설정합니다. 두 번째 조절점을 만들고 [Input] : '176', [Output] : '121'로 설정합니다. 조절점은 여러 개 추가해서 각 영역의 명암을 디테일하게 조절할 수 있습니다.

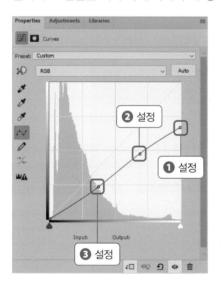

04. 조정 레이어만으로 완벽하게 명암을 조절할 수는 없습니다. 이럴 때는 추가로 브러시를 이용해 명암을 만들어야 합니다. 'Brightness/Contrast'와 'Curves' 조정 레이어 사이에 새로운 레이어를 추가로 만들고 [Brush Tool]을 선택합니다. [Brush Size] : '40px', [Opacity] : '25%', [Flow] : '25%'로 설정합니다. 태양의 위치를 보면 왼쪽 뒤쪽에 있는 걸 확인할 수 있습니다. 강아지 몸의 어두워야 할 부분인 목 아래쪽과 발 안쪽 부분 그리고 몸통과 꼬리 부분을 어둡게 칠합니다.

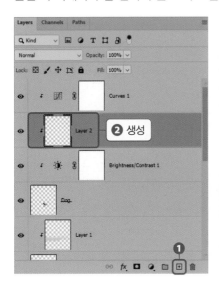

05. 이제 태양빛이 강하기 때문에 강아지 몸에 빛이 스며든 듯한 효과를 적용하기 위해 레이어를 더블클릭해서 [Layer Style] 창을 불러온 후 [Inner Shadow]에 체크합니다. [Blend Mode] : 'Normal'로 설정하고 색상은 태양빛과 어울리는 [Color] : '#ffdd57', [Opacity] : '100%'로 설정합니다. 각도는 태양빛이 오는 방향인 [Angle] : '141°', [Distance] : '3px', [Size] : '3px'로 설정합니다.

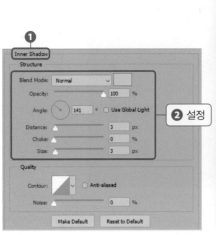

06. 'Inner Shadow' 효과를 적용했지만 효과가 범위를 넘어서 자연스럽지 않습니다. 이런 경우는 레이어 스타일을 따로 레이어로 분리시켜 수정해 줄 필요가 있습니다. 레이어 스타일이 적용된 레이어의 우측에 있는 [Layer Style] 아이콘을 마우스 오른쪽 버튼으로 클릭한 후 [Create Layer]를 선택합니다.

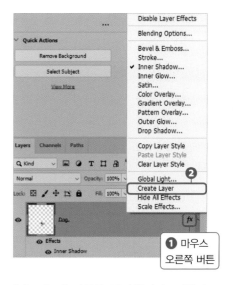

07. 일부 효과를 사용할 수 없다는 경고 창이 나타나면 무시하고 [OK] 버튼을 클릭합니다. 진했던 'Inner Shadow' 효과가 약해진 모습을 볼 수 있습니다. 지금은 자연스럽기 때문에 추가 작업을 진행할 필요가 없지만, 만약 어색한 부분이 남아 있다면 [Eraser Tool]을 이용해 자연스럽게 지워 주면 됩니다.

08. 레이어 스타일이 별도의 레이어로 분리된 걸 확인할 수 있습니다.

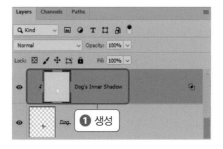

09. Shift를 누른 상태로 'Dog' 관련 레이어들을 모두 선택하고 Ctrl+G를 눌러 그룹 레이어를 만듭니다. 그룹 레이어 이름을 'Dog'로 변경합니다.

10. 'Dog' 레이어에도 그림자가 필요합니다. 그룹 레이어를 열고 'Dog' 레이어를 선택합니다. 선택한 레이어 아래에 새로운 레이어를 만들 때는 Ctrl을 누른 상태로 [Create a new layer]를 클릭하면 됩니다. 'Dog Shadow'로 레이어 이름을 변경합니다.

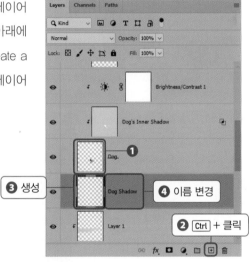

11. [Brush Tool]을 선택하고 부드러운 원 브러시를 선택합니다. [Opacity] : '25%', [Flow] : '25%'로 설정하고 그림자의 각도를 생각해서 강아지의 아랫부분과 대각선 부분을 어둡게 칠합니다.

ℚTip **그림자 강도 설정**

그림자는 태양이 있거나 없는 경우 그리고 밝기나 위치, 날씨 또는 배경의 다양한 사물들의 위치에 따라 그림자 모양의 강도나 선명도 그리고 각도가 달라집니다. 대표적으로 태양이 강하고 맑은 날에는 그림자를 선명하게 만들어야 하고 날씨가 흐리거나 태양이 거의 지는 시간대에는 그림자를 흐릿하게 만들어야 자연스러운 합성 효과를 볼 수 있습니다.

003 | 전체 그림자와 색감 조정하기

색상을 선택하고 브러시를 칠해서 배경을 조금 더 어둡게 만듭니다. 그림자 색이 꼭 검은색으로 정해진 건 아닙니다. 어두운 계열의 색상에 따라 빈티지한 어두운 효과를 표현할 수도 있습니다.

01. [Layers] 패널 맨 위에 새로운 레이어를 만들고, 레이어 이름은 'Background Shadow'로 변경합니다. [Brush Tool]을 선택하고 부드러운 원 브러시를 선택합니다. [Foreground Color] : '#181a21', [Brush Size] : '500px', [Opacity] : '100%', [Flow] : '100%'로 설정하고, 쓰레기 부분을 더 어둡게 칠합니다. 'Background Shadow' 레이어의 [Opacity] : '30%'로 내립니다.

❶ 확인

02. 전체 색감을 조정하기 위해 [Create new fill or adjustment layer]를 클릭하고 [Color Balance]를 선택합니다.

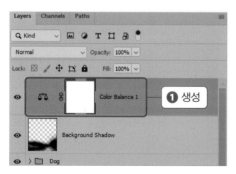

❶ 생성

03. 어두운 영역인 [Shadows] : '-5, 0, +5', 중간 영역인 [Midtones] : '+10, 0, -22'로 설정합니다.

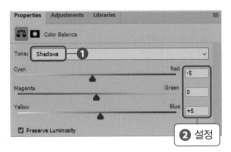 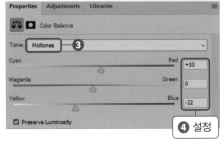

004 | Photo Filter 이해하기

'Photo Filter'는 카메라에 필터를 끼운듯한 효과로 원본 이미지를 유지하면서 색상을 수정할 수 있는 장점이 있습니다.

01. [Layers] 패널의 [Create fill or Adjustment layer]를 클릭해서 [Photo Filter]를 선택합니다. [Filter] 에서 'Deep Blue' 색상을 선택하고, [Density] : '50%'로 설정합니다. 노을이 지는 부분과 쓰레기가 있 는 부분은 원본 이미지의 색상을 살리기 위해 'Photo Filter' 조정 레이어의 레이어 마스크를 선택하고 부드러운 원 브러시를 이용해서 효과를 다시 지웁니다.

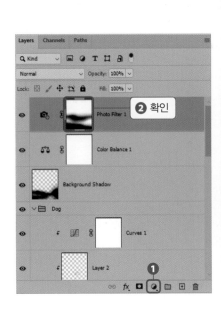 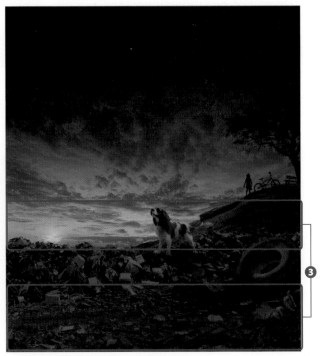

02. 이제 조금 전에 완성했던 'Robot PNG' 이미지를 작업 창으로 옮겨옵니다. 완성하지 못한 경우에는 첨부해 놓은 'Robot PNG' 이미지를 [File] 〉 [Place Embedded] 메뉴를 이용하여 불러옵니다.

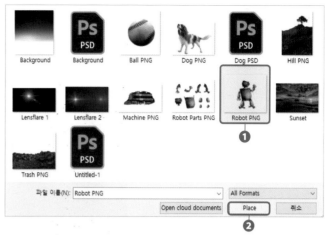

03. Ctrl+T를 누르고 크기를 [W] : '35%', [H] : '35%'로 설정합니다. 그리고 마치 강아지가 로봇을 바라보는 듯하게 위치시키십니다.

❶ Ctrl + T

04. [Layers] 패널의 [Create fill or Adjustment layer]를 클릭해 [Curves]를 선택합니다. 왼쪽 조절점
은 [Input] : '0', [Output] : '15'로 설정하고, 오른쪽 조절점은 [Input] : '255', [Output] : '144'로 설정
합니다.

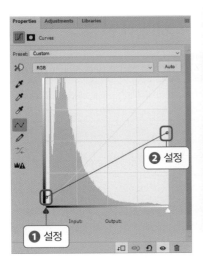

05. 로봇도 강아지에 적용했던 스며든 듯한 태양 빛을 표현하기 위해 레이어 스타일을 적용해야 합
니다. 레이어를 더블클릭하면 [Layer Style] 창을 불러와서 바로 적용할 수 있지만 [Place Embedded]
로 불러온 파일은 [Convert to Smart Object]가 적용되어 있기 때문에 레이어를 더블클릭하면 따로 창
이 분리되어 현재 불러온 'Robot PNG' 이미지만 나타납니다.

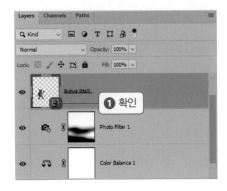

06. 이런 경우에는 'Robot PNG' 이미지를 일반 레이어로 변경하거나, 레이어 스타일을 적용하면 됩니다. 이번에는 추가적으로 'Robot PNG' 이미지의 변화가 필요하기 때문에 일반 레이어로 바꿔 레이어 스타일을 적용하겠습니다. 'Robot PNG' 레이어 이름 부분을 마우스 오른쪽 버튼으로 클릭한 후 [Rasterize Layer]를 선택하면 일반 레이어로 변경된 것을 확인할 수 있습니다.

07. 이제 레이어를 더블클릭해서 [Layer Style] 창을 불러온 후 [Inner Shadow]에 체크합니다. [Blend Mode] : 'Normal', [Color] : '#ffdd57'로 설정합니다. [Opacity] : '100%', [Angle] : '141°'로 설정합니다. [Distance] : '3px', [Size] : '3px'로 설정하고 [OK] 버튼을 클릭합니다.

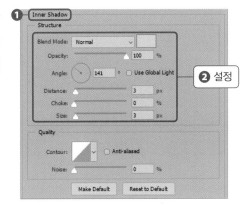

08. 강아지에 적용했던 것처럼 로봇의 테두리에 'Inner Shadow' 효과를 적용한 선이 너무 강한 걸 확인할 수 있습니다. 이번에도 레이어에 적용한 [Layer Style] 아이콘을 마우스 오른쪽 버튼으로 클릭한 후 [Create Layer]를 선택하여 레이어 스타일을 분리합니다.

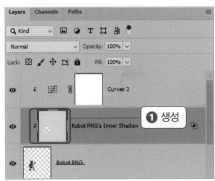

09. 작업 창을 확대해 보면 빛이 닿지 않는 부분도 테두리 라인이 생긴 걸 볼 수 있습니다. 이런 부분은 [Eraser Tool]이나 레이어 마스크를 활용해 지워줘야 합니다. [Eraser Tool]을 선택한 후 양쪽 발 아래 쪽과 오른쪽 팔 위쪽을 지웁니다.

❶ 확인

10. 로봇의 발아래 쪽은 어둡게 만들어야 합니다. 새로운 레이어를 만든 후 [Brush Tool]을 선택하고 부드러운 원 브러시를 선택합니다. [Foreground Color] : '#000000', [Opacity] : '25%', [Flow] : '25%'로 설정한 후 명암을 어둡게 칠합니다.

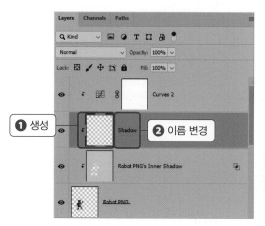
❶ 생성 ❷ 이름 변경

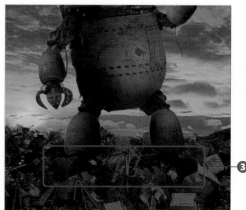
❸

11. 이제 로봇의 전체 그림자를 만들어야 합니다. 'Robot PNG' 레이어 아래에 새로운 레이어를 만들고, 레이어 이름을 'Robot PNG Shadow'로 변경합니다. 부드러운 원 브러시를 이용해 칠해서 그림자를 만듭니다. 빛의 방향을 생각해서 그림자를 대각선으로 그립니다.

❶ 확인

LESSON 04
브러시를 이용한 발광 효과

브러시는 색을 칠하는 것뿐만 아니라 다양한 응용 방법을 이용해 빛을 표현할 수도 있습니다. 합성에서는 하나의 툴이나 필터 효과를 응용해서 다양한 효과를 낼 수 있는 방법을 익히는 게 중요합니다. 이번에는 브러시를 이용해 렌즈 라이트 효과와 불빛 효과를 만듭니다.

예제 파일 활용편 〉 PART 02 〉 Lesson 04 〉 Ball.png / 뿌리기 브러시 59.abr
완성 파일 활용편 〉 PART 02 〉 Lesson 04 〉 브러시를 이용한 발광 효과.psd

001 ┃ 라이트 효과 만들기

카메라 렌즈를 이용해 로봇의 눈을 만들었습니다. 브러시를 이용해 렌즈 눈에서 라이트가 나오는 것처럼 만들 수 있습니다.

01. 먼저 로봇 관련 레이어를 모두 선택하고, Ctrl + G 를 눌러서 그룹 레이어로 만듭니다.

02. 맨 위 그룹 레이어를 선택합니다. [Pen Tool]을 선택하고 [Pick tool mode]를 'Shape'로 설정합니다. [Fill] : '#ffffff', [Stroke] : 'No Color'로 설정합니다. 이제 라이트 모양을 그립니다.

03. 자동차 라이트 모양을 상상하며 그리면 됩니다. 라이트 방향은 손을 향하도록 합니다. 핸들이 나타날 경우 Alt 를 누른 상태로 끊어주면서 진행합니다. 모양이 마음에 들지 않다면, Ctrl 을 누른 상태로 각 포인트를 클릭 드래그하면 포인트를 이동시켜 수정할 수 있습니다. 모든 패스 선을 연결하면 자동으로 색이 채워집니다.

04. 'Shape 1' 레이어에 레이어 마스크를 적용하고 [Gradient Tool]을 선택합니다. 그레이디언트 옵션에서 'Classic gradient'를 선택하고 'Black, White' 기본 그레이디언트 색상을 선택합니다. 따로 설정하지 않아도 기본 'Black, White' 색상으로 되어있지만 다른 색상이 선택되어 있을 경우 [Gradient Editor]에서 색상을 변경합니다.

05. 색상의 오른쪽 끝에서부터 왼쪽 끝으로 드래그해서 그레이디언트 효과를 적용합니다. 레이어 [Opacity] : '55%'로 설정합니다.

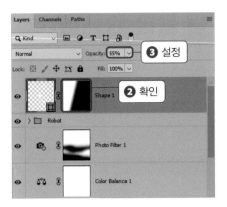

06. 테두리 라인이 너무 선명하기 때문에 흐리게 만들어 줄 필요가 있습니다. 흐림 효과를 적용하기 위해서는 일반 레이어로 만들어야 합니다. 레이어 이름을 마우스 오른쪽 버튼으로 클릭한 후 [Rasterize Layer]를 선택합니다.

07. 그리고 [Filter] 〉 [Blur] 〉 [Gaussian Blur] 메뉴를 클릭하여 [Radius] : '0.5Pixles'로 설정합니다.

08. 새로운 레이어를 만들고, [Brush Tool]을 선택하고 [Brush Size] : '100px', [Opacity] : '100%', [Flow] : '100%'로 설정하고 로봇의 눈인 렌즈를 중심으로 한번 찍습니다.

09. 이번에는 로봇 몸에서 나타나는 빛을 만듭니다. 새로운 레이어를 만들고 [Foreground Color] : '#ffffff'로 설정합니다. 선명한 원 브러시를 선택하고 [Brush Size] : '11px', [Hardness] : '60'으로 설정합니다. [Hardness]는 브러시 테두리 흐림 양을 설정합니다. [Hardness]를 내릴수록 부드러운 원 브러시 효과가 나타납니다. 이제 로봇 몸통의 파손된 상단 부분에 두 개를 찍습니다.

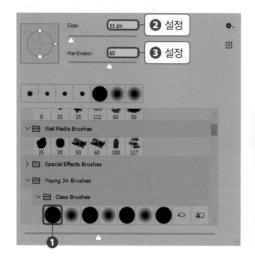

10. 다시 새로운 레이어를 만들고 부드러운 원 브러시를 선택합니다. [Brush Size] : '25px', [Foreground Color] : '#ff0000'으로 설정한 후 위쪽 원 위에 찍습니다. 다시 [Foreground Color] : '#004eff'로 설정하고 아래쪽 원 위에 찍습니다. 블렌딩 모드는 'Linear Dodge (Add)'로 설정합니다.

11. 빛을 만들었던 레이어들을 모두 선택하고 Ctrl + G 를 눌러 그룹 레이어로 만듭니다. 그룹 레이어 이름은 'Light'로 변경합니다.

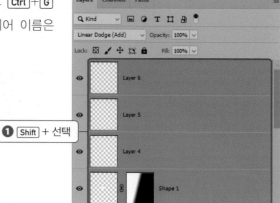

002 | 공 합성하기

로봇이 공을 쥐고 있는 듯하게 만들기 위해 공을 로봇의 손가락에 위치시킨 후 자연스럽게 수정합니다.

01. 공은 'Robot' 그룹 레이어 아래에 위치해야 합니다. 'Photo Filter 1' 조정 레이어를 선택하고 [File] 〉 [Place Embedded] 메뉴를 클릭하여 'Ball PNG' 이미지를 불러옵니다. 크기는 [W] : '15%', [H] : '15%'로 설정하고 공의 밝은 쪽이 렌즈 부분을 향하게 방향을 돌린 후 Enter 를 누릅니다.

01 확인

02. [Robot] 폴더를 열어 'Robot PNG' 이미지를 선택합니다. 맨 왼쪽 손가락이 공의 뒷부분에 있는 것처럼 지웁니다. 툴바에서 [Eraser Tool]을 선택하고 선명한 원 브러시를 선택합니다. 이런 작은 디테일 하나로 자연스러운 합성의 퀄리티가 높아집니다.

01 확인

텍스트 효과

로봇은 시대에 뒤처져 버림받은 상태입니다. 그래서 쓰레기 더미 속에 생활하고 있는 것이 이 작품의 주제입니다. 이런 분위기를 더 강조하기 위해 텍스트를 로봇의 몸에 새겨 더 낡고 오래된 느낌으로 표현해 주는 겁니다. [Text Tool]의 설정 및 기본 사용 방법과 활용법에 대해 알아보고 작품에 응용해 보겠습니다.

예제 파일 활용편 〉 PART 02 〉 Lesson 05 〉 Lens flare 2.jpg / 큰 유성 파스텔 63.abr
완성 파일 활용편 〉 PART 02 〉 Lesson 05 〉 텍스트 효과.psd

[Text Tool]의 사용법에 대해 간단하게 알아보고, 합성에서의 활용 방법에 대해 알아보겠습니다.

01. [File] 〉 [New](Ctrl+N) 메뉴를 클릭하여 문자 연습을 할 새로운 작업 창을 만듭니다. 크기는 [Width] : '1000Pixels', [Height] : '1000Pixels' [Background Contents] : '#ffffff'입니다.

02. 툴바에서 [Horizontal Type Tool]을 선택합니다. 수평 문자 도구로 가장 기본적으로 사용하는 문자 도구입니다.

❶ Horizontal Type Tool : 수평으로 문자를 작성합니다.

❷ Vertical Type Tool : 수직으로 문자를 작성합니다.

❸ Vertical Type Mask Tool : 세로 문자 모양으로 선택 영역을 작성합니다.

❹ Horizontal Type Mask Tool : 수평 문자 모양으로 선택 영역을 작성합니다.

❺ 글꼴을 검색 및 선택합니다.

❻ 글꼴 스타일을 설정합니다.

❼ 글꼴 크기를 설정합니다.

❽ 글꼴 간격을 설정합니다.

❾ 글꼴 색상을 설정합니다.

❿ 글꼴 뒤틀기를 설정하고 다양한 스타일을 선택할 수 있습니다.

⓫ 문자 및 단락의 패널을 열어 디테일을 설정합니다.

03. 먼저 사용할 폰트를 선택합니다. 'Noto Sans KR' 또는 원하는 폰트를 임의로 사용해도 됩니다. 폰트 스타일은 조금 두껍게 보일 수 있도록 'Bold'로 설정하고, 크기는 '100pt'로 설정합니다. [Color] : '#000000'으로 설정합니다.

04. 작업 창에 'OBSOLETE'라고 입력합니다. 'OBSOLETE' 쉽게 말해 '한물간, 구식' 같은 뜻을 가지고 있습니다. 폰트를 적용하기 어려운 경우 첨부해 놓은 'OBSOLETE.PNG' 파일을 열어서 바로 사용합니다.

05. 이제 이 글자 밖에 사각 테두리를 만들어야 합니다. 새로운 레이어를 만들고 툴바에서 [Rectangular Marquee Tool]을 선택합니다. 그리고 글자 테두리에 선택 영역을 지정합니다.

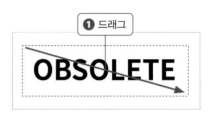

06. 점선 선택 영역에서 마우스 오른쪽 버튼을 클릭한 후 [Stroke]를 선택합니다. [Stroke] 창이 나타나면 [Width] : '8px', [Color] : '#000000', [Location] : 'Center'로 설정합니다. [Location]은 라인의 중심을 어디로 정할지를 말합니다.

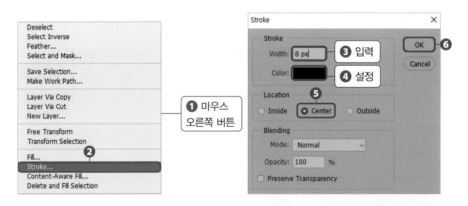

07. [OK] 버튼을 클릭하면 [Stroke]이 적용되면서 라인이 나타나게 됩니다. Ctrl+D를 눌러 선택 영역을 해제합니다. 'Background' 레이어의 눈을 끄고 Shift를 누른 상태로 'OBSOLETE' 레이어와 'Layer 1' 레이어를 선택합니다.

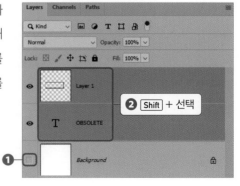

08. 단축키 Ctrl+E 를 눌러 하나의 레이어로 만듭니다. 그리고 툴바에서 [Move Tool]을 선택하고 드래그해서 작업 창 [Layers] 패널 맨 위에 위치시킵니다. Ctrl+T 를 눌러 자유 변형을 활성화하고 크기를 [W] : '40%', [H] : '40%'로 줄인 후 각도를 비스듬하게 돌려 로봇 몸에 위치시킵니다.

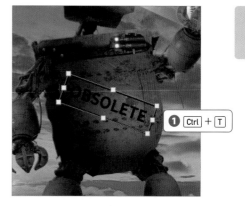

09. 마우스 오른쪽 버튼을 클릭하여 [Warp]를 적용합니다. 글자 모양을 찌그러진 듯하게 만듭니다. 로봇 몸통이 원형의 통 모양이기 때문에 글자가 반듯하게 보일 수 없고 몸에 찌그러진 부분들로 인해 글자를 뭉개져 보이게 하는 겁니다.

10. 'OBSOLETE' 레이어의 [Opacity] : '50%'로 설정하고 레이어 마스크를 적용합니다. 툴바에서 [Brush Tool]을 선택하고 [레거시 브러시] 폴더의 [일반 브러시] 폴더에서 큰 유성 파스텔 브러시 63 브러시를 선택합니다. [Opacity] : '25%', [Flow] : '25%', [Foreground Color] : '#000000'으로 설정합니다. 글자를 낡게 보이게 만들어야 합니다. 군데군데 오래돼서 지워진 듯하게 자연스럽게 지웁니다. 문자나 모양은 꼭 문자 도구가 아니더라도 브러시를 이용해 직접 쓰거나 그려줘도 됩니다.

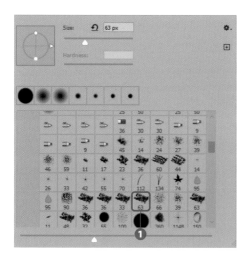

11. 이번에는 작업 창에 바로 로봇의 모델 넘버 'M-09'를 입력하겠습니다. 문자 도구는 따로 레이어를 만들지 않아도 됩니다. 문자를 작성하면 자동으로 문자 레이어가 생성됩니다. 폰트 모양이나 크기, 모델 넘버는 임의로 지정해도 됩니다. 위치를 잡고 레이어의 [Opacity] : '45%'로 설정합니다.

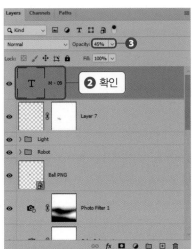

002 | 렌즈 플레어를 이용한 일몰 효과

렌즈 플레어 이미지는 빛이나 조명등 활용도가 높습니다. 렌즈 플레어 이미지의 색상과 모양을 변화시켜 자연스러운 일몰 효과를 만듭니다.

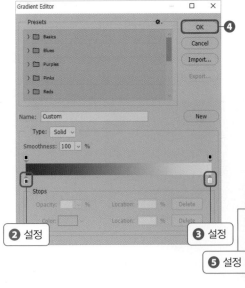

01. 렌즈 플레어를 적용하기에 앞서 먼저 조정 레이어로 전체 색상 조절을 하겠습니다. [Layers] 패널의 [Create new fill or adjustment layer]를 클릭하여 [Gradient Map]을 선택합니다. 왼쪽 [Color Stop] : '#164051', 오른쪽 [Color Stop] : '#deff98', 블렌딩 모드는 'Overlay'로 설정하고 레이어의 [Opacity] : '65%'로 설정합니다.

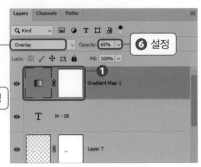

02. 이제 [Layers] 패널에서 [Create fill or Adjustment layer]를 클릭하고 [Curves]를 선택합니다. 전체 조명이 어둡기 때문에 조금 밝게 조절하겠습니다. 중앙에 새로운 조절점은 찍고 [Input] : '113', [Output] : '135'로 설정합니다. 'Curves' 조정 레이어의 레이어 마스크를 선택하고 부드러운 원 브러시를 이용해 빛이 닿지 않는 쓰레기 더미 부분은 다시 지웁니다.

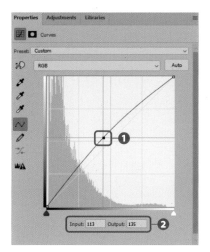 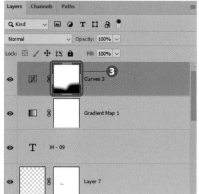

03. [File] 〉 [Place Embedded] 메뉴를 클릭하여 'Lens flare 2' 이미지를 불러옵니다. 블렌딩 모드를 'Screen'으로 설정하고 태양과 렌즈 플레어의 태양을 일치시킵니다. Ctrl+L을 눌러서 [Levels] 창이 나타나면 [Input Levels] : '36, 1.00, 255'로 설정합니다. 어두운 영역을 늘려 테두리 라인을 사라지게 하는 겁니다.

 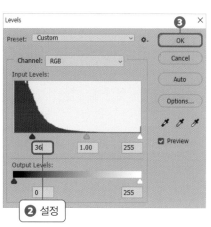

04. 그리고 'Hue/Saturation'을 이용해서 태양 빛과 어울리는 색상으로 변경합니다. Ctrl+U를 눌러 [Hue/Saturation] 창이 나타나면 [Colorize]에 체크하고 [Hue] : '52', [Saturation] : '36'으로 설정합니다. [Colorize]는 이미지를 단색 모드로 변화시킵니다.

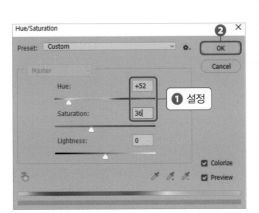

05. 'Curves'를 이용해 전체 조명 밝기를 조금 더 높입니다. 조정 레이어에서 [Curves]를 선택합니다. 가운데 조절점을 만들고 [Input] : '123', [Output] : '136'으로 설정합니다. Shift+Ctrl+Alt+E를 눌러 통합 레이어로 만듭니다.

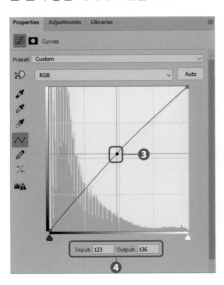

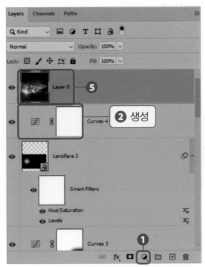

06. 필터 효과를 적용하기 위해 먼저 통합 레이어를 선택하고 마우스 오른쪽 버튼을 클릭한 후 [Convert to Smart Object]를 선택합니다.

❶ 마우스 오른쪽 버튼

07. 철 같은 이미지는 화질이 거칠어 보이기 때문에 선명도를 올리게 되면 시각적으로 피로를 느낄 수 있습니다. 이럴 때 이미지를 부드럽게 만들어 주면 편안함을 느낄 수 있습니다. 이미지를 부드럽게 만들어 주기 위해 [Filter] 〉 [Noise] 〉 [Reduce Noise] 메뉴를 클릭하고 [Strength] : '3'으로 설정합니다. 나머지 효과는 모두 '0%'로 설정합니다.

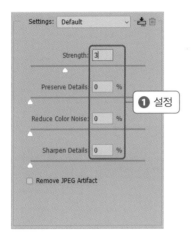

08. 마지막으로 [Filter] 〉 [Sharpen] 〉 [Unsharp Mask] 메뉴를 클릭합니다. [Unsharp Mask] 창이 나타나면 [Amount] : '100%', [Radius] : '1.0Pixels', [Threshold] : '1levels'로 설정하고 마무리합니다.

▲ 로봇 합성

PART
03

아포칼립스

콘셉트
알 수 없는 이유로 인류는 멸종하고 방치되어 버린 도시 속의 빌딩들은 서서히 무너져 내려갑니다. 물에 잠긴 도시 속에서 생존한 채 남아있는 동물들의 여유로운 모습과 인기척이 들리지 않는 고요함만이 남아있습니다.

LESSON 01
채널과 선택 및 마스크 활용 방법

[Channels] 패널은 이미지의 'RGB' 색상과 'CMYK' 색상 정보를 분리해서 표시하는 곳입니다. 채널의 색상은 무채색으로 나타나고 이미지가 가지고 있는 각 채널의 색상을 가장 많이 가지고 있는 채널은 밝게 표시하고 반대로 각 채널의 색상 양이 적은 곳은 어둡게 표시합니다. 이 원리를 이용해 [Channels] 패널에서 선택 영역을 지정할 수 있습니다.

예제 파일 활용편 〉 PART 03 〉 Lesson 01 〉 Destroyed Building.jpg / Destroyed Building.psd
완성 파일 활용편 〉 PART 03 〉 Lesson 01 〉 Destroyed Building.psd

001 | [Channels] 패널 활용하기

복잡하고 얽혀 있는 대상은 선택 영역으로 지정하기가 어렵습니다. 이럴 때 [Channels] 패널을 이용해 선택 영역을 지정하면 디테일하게 선택 영역을 지정할 수 있습니다.

01. 본격적인 합성 작업에 앞서 [Channels] 패널을 이용해 선택 영역을 지정하는 방법에 대해 알아 보겠습니다. 먼저 배경 화면으로 사용할 'Destroyed Building' 이미지를 불러옵니다. 불러온 이미지 를 보면 철근과 콘크리트 잔해들이 뒤엉켜 있는 걸 볼 수 있습니다. 합성에 필요한 철근과 콘크리트 를 모두 선택해야 하지만 일반적인 방법으로 이런 이미지는 디테일하게 선택하기 어렵습니다. 이때 [Channels] 패널을 이용하면 선택 영역을 자연스럽게 지정할 수 있습니다.

02. [Channels] 패널이 보이지 않는다면, [Window] 〉 [Channels] 메뉴를 클릭하면 됩니다.

❶ Load channel as selection : 각 채널을 선택 영역으로 지정합니다.

❷ Save selection as channel : 선택 영역을 저장합니다.

❸ Create new channel : 새 채널을 만듭니다.

❹ Delete Current channels : 현재 선택 채널을 삭제합니다.

03. 앞에서 언급했듯이 밝고 어두운 정보를 가장 강하게 표시하는 채널을 선택합니다. 밝고 어두운 영역이 뚜렷해야 선택 영역을 깔끔하게 지정할 수 있습니다. 'Green' 채널을 선택했을 때 철근과 콘크리트 모양이 확실히 보이고 배경의 밝기 차이가 가장 많이 나는 걸 확인할 수 있습니다.

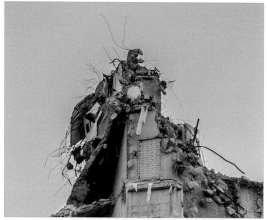

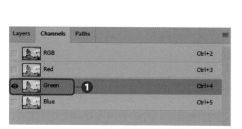

04. 'Levels'를 이용해 밝고 어두운 경계를 더 뚜렷하게 만들어야 하지만, 'Green' 채널에 바로 적용하면 원본 이미지의 색상이 변경됩니다. 그래서 'Green' 채널을 복사해서 효과를 적용해줘야 합니다. 'Green' 채널을 드래그하여 [Create new channel] 위에 올려서 복사합니다.

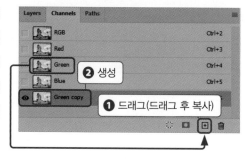

05. 이제 밝고 어두운 경계면을 더 진하게 만들어야 깔끔하게 선택할 수 있습니다. Ctrl+L을 눌러 [Levels] 창이 나타나면 슬라이더를 움직여 [Input Levels] : '73, 0.64, 195'로 설정하고 [OK] 버튼을 클릭합니다. 이미지의 어두운 부분들은 선택 영역에서 제외할 부분들입니다.

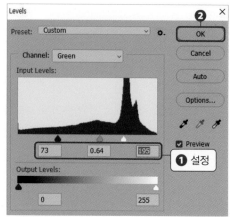

06. Ctrl을 누른 상태에서 'Green copy' 채널을 선택하면 선택 영역이 지정됩니다. 하지만 흰색과 검은색의 경계 부분이 모두 선택되어 건물 안쪽까지 선택되기 때문에 선택 영역을 지정하기 전에 선택 영역으로 사용하지 않을 부분들을 검은색으로 칠해야 합니다.

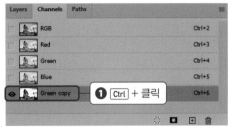

07. Ctrl+D를 누른 상태로 선택 영역을 해제하고 [Brush Tool]을 선택합니다. 선명한 원 브러시를 선택하고 [Opacity] : '100%', [Flow] : '100%'로 설정합니다. [Foreground Color] : '#000000'으로 설정하고 건물 안쪽은 어둡게 칠합니다. 브러시 크기는 임의로 변경하면서 작업합니다.

08. 다시 Ctrl을 누른 상태로 'Green copy' 채널을 선택하면 어두운 영역은 선택 영역에서 제외된 걸 확인할 수 있습니다. 철근과 콘크리트 부분이 건물과 자연스럽게 이어지는 디테일을 살리기 위해 건물 안쪽을 어둡게 칠하는 겁니다.

09. 선택 영역을 완료하면 [Layers] 패널로 돌아가 레이어 마스크를 적용합니다. 그러면 선택 영역이 선택되고 점선 선택 영역도 사라지게 됩니다.

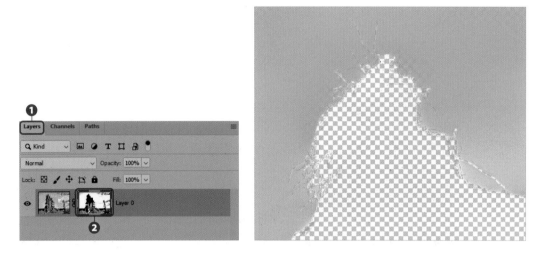

10. 배경 지우기가 마무리되었지만 반대로 지워졌기 때문에 이런 경우에는 레이어 마스크가 선택되어 있는 상태에서 [Ctrl]+[I]를 눌러 반전시키면 됩니다. [Channels] 패널에서 미리 반전 작업 후 레이어 마스크를 적용해도 상관없습니다.

❶ [Ctrl] + [I]

[Select and Mask]를 이용하면 배경 지우기 영역을 깔끔하게 다듬어 줄 수 있습니다.

01. 레이어 마스크를 선택한 상태에서 Ctrl+Alt+R 또는, [Properties]나 [Layers] 패널에서 레이어 마스크를 선택하고 마우스 오른쪽 버튼을 클릭하면 [Select and Mask]를 선택할 수 있습니다.

 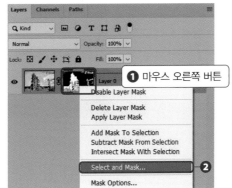

02. [Select and Mask] 화면은 크게 세 가지로 나뉩니다. 툴바, 그리고 이미지 화면, 마지막으로 세부 조정이 있습니다. 툴바에는 [Quick Selection Tool]과 [Brush Tool] 등이 있습니다.

❶ Quick Selection Tool : 선택 영역을 빠르게 선택합니다.

❷ Refine Edge Brush Tool : 가장자리를 다듬습니다.

❸ Brush Tool : 브러시를 칠해 원본 이미지를 복원합니다.

❹ Object Selection Tool : 개체를 찾거나 자동 선택합니다.

❺ Lasso Tool : 선택 영역을 임의로 선택합니다.

❻ Hand Tool : 화면을 클릭 드래그해서 이동합니다.

❼ Zoom Tool : 화면을 확대 또는 축소합니다.

03. [Properties] 패널을 이용하여 디테일을 조절할 수 있습니다.

❶ View Mode : 보기 모드를 설정합니다.

❷ Transparency : 투명도를 설정합니다.

❸ Color Aware : 색상 인식 모드로 간단한 배경 설정에 적합합니다.

❹ Object Aware : 개체 인식 모드로 복잡한 배경이나 머리카락 같은 설정에 적합합니다.

❺ Smoth : 가장자리를 매끄럽게 표현합니다.

❻ Feather : 선택 영역 가장자리를 부드럽게 만듭니다.

❼ Contrast : 가장자리 대비를 높입니다.

❽ Shift Edge : 가장자리를 넓히거나 축소합니다.

❾ Clear Selection : 선택 영역을 지웁니다.

❿ Invert : 선택 영역을 반전시킵니다.

⓫ Output Settings : 출력 방식을 설정합니다.

04. [Contrast] : '100%'와 [Shift Edge] : '+50%'를 적용한 모습입니다. 철근의 두께와 선명도가 살아난 걸 확인할 수 있습니다. 이런 방법으로 [Select and Mask]를 활용할 수 있습니다.

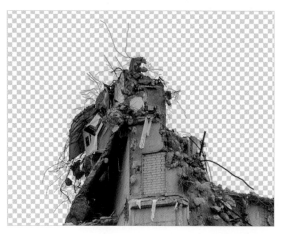
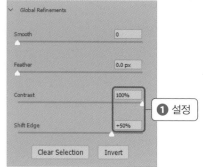

❶ 설정

LESSON 02

오래되고 낡은 건물 만들기

오래되고 낡은 건물 이미지를 깨끗한 도시 건물에 자연스럽게 합성해 사실적으로 만듭니다. 판타지 합성 중에 종말이라는 주제에 자주 사용하는 합성 기법으로 응용 방법만 알면 쉽고 유용하게 사용할 수 있습니다.

예제 파일 | 활용편 〉 PART 03 〉 Lesson 02 〉 1908 새 브러시.abr / Building.png / Destroyed Building. png / Ivy.jpg / Ivy 2.jpg / Night Sky.jpg / Stone Texture.jpg / Sunset.jpg / Tree PNG 2.png / Window.jpg

완성 파일 | 활용편 〉 PART 03 〉 Lesson 02 〉 오래되고 낡은 건물 만들기.psd

001 | 배경과 밤하늘 합성하기

낡은 건물로 만들기 전 태양과 별하늘 이미지를 합성해 일몰 효과를 표현합니다.

01. [File] 〉 [Open]([Ctrl]+[O]) 메뉴를 클릭하여 가장 먼저 배경으로 사용할 'Building PNG' 이미지를 불러옵니다. 'Building PNG' 이미지는 앞에서 배웠던 [Channels] 패널과 [Select and Mask]를 이용해 부서진 건물 효과를 일부 완성한 상태입니다.

02. 다시 [File] 〉 [Open]([Ctrl]+[O]) 메뉴를 클릭하여 'Night Sky' 이미지를 불러옵니다. [Move Tool]을 선택하고 [Shift]를 누른 상태로 'Night Sky' 이미지를 작업 창으로 이동시킵니다.

03. [Layers] 패널에서 'Night Sky' 이미지를 'Building PNG' 이미지 아래로 드래그해서 위치합니다. 레이어 이름을 'Night Sky'와 'Building PNG'로 변경합니다. 'Night Sky' 이미지 크기를 [W] : '50%', [H] : '50%'로 설정하고 위치를 조정하고 확인합니다.

04. 이번에는 [File] 〉 [Place Embedded] 메뉴를 클릭하여 'Sunset' 이미지를 불러옵니다. 이미지 크기를 [W] : '60%', [H] : '60%'로 설정합니다. 태양의 위치를 빌딩 조금 위쪽에 위치시킵니다. 미세한 방향 조절 시에는 키보드 방향키를 사용합니다.

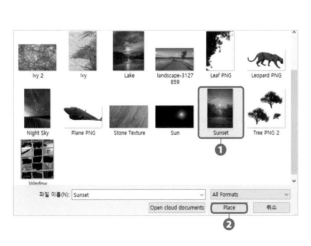

05. 'Sunset' 레이어에 레이어 마스크를 적용합니다. 부드러운 원 브러시를 선택하고 태양과 붉은 노을 부분을 남기고 위쪽 하늘 부분은 별하늘이 나타나도록 지웁니다.

06. Ctrl+S를 눌러서 작업 창을 한번 저장합니다. 작업을 저장하는 건 습관화하는 게 좋습니다. 다름 이름으로 저장 시에는 Shift+Ctrl+S를 사용합니다.

07. 이제 건물 옥상에 나무들을 놓겠습니다. [File] 〉 [Open](Ctrl+O) 메뉴를 클릭하여 'Tree PNG 2' 이미지를 불러옵니다.

🔍 Tip 툴바 도구 사용 시 마우스 포인트가 다를 때
작업 도중 툴바 도구 사용 시 가끔 마우스 포인트가 도구 모양이 아닌 십자 모양으로 나타나는 경우가 있습니다. Caps Lock이 켜져 있는 경우 발생하는 현상이니 Caps Lock을 클릭해서 꺼주고 작업을 진행합니다.

08. [Lasso Tool]을 선택하고 'Tree PNG 2' 이미지에서 나무를 선택합니다. Ctrl + C 를 눌러 복사하고, Ctrl + V 를 눌러 작업 창에 붙여 넣습니다. 'Building PNG' 레이어 아래에 놓고 건물 오른쪽 상단에 위치시킵니다. 작업 창에 크기는 따로 조절하지 않아도 됩니다.

09. 뒤쪽에도 작은 나무를 하나 더 복사해서 붙여 넣습니다.

10. 마무리로 왼쪽 빌딩 아래에 나무를 복사해서 붙여 넣습니다.

11. 나무 이름을 'Building Tree'라고 순서대로 변경합니다.

1 이름 변경

002 | 브러시를 이용해 새 만들기

브러시를 이용해 새를 합성해 생동감 있는 하늘 효과를 만들어 줄 수 있습니다.

01. [Layers] 패널에서 새로운 레이어를 만듭니다.
[Brush Tool]을 선택하고 화면에 마우스 오른쪽 버튼을 클릭하여 브러시 창을 띄웁니다. [Young Jin Brushes] 폴더를 열어 브러시 목록에서 [Bird Part 1] 폴더의 1098 새 브러시를 선택합니다. 브러시의 숫자는 브러시 크기를 뜻합니다.

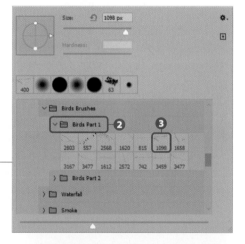

1 마우스 오른쪽 버튼

02. [Brush Size] : '500px'로 설정하고 건물과 건물 사이에 찍습니다. 브러시 사이즈 조절은 키보드 좌우 큰 괄호를 이용하면 편리합니다. 레이어의 [Opacity] : '50%'로 설정합니다. 레이어 이름은 'Birds Brush'로 변경합니다.

1 확인

003 | 부서진 건물 만들기

부서진 건물 이미지를 합성해 일반 건물이 부서진 것처럼 만들어 보겠습니다. 이런 합성 효과는 건물 뿐만 아니라 부서진 물건들을 표현할 때 응용해서 사용할 수 있습니다.

01. 먼저 부서져 보일 건물 부분을 삭제해야 합니다. [Eraser Tool]을 사용해도 되지만 이런 디테일한 작업은 레이어 마스크를 이용하는 게 좋습니다. 'Building PNG' 레이어를 선택하고 레이어 마스크를 적용합니다.

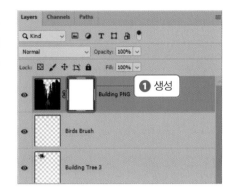

02. 선명한 원 브러시를 선택하고 [Opacity] : '100%', [Flow] : '100%'로 설정하고 부서져 보일 건물 부분을 지우고 부서진 부분에 합성할 'Destroyed Building PNG' 이미지를 [File] 〉 [Place Embedded] 메뉴를 클릭하여 불러옵니다.

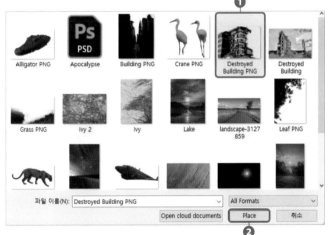

03. 이미지 크기를 [W] : '33%', [H] : '33%'로 설정하고 마우스 오른쪽 버튼을 클릭한 후 [Flip Horizontal]을 선택하여 좌우로 뒤집기 합니다. 그리고 아까 지웠던 건물에 맞춰서 위치시킵니다. 사이즈가 맞지 않을 경우 조절하거나, 빌딩을 더 지우거나, 복원시켜서 자연스럽게 만듭니다.

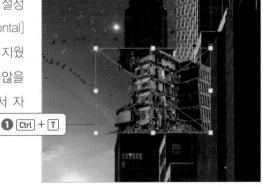

04. 먼저 'Building PNG' 이미지의 밝기를 'Curves'를 이용해서 조정하겠습니다. 'Building PNG' 레이어를 선택하고 [Layers] 패널의 [Create new fill or Adjustment layer]를 클릭해 [Curves]를 선택합니다. 'Curves 1' 조정 레이어의 이름 부분을 마우스 오른쪽 버튼으로 클릭한 후 [Create Clipping Mask]를 선택하여 클리핑 마스크를 적용합니다.

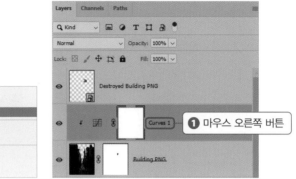

05. 왼쪽 조절점을 [Input] : '0', [Output] : '9'로 설정하고 오른쪽 조절점을 [Input] : '255', [Output] : '126'으로 설정해서 조금 뿌여면서 어두운 배경으로 만듭니다. 'Curves 1' 조정 레이어의 레이어 마스크를 선택하고 건물 중앙 부분은 다시 밝아지도록 브러시를 이용해 지웁니다. 빛이 가장 강하게 닿는 부분이라 다시 밝게 복원시켜 주는 겁니다.

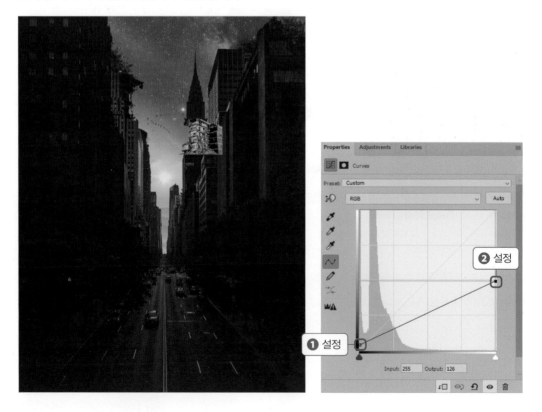

06. 다시 'Destroyed Building PNG' 레이어를 선택하고 여기에도 'Curves' 조정 레이어를 만들고 클리핑 마스크를 적용합니다. 'Building PNG' 레이어와 비슷한 밝기로 맞춰주는 겁니다. 왼쪽 조절점을 [Input] : '0', [Output] : '14'로 설정하고 오른쪽 조절점을 [Input] : '255', [Output] : '36'으로 설정합니다.

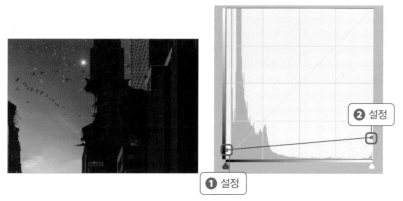

07. 이제 사용하지 않을 부분을 자연스럽게 지워줘야 합니다. 'Destroyed Building PNG' 레이어를 선택하고 레이어 마스크를 적용합니다. 툴바에서 [Brush Tool]을 선택하고 큰 유성 파스텔 브러시를 선택합니다.

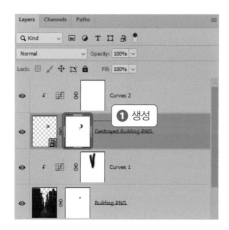

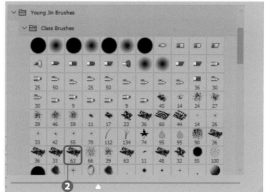

(Tip) 큰 유성 파스텔 브러시는 테두리를 거칠게 표현할 수 있어서 부서진 테두리를 그리기에 적합합니다.

08. 'Destroyed Building PNG' 레이어의 레이어 마스크를 선택하고 브러시로 사용하지 않을 부분을 지웁니다.

❶ 확인

09. 철근이 부족해 보일 경우 브러시로 만들면 됩니다. 'Building PNG' 레이어 아래에 새로운 레이어를 만들고 선명한 원 브러시를 선택합니다. [Brush Size] : '1px', [Opacity] : '100%', [Flow] : '100%'로 설정합니다. 그리고 원하는 만큼 다양한 방향으로 그립니다. 레이어의 [Opacity] : '80%'로 설정합니다.

❶ 확인

10. 지금은 작업 화면이 너무 어둡기 때문에 전체 밝기와 색상을 조절한 후 합성 작업을 이어가도록 하겠습니다. 먼저 [Layers] 패널 맨 위에 'Curves 2' 조정 레이어를 선택하고 [Create new fill or Adjustment layer]를 클릭해 [Curves]를 선택합니다. 중간에 조절점을 만들고 [Input] : '108', [Output] : '148'로 설정합니다.

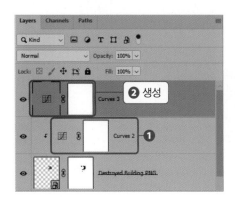
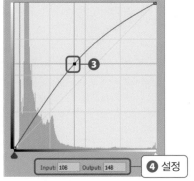

❷ 생성

❶

❸

Input: 106 Output: 148 ❹ 설정

11. 전체 밝기가 밝아진 걸 확인할 수 있습니다. 이제 'Gradient Map'을 이용해 색상을 적용합니다. [Layers] 패널의 [Create new fill or Adjustment layer]에서 [Gradient Map]을 선택하고 [Properties]의 색상을 클릭한 후 [Gradient Editor] 창에서 색상을 설정합니다.

12. 왼쪽 [Color Stop] : '#1f306d', 오른쪽 [Color Stop] : '#fdd892'로 설정합니다. 레이어의 [Opacity] : '24%'로 설정하면 빈티지스러운 색상을 적용할 수 있습니다.

오래된 건물에 덩굴이 타고 올라가는 모습을 많이 볼 수 있습니다. 덩굴 이미지를 활용해 오래된 건물 효과를 더 디테일하게 표현하겠습니다.

01. 이제 오래된 듯한 건물 효과를 적용해야 합니다. 먼저 'Ivy' 이미지를 활용해 벽에 덩굴이 있는 것처럼 만듭니다. 다시 'Building PNG' 레이어를 선택하고 [File] > [Place Embedded] 메뉴를 클릭하여 'Ivy 2' 이미지를 불러옵니다. 마우스 오른쪽 버튼을 클릭한 후 [Rotate 90° Clockwise]를 선택하여 오른쪽으로 90°로 회전시킵니다. 이미지를 오른쪽 상단 건물에 맞춰 위치시킵니다. Shift 를 누른 상태로 왼쪽 중앙 포인트를 클릭해 납작하게 만듭니다.

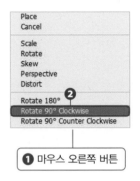

❸ 드래그

02. 이제 마스크를 적용하고, 테두리 부분을 자연스럽게 지워야 합니다. 부드러운 원 브러시를 선택하고 [Brush Size] : '300px'로 설정하고 테두리를 자연스럽게 지웁니다. 그리고 블렌딩 모드는 'Soft Light'로 설정하고, 레이어의 [Opacity] : '45%'로 설정합니다.

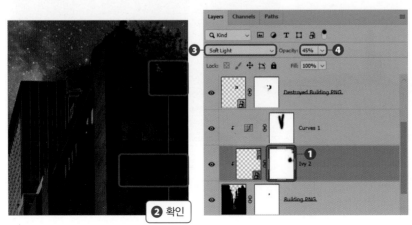

❷ 확인

창문 모양은 브러시를 이용해 그려줄 수도 있지만, 실제 창문 이미지를 사용한 후 블렌딩 모드를 이용하면 훨씬 사실적으로 표현할 수 있습니다.

01. [File] 〉[Open](Ctrl+O) 메뉴를 클릭하여 'Window' 이미지를 불러옵니다. [Polygonal Lasso Tool]을 선택하고, 'Window' 이미지에서 사용하고 싶은 깨진 부분을 선택합니다. Ctrl +C를 눌러 복사하고, 작업 창에서 Ctrl+V를 눌러 붙여 넣습니다.

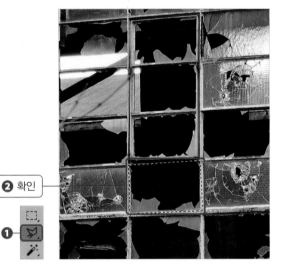

❷ 확인

❶

02. 창틀에 이미지를 위치시키고 블렌딩 모드를 'Darken'으로 설정합니다. Ctrl을 누른 상태로 테두리 포인트를 드래그해서 창틀 모양에 맞게 위치합니다. Shift를 누른 상태로 납작하게 조절합니다. 'Darken'은 각 채널의 색상 정보를 보고 기본 색상과 혼합 색상 중 어두운 색상을 나타냅니다.

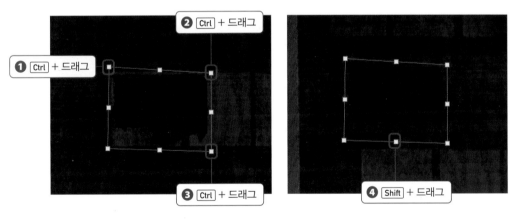

❶ Ctrl + 드래그

❷ Ctrl + 드래그

❸ Ctrl + 드래그

❹ Shift + 드래그

💡Tip **Darken의 변화**

'Darken' 설정 후 뒷배경의 벽에 있던 창문의 하얀 부분이 나타나면서 깨진 유리 모양이 나타난 겁니다. 창문을 위쪽 어두운 공간으로 이동시켜서 비교해 볼 수 있습니다. 어두운 벽 부분에서는 깨진 유리 모양이 보이지 않는 걸 알 수 있습니다.

03. 같은 방법으로 바로 옆에 추가로 깨진 창문을 복사해서 합성합니다. 깨진 창문의 모양이나 개수는 임의로 추가해도 상관없습니다.

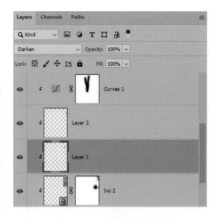

04. 빌딩이 더 오래되어 보이도록 그런지 텍스처를 추가하기 위해 [File] 〉 [Place Embedded] 메뉴를 클릭하여 'Stone Texture' 이미지를 불러옵니다. 이미지 크기를 [W] : '60%', [H] : '60%'로 설정합니다. 그리고 오른쪽 건물 벽에 위치시키고 [Shift]를 누른 상태로 왼쪽 중앙 포인트를 안쪽으로 밀어 납작하게 만든 후 [Enter]를 누릅니다. 'Stone Texture' 이미지에 레이어 마스크를 적용하고 부드러운 원 브러시를 이용해 테두리를 깔끔하게 지웁니다. 블렌딩 모드는 'Soft Light'로 설정합니다.

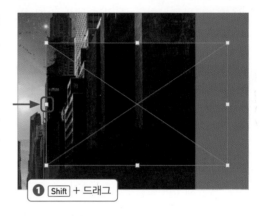

❶ [Shift] + 드래그

05. 일반 이미지를 옮겨오거나 붙여 넣을 경우 클리핑 마스크 사이에 위치하게 되면 클리핑 마스크가 바로 적용되지만 [File] 〉 [Place Embedded] 메뉴를 클릭하여 불러온다면 클리핑 마스크가 풀리면서 'Curves' 적용 전 처음으로 돌아가게 됩니다.

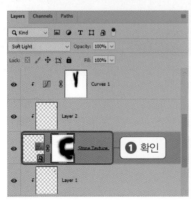

❶ 확인

06. 'Stone Texture' 레이어 포함 'Curves 1' 조정 레이어까지 모두 'Building PNG' 레이어에 클리핑 마스크로 적용되어 있어야 합니다. 'Stone Texture' 레이어를 선택하고 마우스 오른쪽 버튼을 클릭한 후 [Create Clipping Mask]를 적용합니다. 클리핑 마스크 적용 후 원래대로 밝기가 돌아온 걸 확인할 수 있습니다.

07. 'Stone Texture' 레이어를 같은 방법으로 왼쪽 빌딩에도 적용합니다. 크기는 [W] : '65%', [H] : '65%'로 설정하고 상황에 따라 [Alt]를 이용해 추가로 조절합니다. 레이어 마스크를 적용하고 테두리를 깔끔하게 지운 후 블렌딩 모드를 'Soft Light'로 설정하고 클리핑 마스크 확인 후 마무리합니다.

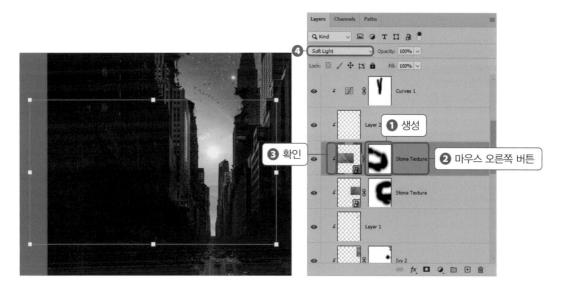

08. 건물의 거리와 날씨 등에 따라 먼 거리의 명암이 달라지기도 합니다. 앞에서 'Curves'를 이용해 빌딩의 중앙 밝은 부분을 밝게 남겨두었습니다. 하지만 안개가 끼고 습한 곳이라면 반사된 태양빛이 밝게 보이지는 않을 겁니다. 이런 경우 브러시를 이용해 탁한 색을 칠해서 명암을 조절할 수 있습니다. 먼저 'Stone Texture' 레이어 위에 새로운 레이어를 만듭니다.

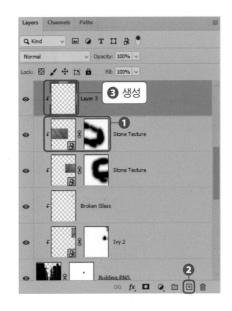

09. 부드러운 원 브러시를 선택하고 [Foreground Color] : '#1e2226', [Brush Size] : '300px', [Opacity] : '100%', [Flow] : '100%'로 설정하고 건물 중앙 부분 빛이 드는 부분을 위에서 아래로 칠합니다. 레이어의 [Opacity] : '63%'로 설정합니다.

💡 Tip 그림자 색상 선택

그림자 색상이라고 해서 꼭 검은색을 선택할 필요는 없습니다. 배경과 비슷한 채도가 낮은 어두운 색상을 선택하면 훨씬 자연스럽고 깔끔한 색상을 적용할 수 있습니다.
추가로 상황에 따라 블렌딩 모드와 레이어의 [Opacity] 값을 활용하면 더 자연스러운 효과를 볼 수 있습니다.

10. 이제 'Curves 1' 조정 레이어부터 'Building PNG' 레이어까지 Shift 를 누른 상태로 선택하고 Ctrl + G 를 눌러 그룹 레이어로 만듭니다. 그룹 레이어 이름은 'Building'으로 변경합니다.

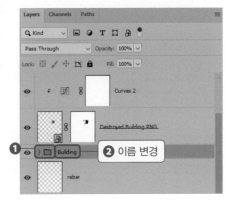

11. 빌딩을 보면 아직도 빛이 들지 않는 부분인데 밝게 보이는 부분들이 있습니다. 이런 부분들은 색을 칠해 어둡게 만들어 주면 자연스러워 집니다. 새로운 레이어를 만들고 그룹 레이어에 [Ctrl]+[Alt]+[G]를 눌러서 클리핑 마스크를 적용합니다. [Foreground Color] : '#1e2226'로 설정하고 툴바에서 [Polygonal Lasso Tool]을 선택합니다. 색상을 칠할 부분을 선택 영역으로 만들고, [Alt]+[Delete]를 눌러 색을 적용한 후 [Ctrl]+[D]를 눌러 선택 영역을 해제합니다.

12. 블렌딩 모드를 'Darken'으로 설정합니다. 색을 칠한 테두리가 너무 반듯해 보이면, 흐림 효과를 추가로 적용해서 마무리하면 됩니다. [Filter] 〉 [Blur] 〉 [Gaussian Blur] 메뉴를 클릭하고 [Radius] : '2Pixles'로 설정한 후 'Building Shadow'로 레이어 이름을 변경합니다.

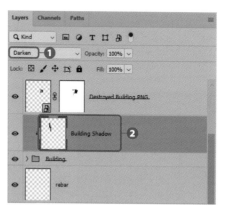

💡Tip 전경색/배경색 단축키

전경색은 [Alt]+[Delete], 배경색은 [Ctrl]+[Delete]를 누르면 선택 영역에 색상을 바로 적용할 수 있습니다.

13. 'Building' 그룹 레이어에 'Color Balance'을 이용해 색상을 조절하기 위해 [Layers] 패널에서 [Create new fill or adjustment layer]를 클릭하고 [Color Balance]를 선택합니다. 'Building' 그룹 레이어에서 Ctrl + Alt + G 를 눌러 클리핑 마스크를 적용합니다. [Midtones] : '–11,+13,–4'로 설정합니다.

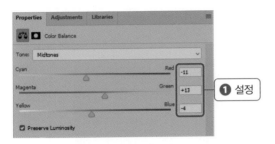

14. [File] 〉 [Place Embedded] 메뉴를 클릭하여 'Ivy' 이미지를 불러옵니다. 크기를 [W] : '160%', [H] : '160%'로 설정하고 오른쪽 창문 아래쪽 벽에 위치합니다. 블렌딩 모드를 'Overlay'로 설정하고, Shift 를 누른 상태로 왼쪽 중앙 포인트를 밀어 조금 납작하게 만들고 Enter 를 누릅니다.

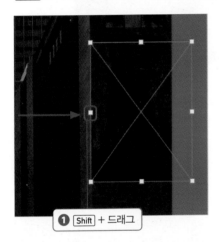

15. 레이어 마스크를 적용하고 부드러운 원 브러시를 이용해 테두리를 자연스럽게 지우고 마무리합니다.

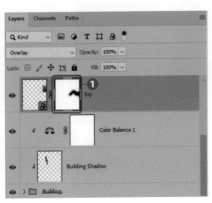

LESSON 03
반사된 일몰 호수 만들기

호수 이미지를 이용해 물에 잠긴 도시를 표현합니다. 추가로 동물과 잡초 이미지 등을 합성해 디테일
함을 추가합니다. 그리고 사물의 반사 효과를 표현하는 방법에 대해 배우겠습니다.

예제 파일 활용편 〉 PART 03 〉 Lesson 03 〉 1920 물방울 브러시.abr / 2693 구름 브러시.abr /
Alligator.png / Grass.png / Lake.jpg / Leopard.png / Plane.png

완성 파일 활용편 〉 PART 03 〉 Lesson 03 〉 반사된 일몰 호수 만들기.psd

001 | 이미지를 복사해 그림자 만들기

그림자를 만드는 방법은 다양하게 있습니다. 그중에서 가장 많이 사용하는 레이어를 복사해서 그림자를 만드는 방법에 대해 알아보겠습니다.

01. [Layers] 패널 맨 위의 'Gradient Map 1' 조정 레이어를 선택하고 [File] 〉 [Place Embedded] 메뉴를 클릭하여 'Lake' 이미지를 불러옵니다. 작업 창 크기에 맞춰 위치시키고 'Lake' 이미지에 레이어 마스크를 적용합니다. 부드러운 원 브러시를 선택하고 [Brush Size] : '900px', [Opacity] : '100%', [Flow] : '100%'로 설정 후 중간 부분까지 다 지웁니다. 나무 부분부터는 자연스럽게 합성되어 보일 수 있도록 [Brush Size] : '500px'로 줄이고 [Opacity] : '50%', [Flow] : '50%'로 설정 후 다시 여러 번 칠해서 남은 하늘 부분을 지웁니다. 호수까지 지우지 않도록 주의합니다.

❶ 확인

❷ 확인

02. [File] 〉 [Place Embedded] 메뉴를 클릭하여 'Plane PNG' 이미지를 불러오고, 오른쪽 물 위에 위치시킨 후 Enter 를 누릅니다.

❶ 확인

03. 이제 비행기의 그림자를 만들어야 합니다. 먼저 [Ctrl]+[J]를 눌러 'Plane PNG' 레이어를 복사합니다. 'Plane PNG copy' 레이어가 생성되면 다시 'Plane PNG' 레이어를 선택하고 [Ctrl]+[U]를 누릅니다. [Hue/Saturation] 창이 나타나면 [Lightness] : '-100'로 설정합니다. 명도를 줄여서 검은색으로 만든 후 그림자로 사용하는 겁니다.

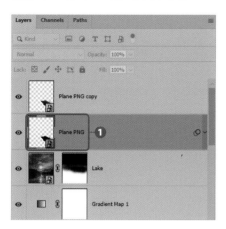

04. 작업의 편의를 위해 레이어를 일반 레이어로 변경하겠습니다. 'Plane PNG' 레이어의 이름을 마우스 오른쪽 버튼으로 클릭한 후 [Rasterize Layer]를 선택해서 일반 레이어로 만듭니다.

❶ 마우스 오른쪽 버튼

05. [Ctrl]+[T]를 눌러서 자유 변형을 활성화하고 마우스 오른쪽 버튼을 클릭한 후 [Flip Vertical]을 선택해서 이미지를 세로로 뒤집기합니다. 아래로 드래그한 후 그림자의 위치를 맞춰주고 블렌딩 모드를 'Soft Light'로 설정한 후 [Enter]를 누릅니다.

❶ [Ctrl]+[T]

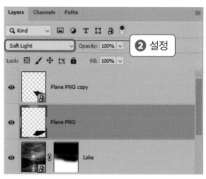

💡Tip 레이어 복사 후 그림자 효과

레이어 그림자는 날씨나 낮과 밤 그리고 조명등에 따라 크기나 위치 그리고 모양이 달라집니다. 그림자 끝부분을 지우거나 가우시안 블러 효과를 적용해 흐리게 만들기도 합니다. 지금은 태양빛이 비행기를 강하게 비추기 때문에 선명한 그림자를 적용합니다.

06. 빛이 강하기 때문에 비행기 테두리 라인에도 빛을 표현해야 합니다. 'Plane PNG copy' 레이어
를 선택하고 [Layers] 패널의 [Add a layer style]을 클릭해서 [Inner Shadow]를 적용합니다. [Color]
: '#ffd800', [Blend Mode] : 'Color Dodge'로 설정합니다. [Opacity] : '83%', [Angle] : '148°',
[Distance] : '2px', [Size] : '1px'로 설정합니다.

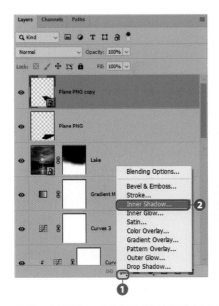
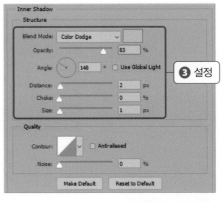

07. 이번에는 표범을 합성하겠습니다. [File] 〉 [Place
Embedded] 메뉴를 클릭하여 'Leopard PNG' 이미지를 불
러옵니다. 크기를 [W] : '32%', [H] : '32%'로 설정합니다.
그리고 드래그해서 비행기 창문 쪽에 위치합니다.

08. 'Leopard PNG' 레이어에도 'Inner Shadow' 효과를 적용합니다. [Color] : '#ffd800', [Blend
Mode] : 'Color Dodge'로 설정합니다. [Opacity] : '55%', [Angle] : '110°', [Distance] : '2px', [Size]
: '2px'로 설정하고 [OK] 버튼을 클릭합니다. 'Leopard PNG' 레이어도 그림자를 만들어야 합니다.
Ctrl+J를 눌러서 레이어를 복사합니다. 'Leopard PNG' 레이어를 다시 선택하고 이번에도 마우스
오른쪽 버튼을 클릭하여 일반 레이어로 바꿔야 합니다. 레이어 스타일이 적용된 상태에서는 [Rasterize
Layer Style]을 선택해도 됩니다.

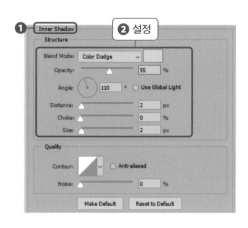

09. 그림자를 만들기 위해 `Ctrl`+`U`를 누르고 [Hue/Saturation] 창이 나타나면 [Lightness] : '-100'으로 설정합니다. `Ctrl`+`T`를 누르고 마우스 오른쪽 버튼을 클릭한 후 [Flip Vertical]을 선택해서 세로로 뒤집기합니다. 이미지의 오른쪽을 위쪽으로 올려 발 위치를 맞춥니다. 그리고 다시 마우스 오른쪽 버튼을 클릭한 후 [Warp]를 선택하고 두세 번째 다리의 위치를 늘려 맞춥니다. 늘릴 때 따라 올라가는 다른 부분은 다시 드래그해서 내려줘야 합니다.

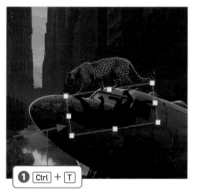

10. 그림자가 너무 진하기 때문에 레이어의 [Opacity] : '43%'로 내립니다. 그리고 빛이 닿지 않는 부분 그림자가 생기지 않기 때문에 레이어 마스크를 적용하고 [Brush Tool]을 선택한 후 부드러운 원 브러시를 이용해서 자연스럽게 지우도록 합니다.

11. 이번에는 악어를 합성하겠습니다. [File] 〉 [Place Embedded] 메뉴를 클릭하여 'Alligator PNG' 이미지를 불러옵니다. 'Alligator PNG' 이미지의 크기를 [W] : '16%', [H] : '16%'로 설정합니다. 다시 마우스 오른쪽 버튼을 클릭한 후 [Flip Horizontal]을 적용해서 가로로 뒤집기합니다. 악어의 머리 방향을 조금 돌려 자연스럽게 만들고 Enter 를 누릅니다. 악어의 반사된 모습을 만들기 위해 Ctrl + J 를 눌러서 레이어를 복사합니다.

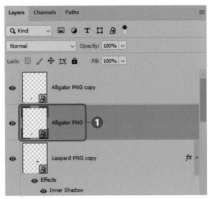

12. 'Alligator PNG' 레이어를 선택합니다. Ctrl + T 를 누르고 마우스 오른쪽 버튼을 클릭한 후 [Flip Vertical]을 적용해서 세로로 뒤집기합니다. 악어의 머리 높이가 낮기 때문에 반사된 악어 모습도 조금만 보이게 합니다. 'Alligator PNG' 레이어의 [Opacity] : '36%'로 설정하고 Enter 를 누릅니다. 이번에는 'Alligator PNG copy' 레이어에 'Inner Shadow' 효과를 적용합니다. [Color] : '#fff4c8'로 설정하고 [Blend Mode] : 'Color Dodge'로 설정합니다. [Opacity] : '40%', [Angle] : '110°', [Distance] : '2px', [Size] : '2px'로 설정합니다.

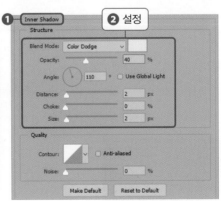

002 ┃ 물결 효과 만들기

물방울 브러시를 활용해서 악어가 물속에서 이동 시 생기는 물결 효과를 만들겠습니다.

01. 새로운 레이어를 만들고 [Foreground Color] : '#ffffff'로 설정합니다. [Brush Tool]을 선택하고 마우스 오른쪽 버튼을 클릭한 후 [Young Jin Brushes] 폴더를 선택하고 [Raindrop] 폴더에서 1920 물방울 브러시를 선택합니다.

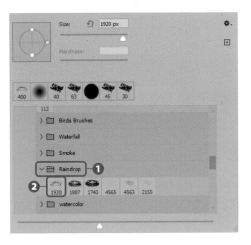

02. [Brush Size] : '400px', [Opacity] : '100%', [Flow] : '100%'로 설정하고 중앙을 중심으로 찍습니다. 물결의 각도가 어색하기 때문에 조금 납작하게 만들어야 합니다. Ctrl+T를 누르고 Shift를 누른 상태로 아래로 납작하게 만든 후 다시 중앙으로 위치를 조절하고 Enter를 누릅니다.

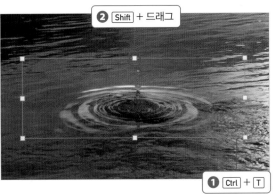

03. 레이어의 이름을 'Wave'로 변경하고, [Eraser Tool]을 선택하고 부드러운 원 브러시를 선택합니다. [Brush Size] : '35%', [Opacity] : '100%', [Flow] : '100%'로 설정하고 중앙 부분을 지워서 악어의 머리가 보이도록 합니다.

04. [Smudge Tool]을 선택하고 부드러운 원 브러시를 선택한 후 [Strength] : '80%', [Brush Size] : '30px'로 설정하고 왼쪽 물결 부분을 늘려서 악어가 지나온 듯한 방향의 물결 모양을 만듭니다. 상 중 하로 나눠 세 번 정도 늘립니다. 레이어의 [Opacity] : '60%'로 설정하고 마무리합니다.

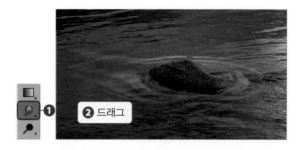

05. 'Alligator PNG'와 'Wave' 레이어를 그룹 레이어로 만들고 'Alligator'라고 이름을 변경합니다.

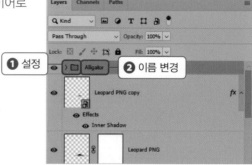

06. 물풀이 자란듯하게 보이게 하기 위해 'Grass PNG' 이미지를 합성하겠습니다. [File] 〉 [Place Embedded] 메뉴를 클릭하여 'Grass PNG' 이미지를 불러옵니다. 아래로 드래그해서 아래 라인을 작업 창끝에 맞추고 [Enter]를 누릅니다. 'Alligator'의 위치는 [Move Tool]을 이용해 위치를 수정해도 됩니다.

003 | 자연스러운 안개 효과 만들기

구름 브러시와 레이어의 투명도를 활용해 자연스러운 안개를 만들 수 있습니다.

01. [Layers] 패널에 새로운 레이어를 만들고 [Brush Tool]을 선택합니다. [Foreground Color] : '#6f8d9f'로 설정하고 작업 창에서 마우스 오른쪽 버튼을 클릭합니다. [Young Jin Brushes] 폴더의 [Cloud Brushes Part 1] 폴더에서 2693 구름 브러시를 선택합니다.

① 마우스 오른쪽 버튼

02. 브러시 끝부분이 비행기 앞부분에 조금만 찍힐 정도로 찍습니다. 레이어의 [Opacity] : '25%'로 설정합니다. 레이어 이름을 'Fog'로 변경하고 [Eraser Tool]을 이용해 아래쪽을 깔끔하게 정리합니다.

① 확인

03. 새로운 레이어를 추가로 만들고 이번에는 브러시가 중앙에 위치하도록 하고 중앙 상단 부분을 한번 찍습니다. [Filter] 〉 [Blur] 〉 [Motion Blur] 메뉴를 클릭하여 [Motion Blur] 창이 나타나면 [Angle] : '0°', [Distance] : '200Pixels'로 설정합니다. 레이어의 [Opacity] : '25%'로 설정하고 [Eraser Tool]을 이용해 아래 라인을 깔끔하게 지우고 'Fog 2'로 이름을 변경합니다.

① 확인

LESSON 04
빠르고 쉬운 선택 영역 지정하기

선택 영역을 지정하는 방법은 다양합니다. 선택 도구나 앞에서 배웠던 'Channel'을 이용하거나, 포토샵 AI 기능을 사용하면 쉽게 선택 영역을 지정할 수 있습니다. 하지만 깔끔하고 빠르게 선택 영역을 지정하는 건 아직 한계가 있습니다. 이번에는 합성 과정 중 가장 많이 사용하는 빠르고 간단하게 선택 영역을 지정할 수 있는 방법에 대해 알아보겠습니다.

| 예제 파일 | 활용편 〉 PART 03 〉 Lesson 04 〉 Crane.png / Leaf.png / Sun.jpg / Tree PNG 3.png / Tree.jpg |
| 완성 파일 | 활용편 〉 PART 03 〉 Lesson 04 〉 안개.psd |

001 | Magic Wand Tool 사용법

선택 영역의 색상을 한꺼번에 선택해 선택 영역을 빠르게 지정할 수 있습니다.

01. [File] 〉 [Open]([Ctrl]+[O]) 메뉴를 클릭하여 'Tree' 이미지를 불러온 후 [Magic Wand Tool]을 선택합니다.

02. 상단 [Magic Wand Tool]의 옵션 바입니다.

❶ 선택 영역을 추가하거나 제거할 수 있습니다.

❷ Sample Size : 기준으로 사용할 샘플 크기를 설정합니다. 클릭한 곳의 색상을 기준으로 하거나, 범위의 평균 색상 값을 기준으로 설정할 수 있습니다.

❸ Tolerance : 선택 범위를 설정합니다.

❹ Anti-alias : 가장자리를 매끄럽게 합니다.

❺ Contiguous : 체크가 되어 있을 경우 인접한 픽셀 영역만 선택합니다.

❻ Sample All Layers : 모든 레이어를 샘플링합니다.

❼ Select Subject : 자동으로 피사체를 선택합니다.

03. 나무 배경 이미지에서 나무를 깔끔하게 선택해야 합니다. 먼저 선택 영역 추가 아이콘을 클릭합니다. 그리고 [Tolerance] : '50'으로 설정하고 [Contiguous]의 체크는 해제합니다.

> 💡Tip **Contiguous**
>
> 체크가 되어 있으면 연결된 부분들만 선택 영역이 지정됩니다. 나무 같은 경우는 가지들이 얽혀있어 안쪽에 따로 공간이 많이 있습니다. [Contiguous]의 체크를 해제할 경우 안쪽 공간까지 모든 선택 영역을 자동으로 선택합니다.

04. 나무 바깥쪽 하늘과 구름 부분을 클릭해서 선택 영역을 지정합니다. 나무 바깥 부분에 선택 영역이 남아 있다면 선택 영역들을 여러 번 클릭해서 나무만 남도록 선택 영역을 깔끔하게 만듭니다.

❶ 확인

05. [Layers] 패널에서 레이어 마스크를 적용합니다. 하늘이 선택되면서 나무와 나머지 부분이 사라진 걸 확인할 수 있습니다. [Ctrl]+[I]를 눌러서 반전시키면 하늘이 사라지고 나무가 나타납니다.

💡Tip **선택 영역을 반대로 지정하는 이유**
나무를 선택해야 하지만 복잡한 나무를 선택해서 선택 영역을 지정하는 건 쉽지 않습니다. 그렇기 때문에 선택하기 쉬운 하늘 부분을 먼저 선택한 후 반전시켜서 나무를 선택 영역으로 만드는 겁니다.

06. 나무를 PNG 파일로 사용하기 위해 레이어 마스크를 선택하고 마우스 오른쪽 버튼을 클릭한 후 [Apply Layer Mask]를 적용합니다. 툴바에서 [Lasso Tool]을 선택하고 필요한 나무 부분만 선택 영역으로 지정합니다.

07. Ctrl+C를 눌러 복사하고 작업 창에서 Ctrl+V를 눌러 붙여 넣습니다. Ctrl+T를 누르고 각도를 '–30° 정도 돌려주고 Enter를 누릅니다. 'Tree'라고 이름을 지정하고 필요하지 않은 부분들은 [Eraser Tool]로 정리합니다.

08. Ctrl+M을 눌러 'Curves'를 적용합니다. 왼쪽 조절점은 [Input] : '0', [Output] : '16'으로 설정하고 오른쪽 조절점은 [Input] : '255', [Output] : '71'로 설정합니다.

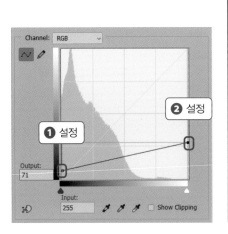

09. [File] 〉[Place Embedded] 메뉴를 클릭하여 'Tree PNG 3' 이미지를 불러옵니다. 그리고 작업 창 왼쪽에 나무를 위치시킵니다.

10. 가운데 아랫부분에 색을 칠해 조금 어둡게 만들어야 합니다. [Foreground Color] : '#0b293b'로 설정합니다. [Brush Tool]을 선택하고 부드러운 원 브러시를 선택합니다. [Brush Size] : '600px', [Opacity] : '50%', [Flow] : '50%'로 설정하고 중앙 아랫부분을 좌우로 세 번 칠합니다. 레이어의 [Opacity] : '62%'로 설정합니다.

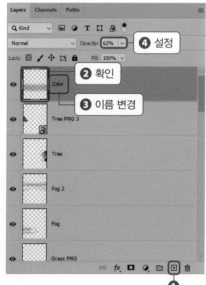

'Crane PNG' 이미지를 이용해 자연스러운 반사 효과를 표현하는 방법을 알아보겠습니다. 그리고 브러시로 색을 칠하고 렌즈 플레어 이미지를 이용해 태양빛을 표현합니다.

01. [File] 〉 [Open]([Ctrl]+[O]) 메뉴를 클릭하고 'Crane PNG' 이미지를 불러옵니다. [Lasso Tool]을 선택하고 왼쪽 학을 선택합니다. [Ctrl]+[C]를 눌러 복사하고, 작업 창에서 [Ctrl]+[V]를 눌러 붙여 넣습니다. [Ctrl]+[T]를 누른 후 크기를 [W] : '25%', [H] : '25%'로 설정하고 바위 위쪽에 위치시킵니다. 키보드 방향키를 이용해 추가로 위치를 조정하고 [Enter]를 누릅니다.

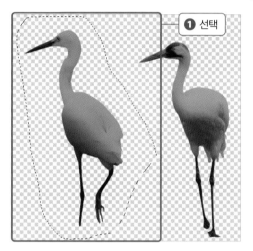

02. 학이 작지만 빛이 스며들기 때문에 'Crane PNG' 레이어에 'Inner Shadow' 효과를 적용하기 위해 레이어를 더블클릭합니다. [Color] : '#ffd800'으로 설정하고 [Blend Mode] : 'Color Dodge', [Opacity] : '25%', [Angle] : '78°', [Distance] : '1px', [Size] : '1px'로 설정합니다.

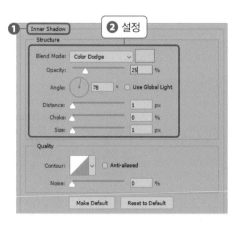

03. Ctrl+J를 눌러 'Crane' 레이어를 복사합니다. 복사한 'Crane copy' 레이어가 선택된 상태에서 Ctrl+T를 누르고 마우스 오른쪽 버튼을 클릭한 후 [Flip Vertical]을 선택하여 세로로 뒤집기합니다. 아래로 드래그해서 'Crane'이 물에 반사된 듯하게 위치시킵니다. 블렌딩 모드를 'Screen'으로 설정하고 레이어의 [Opacity] : '40%'로 적용하여 마무리합니다.

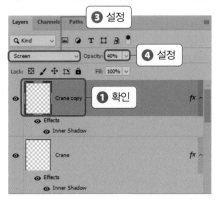 

04. 나머지 학도 같은 방법으로 합성합니다. 'Crane PNG' 이미지에서 Ctrl+D를 눌러서 선택 영역을 해제하고 [Lasso Tool]을 이용해 오른쪽 학을 선택합니다. Ctrl+C를 눌러 복사하고 작업 창에서 Ctrl+V를 눌러 붙여 넣습니다. Ctrl+T를 누르고 크기를 [W] : '25%', [H] : '25%'로 설정합니다. 반대 방향을 보도록 마우스 오른쪽 버튼을 클릭한 후 [Flip Horizontal]을 선택하고 위치 조정이 끝나면 Enter를 누릅니다.

05. 앞에서 적용했던 'Inner Shadow' 효과를 그대로 적용하면 되기 때문에 레이어 스타일을 복사해서 붙여 넣습니다. 적용했던 'Inner Shadow' 효과나 레이어의 [fx] 아이콘 위에서 마우스 오른쪽 버튼을 클릭하면 팝업 창이 나타납니다. 이때 [Copy Layer Style]을 선택하고, 붙여 넣을 레이어에서 마우스 오른쪽 버튼을 클릭한 후 [Paste Layer Style]을 선택하면 됩니다.

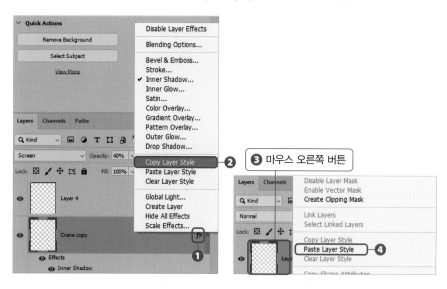

06. 레이어 이름을 'Crane 2'로 변경하고 Ctrl+J를 눌러서 레이어를 복사합니다. 복사한 'Crane 2 copy' 레이어를 선택하고 반사된 레이어 효과를 만듭니다. Ctrl+T를 누르고 마우스 오른쪽 버튼을 클릭하여 [Flip Vertical]을 적용합니다. 'Crane 2' 레이어는 앞에 학보다 더 멀리 있기 때문에 반사된 모습을 더 낮게 만듭니다. 블렌딩 모드를 'Screen'으로 설정하고 [Opacity] : '40%'로 적용하고 다리 부분은 [Eraser Tool]을 사용해 지웁니다.

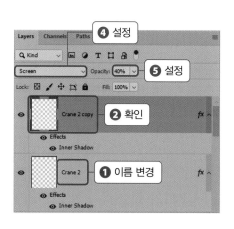

07. 먼저 'Crane' 관련 레이어를 그룹 레이어로 만들고 'Crane'으로 이름을 변경합니다. 새로운 레이어를 만들고, [Brush Tool]을 선택하고 부드러운 원 브러시를 선택합니다. [Foreground Color] : '#ffcf3d', [Brush Size] : '1200px', [Opacity] : '100%', [Flow] : '100%'로 중앙을 찍습니다. 블렌딩 모드를 'Screen'으로 설정하고 레이어의 [Opacity] : '25%'로 설정합니다.

08. 마지막 나뭇잎을 합성하겠습니다. [File] 〉 [Place Embedded] 메뉴를 클릭하여 'Leaf PNG' 이미지를 불러옵니다. 왼쪽 상단에 맞춰 위치시키고 [Enter]를 누릅니다. 다시 [File] 〉 [Place Embedded] 메뉴를 클릭하여 'Sun' 이미지를 불러옵니다.

❶ 확인

09. 'Sun' 이미지의 블렌딩 모드를 'Screen'으로 설정하고 방향을 돌려 태양과 위치를 맞춘 후 Enter 를 누릅니다. Ctrl + L 을 눌러 [Levels] 창을 불러옵니다. [Input Levels] : '8, 1.00, 255'로 설정해서 테두리를 깔끔하게 만듭니다.

10. Shift + Ctrl + Alt + E 를 눌러 통합 레이어를 만듭니다. 레이어를 마우스 오른쪽 버튼으로 클릭한 후 [Convert to Smart Object]를 적용합니다. [Filter] 〉 [Camera Raw Filter] 메뉴로 이동하고 효과를 적용합니다. [Temperature] : '+10', [Highlights] : '+10', [Blacks] : '−14', [Clarity] : '+15'로 설정합니다.

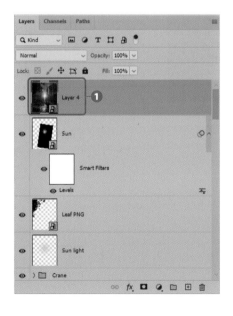
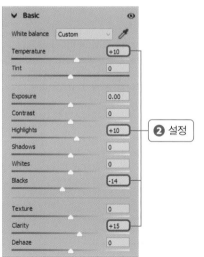

11. 마지막으로 선명 효과를 적용하기 위해 [Filter] 〉 [Sharpen] 〉 [Unsharp Mask] 메뉴를 클릭합니다. [Amount] : '100%', [Radius] : '2.0Pixels', [Threshold] : '1levels'로 설정하고 모든 작업을 마무리합니다.

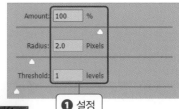

❶ 설정

▲ 아포칼립스

병 속 세상

콘셉트

어디선가 떠내려온 빈 병 속에는 현실과는 다른 세상이 존재합니다. 판타지에나 나올 법한 작은 성이 들어있고 이를 본 물고기들과 곤충들은 신비스러운 병에 매료됩니다.

LESSON 01
물속 표현하기
눈에 보이는 물속을 합성하는 방법을 배웁니다.

LESSON 02
사실적인 병 속 세상 표현하기
그런지 텍스처 등을 이용해서 낡고 오래된 병으로 만들고 병 속에 다른 세상이 있는 듯하게 이미지를 사실적으로 합성합니다.

LESSON 03
텍스처와 폰트를 이용한 상품 라벨 만들기
병에 붙어 있는 라벨을 이미지와 폰트를 활용해 자연스럽게 합성합니다.

LESSON 04
다양한 물방울 효과 만들기
브러시와 레이어 스타일 등을 이용해 물방울을 사실적으로 만듭니다.

LESSON 01
물속 표현하기

판타지 합성에서 자주 볼 수 있는 어항에서 물속을 마치 들여다보는 듯한 효과를 만드는 합성 작업입니다. 물속의 물고기들과 식물 그리고, 떠다니는 물속 잔해물들을 사실처럼 만들어 보겠습니다.

예제 파일 활용편 〉PART 04 〉Lesson 01 〉background.jpg / Fish 1.png / Fish 2.png / Grass.png / Water.jpg

완성 파일 활용편 〉PART 04 〉Lesson 01 〉물 속 표현하기.psd

Content-Aware Fill과 물결 라인 만들기

[Content-Aware Fill]은 선택 영역을 이미지의 다른 영역을 샘플링해서 자연스럽게 채우는 방법입니다. 그리고 물결 이미지를 이용해 물속이 보이는 듯한 물결 라인을 만듭니다.

01. 먼저 배경 이미지로 사용할 'Background' 이미지를 불러온 후 'Background' 레이어의 자물쇠를 더블클릭해서 해제합니다.

02. 이미지의 높이를 조절하겠습니다. [Image] 〉[Canvas Size] 메뉴를 클릭하고 [Height] : '1351Pixels', [Anchor] 포인트는 상단 중앙을 클릭하고 [OK] 버튼을 클릭합니다. 이미지 아래쪽이 늘어난 걸 확인할 수 있습니다. 이 공간에 [Content-Aware Fill]을 이용해 이미지를 채우게 됩니다.

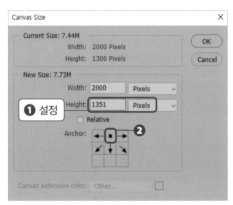

03. 먼저 이미지를 채워야 할 공간을 선택 영역으로 만들어야 합니다. Ctrl 을 누른 상태로 [Layers] 패널의 이미지를 클릭합니다. 이미지가 선택되면서 점선 선택 영역이 생기게 됩니다. 점선 선택 영역 지정 시 작업 창의 이미지가 아닌 [Layers] 패널의 'Background' 레이어를 클릭해야 점선 선택 영역으로 만들 수 있습니다.

04. [Layers] 패널에서 'Background' 레이어를 선택했기 때문에 지금은 점선 선택 영역이 이미지로 되어 있습니다. [Content-Aware Fill]을 실행하기 위해서는 공간을 점선 선택 영역으로 선택해야 합니다. [Shift]+[Ctrl]+[I]를 눌러 선택 영역을 반전시켜서 공간이 선택되도록 합니다.

❶ 확인

05. [Content-Aware Fill]이 생긴 곳의 픽셀이 완벽하게 채워지지 않을 수 있기 때문에 선택 영역을 확대할 필요가 있습니다. [Select] 〉 [Modify] 〉 [Expand] 메뉴를 클릭하고 [Expand Selection] 창이 나타나면 [Expand By] : '2pixels'로 설정하고 [OK] 버튼을 클릭합니다. 선택 영역이 확대된 걸 확인할 수 있습니다.

❶ 입력

06. 이제 [Edit] 〉 [Content-Aware Fill] 메뉴를 클릭합니다.

❷ 확인

❶ Sampling Brush Tool : 샘플링 영역을 제거하거나 [Alt]를 눌러 추가할 수 있습니다.

❷ Sampling Area : 자동으로 선택된 샘플링 영역을 색으로 표시합니다.

❸ Preview : 샘플링이 적용된 선택 영역의 미리 보기를 볼 수 있습니다.

❹ Sampling Area Options : 샘플링 영역을 자동이나 수동으로 선택할 수 있습니다.

❺ Fill Settings : 샘플링 영역 채우기를 디테일하게 설정합니다.

❻ Output Settings : 현재 레이어나 새로운 레이어로 적용할 위치를 설정합니다.

07. 기본적으로 [Auto]로 샘플링이 적용되며, [Auto]는 자동으로 선택 영역을 메꿔주기 때문에 사용하기 편리합니다. [OK] 버튼을 클릭하면 샘플링이 적용된 이미지가 나타납니다. Ctrl+D 를 눌러서 선택 영역을 해제하고 작업을 마무리합니다.

08. 이제 물결 라인을 만들기 위해서 [File] 〉 [Open](Ctrl+O) 메뉴를 클릭하여 'Water' 이미지를 불러옵니다. [Image] 〉 [Image Rotation] 〉 [Flip Canvas Horizontal] 메뉴를 클릭하여 가로로 뒤집기합니다. [Move Tool]을 선택하고 Shift 를 누른 상태로 작업 창으로 옮긴 후 Ctrl+T 를 누르고, 크기를 [W] : '45%', [H] : '45%'로 설정합니다. 레이어 투명도(Opacity)를 내려 위치를 확인하고 각도를 돌려 물결 라인을 자연스럽게 만듭니다. 위치 확인 후 레이어 투명도를 다시 올리고 Enter 를 누릅니다.

❶ Ctrl + T

💡Tip **레이어 투명도 활용하기**

아래 레이어와 자연스럽게 합성하기 위해서는 현재 레이어의 투명도를 내려서 위치를 확인하고 조절한 후 다시 투명도를 올려 작업을 진행하면 자연스럽게 합성할 수 있습니다.

09. 이제 레이어 마스크를 적용하고 사용하지 않을 위쪽 부분을 지워야 합니다. [Brush Tool]을 선택하고 부드러운 원 브러시를 선택합니다. [Foreground Color] : '#000000', [Opacity] : '100%', [Flow] : '100%'로 설정하고 브러시 크기를 조절하면서 물결 라인만 남도록 지웁니다.

10. 이제 바다와 어울릴 수 있도록 물결의 색을 바꿔야 합니다. 현재는 레이어 마스크가 선택되어 있기 때문에 레이어의 물결 이미지를 다시 선택하고 Ctrl+U를 누릅니다. [Hue/Saturation] 창이 나타나면 [Colorize]에 체크하고, [Hue] : '+158', [Saturation] : '+11', [Lightness] : '−46'으로 설정한 후 [OK] 버튼을 클릭합니다.

002 | 물고기와 수초 합성하기

물결 라인에 물고기와 수초를 합성해 더 사실적으로 만듭니다. 물고기를 선택할 때 탁한 물속 배경과 어울리는 물고기와 색상을 선택하는 게 중요합니다.

01. [File] 〉 [Place Embedded] 메뉴를 클릭하여 'Fish 2 PNG' 이미지를 불러옵니다. 'Fish 2 PNG' 레이어의 블렌딩 모드를 'Linear Dodge (Add)'로 설정하고 레이어의 [Opacity] : '66%'로 설정합니다. 물고기의 머리가 병이 놓일 위쪽을 바라보게 각도를 돌립니다. 'Linear Dodge (Add)'는 각 채널의 색상 정보를 확인하고 명도를 증가시켜서 색상을 밝게 혼합하여 나타냅니다. 그래서 어두운 물속 배경에서 물고기의 밝은 부분들이 표현되어 자연스럽게 합성이 되는 겁니다.

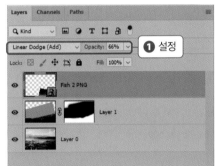

02. 'Fish 2 PNG' 레이어에 레이어 마스크를 적용합니다. 부드러운 원 브러시를 선택하고 [Opacity] : '100%', [Flow] : '100%'로 설정한 후 물고기 주변의 각진 부분들을 자연스럽게 지웁니다. 각진 부분들은 깔끔하게 지우고 'Fish 2 PNG' 이미지의 밝은 부분과 'Water' 이미지의 어두운 부분이 만나는 부분은 자연스럽게 합성되어 보일 수 있도록 [Opacity] : '50%', [Flow] : '50%'로 설정한 후 추가로 지우도록 합니다. 경계를 흐릿하고 자연스럽게 합성해야 할 때는 항상 [Opacity], [Flow] 수치를 내려서 작업하는 게 좋습니다.

03. [File] 〉 [Place Embedded] 메뉴를 클릭하여 'Grass PNG' 이미지를 불러옵니다. 크기를 [W] : '57%', [H] : '57%'로 설정하고 물고기 옆 오른쪽 구석에 위치시키고 각도를 조정합니다. 레이어의 [Blending Mode] : 'Soft Light'로 설정합니다. 물속에서는 이미지가 굴절되어 흐릿하게 보이기 때문에 'Gaussian Blur' 효과를 적용하겠습니다. [Filter] 〉 [Blur] 〉 [Gaussian Blur] 메뉴를 클릭하고 [Gaussian Blur] 창이 나타나면 [Radius] : '2Pixles'로 설정합니다. Ctrl + J 를 눌러 레이어를 복사하고 물고기 반대쪽에도 복사한 'Grass PNG copy' 레이어를 위치시킵니다.

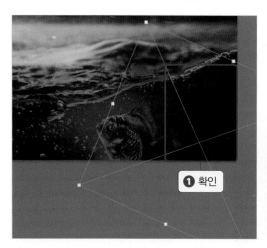

04. [File] 〉 [Place Embedded] 메뉴를 클릭하여 'Fish 1 PNG' 이미지를 불러옵니다. 물속 왼쪽 아 랫부분에 위치시키고 Enter 를 누릅니다.

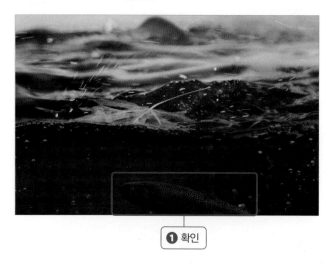

LESSON 02
사실적인 병 속 세상 표현하기

마치 병 속에 다른 세상이 존재하듯 이미지를 합성해 표현할 수 있습니다. 병 속과 밖의 이미지를 자연스럽게 합성하는 방법과 블렌딩 모드, 그리고 툴바를 활용해 다양한 이미지를 합성하는 방법에 대해 알아보겠습니다.

예제 파일   활용편 〉 PART 04 〉 Lesson 02 〉 Rain 2.jpg / Sunset.jpg / Bottle.png
완성 파일   활용편 〉 PART 04 〉 Lesson 02 〉 사실적인 병 속 세상 표현하기.psd

바다에 병을 자연스럽게 합성하고 병 속에 노을과 성 이미지를 합성해 사실적으로 만듭니다.

01. [File] 〉 [Place Embedded] 메뉴를 클릭하여 'Bottle PNG' 이미지를 불러옵니다. 이미지를 확인하고 병을 위치시킵니다. 병 속에 합성할 'Sunset' 이미지도 [Place Embedded] 메뉴를 이용하여 불러옵니다. 크기를 [W] : '12%', [H] : '12%'로 설정하고 레이어 투명도를 내리고 이미지를 돌려 구름과 평지의 방향이 병의 기울어진 각도와 비슷하게 맞춥니다.

02. 다시 레이어의 [Opacity] : '80%'로 설정하고 Enter 를 누릅니다. Ctrl + Alt + G 를 눌러 'Bottle PNG' 이미지에 클리핑 마스크를 적용합니다. 그리고 레이어 마스크도 적용합니다. [Foreground Color] : '#000000'으로 설정하고 [Brush Tool]을 선택합니다. [Opacity] : '50%', [Flow] : '50%'로 설정한 후 부드러운 원 브러시를 이용해 테두리를 자연스럽게 스며들듯 지웁니다.

03. 성을 합성하기 위해서 [File] 〉[Place Embedded] 메뉴를 클릭하여 'Castle PNG' 이미지를 불러옵니다. 크기를 [W] : '17%', [H] : '17%'로 설정하고 각도를 돌려 'Sunset' 이미지와 같은 방법으로 'Castle PNG' 이미지를 위치시킵니다. Ctrl+Alt+G를 눌러서 클리핑 마스크를 적용합니다. 레이어 마스크를 적용하고 부드러운 원 브러시를 선택합니다. [Opacity] : '50%', [Flow] : '50%', [Foreground Color] : '#000000'으로 설정하고 성을 제외한 테두리 부분을 자연스럽게 지웁니다.

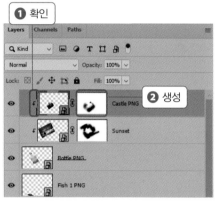

04. [Layers] 패널의 [Add a layer Style]을 클릭해 'Castle PNG' 레이어에 'Inner Shadow' 효과를 적용합니다. 'Castle PNG' 레이어의 이름 옆에 공간을 더블클릭해서 실행할 수도 있습니다. [Color] : '#ffffff'로 설정하고, [Blend Mode]는 'Color Dodge', [Opacity] : '70%', [Angle] : '120°', [Distance] : '2px', [Size] : '2px'로 설정합니다.

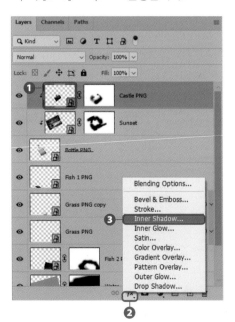

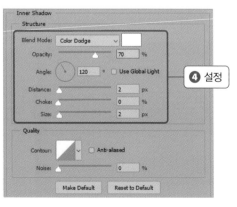

05. 이번에는 병에 물이 맺힌 효과를 만들겠습니다. [File] 〉 [Place Embedded] 메뉴를 클릭하여 'Rain 2' 이미지를 불러옵니다. 크기를 [W] : '6%', [H] : '6%'로 설정하고 투명도를 낮추고 각도를 돌려 위치를 조정합니다.

06. Ctrl+Alt+G를 눌러서 'Rain 2' 레이어를 'Bottle PNG' 레이어에 클리핑 마스크를 적용합니다. 그리고 블렌딩 모드를 'Divide'로 설정하고, 레이어 마스크도 적용합니다. [Foreground Color] : '#000000', [Opacity] : '50%', [Flow] : '50%'로 설정하고 부드러운 원 브러시를 이용해 사용하지 않을 부분들을 지웁니다. 지울 때 물방울이 진하게 맺힌 부분들과 약하게 맺힌 부분들을 생각하고 조금씩 지웁니다. 성이 메인이기 때문에 성은 보일 수 있도록 성 부분은 깔끔하게 지우는 게 좋습니다.

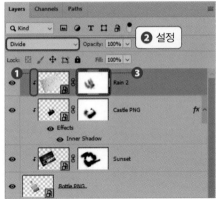

07. 빛이 뒤쪽에서 비치기 때문에 'Bottle PNG' 레이어의 아랫부분은 어둡게 만들어야 합니다. 부드러운 원 브러시를 선택하고 [Opacity] : '100%', [Flow] : '100%', [Brush Size] : '500px', [Foreground Color] : '#061c23'으로 설정합니다. 새로운 레이어를 만들고 브러시가 병 아래쪽에 살짝 걸치도록 브러시를 세 번 정도 찍습니다. 색상이 진할 경우 투명도를 조절합니다.

LESSON 03
텍스처와 폰트를 이용한 상품 라벨 만들기

폰트는 다양한 모양으로 변경이 가능합니다. 텍스트 옵션을 활용해 폰트의 모양을 디자인하고 그런지 텍스처를 활용해 병에 붙어 있는 라벨을 사실적으로 표현합니다.

예제 파일   활용편 〉 PART 04 〉 Lesson 03 〉 ANT.png / ANT 2.png / Blur.png / Dark Texture.jpg / Gold Texture.jpg / Leaf.jpg / Lens Flare.png / Rain 1.jpg / Scratch.jpg / Water Drop.jpg / 큰 유성 파스텔 브러시.abr

완성 파일   활용편 〉 PART 04 〉 Lesson 03 〉 label.psd / 텍스처와 폰트를 이용한 상품 라벨 만들기.psd

001 | 글자 모양 변경하기

문자 도구 실행 시 [Create warped text]의 스타일을 활용하면 문자를 다양한 모양으로 변형할 수 있습니다.

01. 라벨의 재질로 사용할 'Dark Texture' 이미지를 불러온 후 [Horizontal Type Tool]을 선택하고 'Noto Sans', 'Bold'로 폰트를 설정합니다. [Set font size] : '140pt'로 설정하고, 폰트 스타일은 임의로 선택해도 됩니다.

02. 'CASTLE'을 대문자로 입력하고 'Background' 레이어와 'CASTLE' 레이어를 같이 선택한 후 [Move Tool]을 선택합니다. 옵션 바에서 [Align horizontal centers], [Align vertical centers]를 클릭하여 중앙 정렬시킵니다.

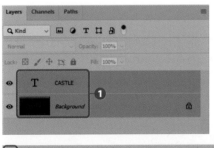

03. 그리고 중앙 아래쪽으로 조금만 이동시킵니다. 'CASTLE' 레이어 위쪽에 작은 문구가 들어가기 때문에 조금 아래로 이동시키는 겁니다.

04. 다시 [Horizontal Type Tool]을 선택하고, 옵션 바에서 [Create warped text]를 클릭합니다.

05. [Warp Text] 창이 나타나면 [Style] : 'Arc Lower'를 선택하고 [Bend] : '50%'로 설정합니다.

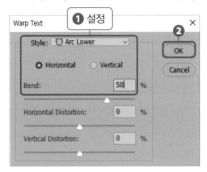

🖐️ 기능 Tip

❶ Style : 다양한 글자 모양을 선택할 수 있습니다.

❷ Horizontal, Vertical : 가로, 세로 방향을 설정합니다.

❸ Bend : 구부리기를 설정합니다.

❹ Horizontal Distortion : 가로 왜곡을 설정합니다.

❺ Vertical Distortion : 세로 왜곡을 설정합니다.

06. 글자 모양이 아래 부채꼴 모양으로 변하는 걸 확인할 수 있습니다. [File] 〉 [Place Embedded] 메뉴를 클릭하여 'Gold Texture' 이미지를 불러옵니다.

07. 크기나 위치는 따로 조정하지 않아도 됩니다. 불러온 그대로 위치시킨 후 Enter 를 누르고, Ctrl +Alt+G 를 눌러서 클리핑 마스크를 적용합니다.

08. 다시 '1977' 텍스트를 입력하고 중앙에 정렬한 후 'Castle'과 간격을 유지합니다. 레이어의 [Opacity] : '50%'로 설정합니다.

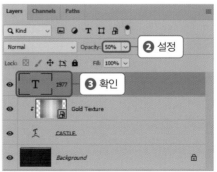

파스텔 브러시를 이용해 라벨이 군데군데 벗겨진 듯한 효과를 만듭니다. 라벨이 더 오래되고 낡은 듯
하게 만들어 줄 수 있습니다.

01. Shift+Ctrl+Alt+E를 눌러서 통합 레이어를 만
들고, [Move Tool]을 이용해 작업 창으로 옮겨옵니다.

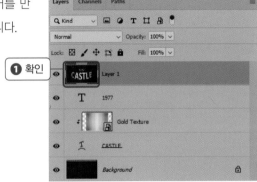

02. 크기를 [W] : '23%', [H] : '23%'로 설정
하고 Shift를 누른 상태로 납작하게 만듭니다.

03. 병의 목 부분에 위치시키고 방향을 맞춥니다. 문자가 클리핑 마스크 적용 후에도 다 보일 수 있
도록 키보드 방향키를 이용해 위치를 수정합니다. 위치를 맞추고 Ctrl+Alt+G를 눌러서 병에 클리
핑 마스크를 적용합니다.

04. 툴바에서 [Brush Tool]을 선택하고 작업 창에서
마우스 오른쪽 버튼을 클릭하여 큰 유성 파스텔 브러시
를 선택합니다.

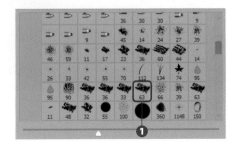

05. 레이어 마스크를 적용하고 [Foreground Color] : '#000000'으로 설정합니다. 그리고 찢긴 듯 조금씩 라벨을 지웁니다. 너무 많이 지우면 지저분해 보일 수 있기 때문에 아래쪽만 지웁니다. 레이어 이름을 'Label'로 변경합니다.

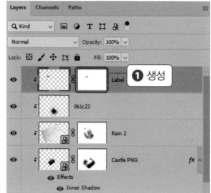

06. 새로운 레이어를 만들고 큰 유성 파스텔 브러시를 선택합니다. [Ctrl]+[Alt]+[G]를 눌러서 클리핑 마스크를 적용합니다. [Foreground Color] : '#ffffff'로 설정하고 찢기고 헐어 보이게 그립니다.

07. 라벨이 찢긴 부분과 찢기지 않은 부분은 미세하지만, 두께의 차이가 있을 수 있습니다. 'Inner Glow' 효과를 적용해서 이 부분을 보완합니다. 레이어를 더블클릭하거나 [Layer Style] 아이콘을 클릭해서 'Inner Glow' 효과를 적용합니다. [Color] : '#000000', [Blend Mode] : 'Normal', [Opacity] : '38%', [Size] : '5px', [Range] : '50%'로 설정하고 [OK] 버튼을 클릭합니다.

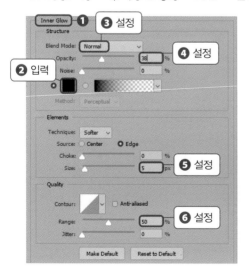

003 | 흐르는 물과 스크래치 만들기

빗방울 이미지를 활용해 병에서 흘러내리는 물 효과를 만들고 스크래치 텍스처를 이용해 병이 더 오래되고 낡아 보일 수 있도록 스크래치를 만듭니다.

01. 병도 오래돼서 투명도가 약해진 부분과 유지한 부분도 있을 수 있습니다. 색을 칠해 이 부분을 보완합니다. 새로운 레이어를 만들고 클리핑 마스크를 적용합니다. [Foreground Color] : '#000000'으로 설정하고 큰 유성 파스텔 브러시를 이용해서 병 위쪽 부분에 랜덤으로 칠합니다. 다시 부드러운 원 브러시를 이용해 아래쪽 부분을 더 어둡게 칠합니다. 블렌딩 모드는 'Overlay', 레이어의 [Opacity] : '25%'로 설정합니다.

02. [File] 〉 [Place Embedded] 메뉴를 클릭하여 'Rain 1' 이미지를 불러옵니다. 크기를 [W] : '11%', [H] : '11%'로 설정하고 위치와 각도를 확인한 후 Enter 를 누릅니다. Ctrl + Alt + G 를 눌러서 클리핑 마스크를 적용하고 레이어의 블렌딩 모드는 'Divide', [Opacity] : '55%'로 설정합니다.

Tip **이미지와 어울리는 각도와 위치 찾기**

뒤쪽 배경과 합성을 자연스럽게 하려면 위치를 맞추는 게 중요합니다. 합성 작업 시 보통 레이어의 투명도(Opacity)를 내려서 위치와 각도 그리고 크기를 확인한 후 다시 투명도를 올립니다. 창작 작업 시에는 이 방법을 이용해 합성을 진행하면 편리합니다.

03. 레이어 마스크를 적용하고 부드러운 원 브러시를 이용해 물이 과한 부분들은 지웁니다. 물이 흘러내리는 부분만 사용하면 됩니다.

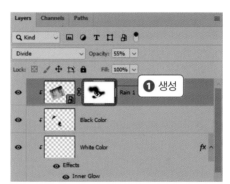

04. 병의 채도가 너무 진하기 때문에 채도를 내려 배경과 어울리게 만듭니다. [Layers] 패널에서 [Create new fill or Adjustment layer]를 클릭한 후 [Hue/Saturation]을 선택합니다. 클리핑 마스크를 적용하고 [Saturation] : '−37'로 설정합니다.

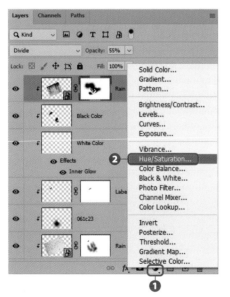
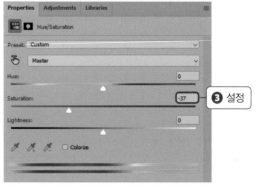

05. [File] 〉 [Place Embedded] 메뉴를 클릭하여 'Scratch' 이미지를 불러옵니다. 크기를 [W] : '14%', [H] : '14%'로 설정하고 위치와 각도를 조절한 후 Enter 를 누르고, 클리핑 마스크를 적용합니다. 레이어의 블렌딩 모드는 'Soft Light'로 설정하고 [Opacity] : '75%'로 설정합니다.

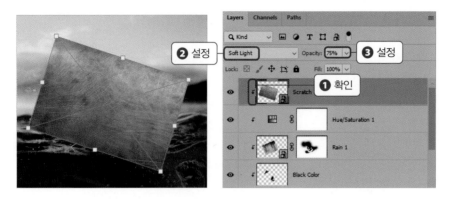

06. 'Scratch' 레이어에 레이어 마스크를 적용합니다. 병의 모든 부분에 스크래치가 생기면 병이 지저분해 보일 수 있습니다. 병 아랫부분의 스크래치를 조금 지웁니다.

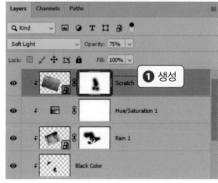

07. 왼쪽 뒤쪽에 빛이 오기 때문에 병의 왼쪽 부분이 더 밝아야 합니다. 새로운 레이어를 만들고 [Foreground Color] : '#ffffff'로 설정하고 부드러운 원 브러시를 선택합니다. [Brush Size] : '500px'로 설정하고 병의 왼쪽 공간에 색을 칠합니다. 멀리서 칠하면 색이 스며들 듯 칠해지기 때문에 자연스럽게 보일 수 있습니다. 색을 칠하고 클리핑 마스크를 적용합니다.

08. Shift 를 누른 상태로 방금 적용했던 흰색 레이어부터 'Bottle PNG' 레이어까지 모두 선택합니다. 병 관련 레이어들을 그룹 레이어로 만들기 위해 Ctrl + G 를 누릅니다.

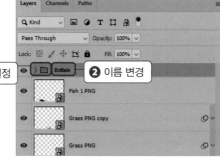

09. 병 밑 부분을 물결과 어울릴 수 있도록 브러시로 칠합니다. 'Bottle' 그룹 레이어에 레이어 마스크를 적용하고 [Brush Tool]을 선택합니다. 작업 창에서 마우스 오른쪽 버튼을 클릭 후 [Waterwave Part 1] 폴더에서 3152 브러시를 선택하고, [Brush Size] : '500px'로 설정하고 병 아랫부분을 찍습니다.

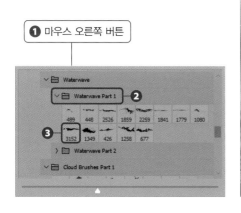 

10. 새로운 레이어를 만들고 그룹 레이어에 Ctrl+Alt+G를 눌러서 클리핑 마스크를 적용합니다. [Brush Tool]을 선택하고 [Brush Size] : '300px'로 설정한 후 병과 거리를 조금 띄우고 브러시를 찍습니다. 브러시와 사물의 거리를 두면 조금씩 스며들 듯 브러시를 칠할 수 있어서 자연스럽게 표현할 수 있습니다.

11. 이제 병에 반사된 빛을 표현합니다. [File] 〉 [Place Embedded] 메뉴를 클릭하여 'Blur PNG' 이미지를 불러옵니다. 병 아래쪽에 위치시키고 블렌딩 모드를 'Color Dodge'로 설정합니다.

12. [File] 〉 [Place Embedded] 메뉴를 클릭하여 'ANT PNG' 이미지를 불러옵니다. 크기를 [W] : '1.7%', [H] : '1.7%'로 설정하고 드래그해서 병뚜껑 위에 위치시키고 각도를 조금 돌립니다. 그림자를 만들기 위해 'ANT PNG' 레이어 아래에 새로운 레이어를 만듭니다. 그리고 부드러운 원 브러시를 선택하고 [Foreground Color] : '#000000', [Brush Size] : '8px'로 설정한 후 개미 아래쪽에 한 번만 칠합니다. 그리고 레이어의 [Opacity] : '50%'로 설정합니다.

13. 개미를 추가로 합성하기 위해 먼저 낙엽을 합성하겠습니다. [File] 〉 [Place Embedded] 메뉴를 클릭하여 'Leaf' 이미지를 불러옵니다. 크기를 [W] : '2%', [H] : '2%'로 설정하고 위치를 잡습니다. Shift 를 누른 상태로 낙엽을 조금 납작하게 만들고 블렌딩 모드를 'Lighter Color'로 설정합니다. 'Lighter Color'는 기본 색상과 혼합 색상의 채널 값 중 가장 높은 채널 값의 밝은 부분들을 나타냅니다. 레이어 마스크를 적용하고 부드러운 원 브러시를 이용해 테두리를 깔끔하게 지웁니다.

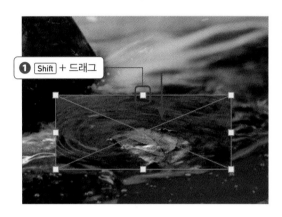

14. [File] 〉 [Place Embedded] 메뉴를 클릭하여 'ANT 2 PNG' 이미지를 불러옵니다. 크기를 [W] : '15%', [H] : '15%'로 설정하고 'ANT 2 PNG' 레이어 아래에 새로운 레이어를 만들어 그림자를 그립니다.

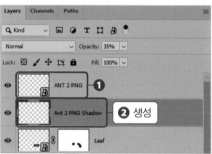

004 | 병에 반사된 빛 표현하기

병을 사실적으로 만들 수 있는 가장 좋은 방법은 병의 투명도와 반사된 빛을 자연스럽게 표현하는 겁니다. 브러시와 렌즈 플레어 이미지를 이용해 반사된 빛 효과를 만들겠습니다.

01. [File] 〉[Place Embedded] 메뉴를 클릭하여 'Lens Flare' 이미지를 불러옵니다. 크기를 [W] : '15%', [H] : '15%'로 설정하고 이미지를 돌려 왼쪽 병 끝과 일직선으로 맞춥니다. Enter 를 누르고 Ctrl + U 를 눌러 [Hue/Saturation] 창을 활성화합니다. [Saturation] : '-100'으로 설정하여 흑백으로 만들고 [OK] 버튼을 클릭합니다.

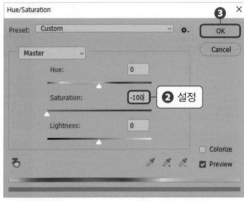

02. 'Lens Flare' 레이어의 블렌딩 모드를 'Screen'으로 바꾸고 레이어 마스크를 적용합니다. 부드러운 원 브러시를 선택하고 [Foreground Color] : '#000000'으로 설정하고 테두리를 깔끔하게 지웁니다.

♀Tip 레이어 마스크의 전경색과 배경색 설정

레이어 마스크 사용 시 지울 때는 '#000000'으로, 복원할 때는 '#ffffff'로 설정하는 걸 반듯이 잊지 않도록 합니다.

03. 이제 브러시를 이용해 병에 빛을 만듭니다. 새로운 레이어를 만들고 'White Light'로 이름을 변경하고 [Foreground Color] : '#ffffff'로 설정한 후 [Rectangular Marquee Tool]을 선택합니다. 적당한 크기로 선택 영역을 그린 후 Alt+Delete를 눌러서 흰색을 채웁니다. Ctrl+D를 눌러서 선택 영역을 해제하고 Ctrl+T를 눌러서 방향을 돌려 병의 오른쪽 끝에서 살짝 떨어지게 맞춥니다.

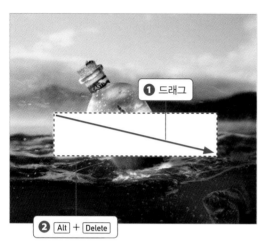

04. 살짝 거리를 둔 이유는 병의 빛을 표현함과 동시에 두께감을 표현하기 위함입니다. 블렌딩 모드를 'Overlay'로 설정합니다. [Eraser Tool]을 선택하고 오른쪽 끝부분을 제외한 나머지 부분은 지웁니다. 성도 전부 보일 수 있도록 지웁니다.

05. 이제 더 사실적인 병의 물결을 합성하겠습니다. 이번 이미지는 'Leaf' 레이어 아래에 위치시켜야 합니다. 'Leaf' 레이어 아래의 레이어를 먼저 선택합니다. [File] 〉 [Place Embedded] 메뉴를 클릭하여 'Water Drop' 이미지를 불러옵니다.

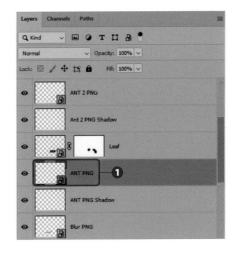

06. 크기를 [W] : '25%', [H] : '25%', 블렌딩 모드를 'Hard Light'로 설정합니다. 물방울의 구멍 부분과 병의 밑부분의 넓이를 맞춰 위치시킵니다. Shift를 누른 상태로 병의 높이도 납작하게 조절합니다. 병이 기울어져 있기 때문에 물방울도 조금 기울여 병과 맞춥니다. Enter를 누르고 레이어 마스크를 적용한 후 부드러운 원 브러시로 테두리 부분과 병에 가려 보이지 않을 뒤쪽 부분을 전부 지웁니다.

07. 이제 물속에 살짝 비치는 병의 밑부분을 브러시를 이용해 만들어야 합니다. 탁한 물속이기 때문에 병의 형태만 보이는 듯하게 만들면 됩니다. [Layers] 패널의 맨 위 레이어를 선택합니다. 새로운 레이어를 만들고 레이어 이름을 'Bottle Shadow'로 변경한 후 블레딩 모드를 'Overlay'로 설정합니다. 부드러운 원 브러시를 선택하고 [Opacity] : '30%', [Flow] : '30%', [Brush Size] : '150px'로 설정하고 칠합니다.

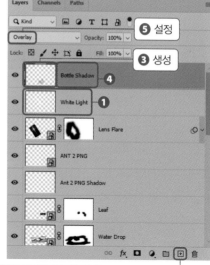

LESSON 04
다양한 물방울 효과 만들기

그레이디언트와 레이어 스타일을 이용하면 맺혀 있는 물방울을 사실적으로 만들 수 있습니다. 또한 'Path Blur'를 이용해 흩날리는 물방울 효과도 만들어 보겠습니다.

예제 파일   활용편 〉 PART 04 〉 Lesson 04 〉 Dust.png
완성 파일   활용편 〉 PART 04 〉 Lesson 04 〉 다양한 물방울 효과 만들기.psd

001 | 흩날리는 물방울 효과

노이즈 효과와 'Path Blur'를 활용해 흩날리는 물방울 효과를 표현합니다. 이 효과를 응용해서 비나 눈 내리는 효과를 더 사실적으로도 표현할 수 있습니다.

01. 새로운 레이어를 만들고 [Foreground Color] : '#000000'으로 설정합니다. Alt +Delete를 눌러서 색을 채웁니다. [Filter] 〉 [Noise] 〉 [Add Noise] 메뉴를 클릭하고 [Amount] : '100%', [Gaussian]을 체크합니다.

02. [Filter] 〉 [Filter Gallery] 메뉴를 클릭하고 [Artistic] 〉 [Dry Brush]를 선택합니다. [Brush Size] : '2', [Brush Detail] : '8', [Texture] : '1'로 설정하고 [OK] 버튼을 클릭합니다.

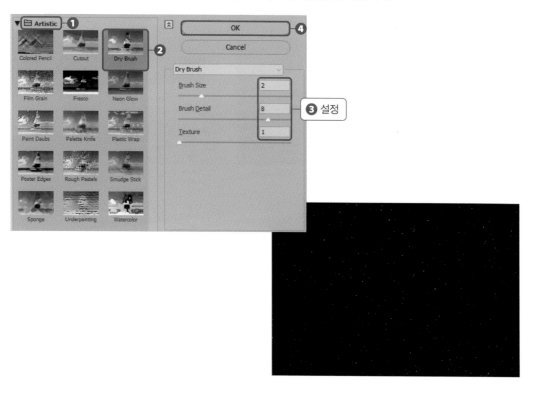

03. [Filter] 〉 [Blur Gallery] 〉 [Path Blur] 메뉴를 클릭하고 [Speed] : '60%'로 설정합니다. [Speed]를 설정하면 화면에 화살표가 나타납니다. 이 화살표는 양쪽 포인트를 클릭해서 늘릴 수 있습니다. 양쪽 끝으로 늘린 후 선을 클릭해 포인트를 두 개 더 추가합니다. 그리고 물방울이 흩날리는 모양을 위나 아래로 드래그해서 만들어주면 됩니다.

04. 아래쪽에 있는 물속에 흩날리는 효과가 보여서는 안 됩니다. 레이어 이름을 'Noise'로 변경하고 레이어 마스크를 적용한 후 부드러운 원 브러시를 선택합니다. [Foreground Color] : '#000000'으로 설정하고 물속에 적용된 효과는 지웁니다.

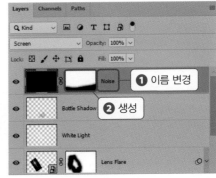

05. 흩날리는 방향을 다양하게 표현하기 위해 Ctrl+J를 눌러서 레이어를 복사합니다. 'Noise copy' 레이어를 선택하고 Ctrl+T를 눌러서 자유 변형을 활성화합니다. 마우스 오른쪽 버튼을 클릭하고 [Warp]를 선택한 후 이미지를 늘려 흩날리는 모양을 처음과는 다르게 만들고 Enter를 누릅니다. 레이어의 [Opacity] : '40%'로 설정합니다.

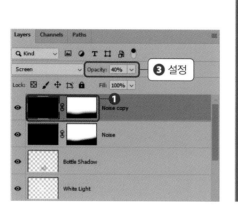

2 Ctrl + T

002 | 흘러내리는 물방울 만들기

그레이디언트 효과와 'Liquify' 등을 이용해서 병 밖에 흘러내리는 물방울을 만듭니다.

01. 먼저 새로운 레이어를 만들고 이름을 'Water Drop'으로 변경합니다. [Elliptical Marquee Tool]을 선택하고 Shift를 누른 상태로 동그란 원을 만듭니다. 크기는 병에 어울리는 적당한 크기로 합니다.

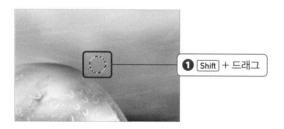

1 Shift + 드래그

02. [Gradient Tool]을 선택하고 [Click to edit the gradient]를 클릭해서 색상을 선택해야 합니다.

03. [Gradient Editor] 창이 나타나면 왼쪽 [Color Stop] : '#000000', 오른쪽 [Color Stop] : '#ffffff'로 설정합니다.

04. 이제 원 안에 그레이디언트를 적용하면 됩니다. 대각선으로 원의 끝과 끝을 드래그해서 그립니다. 블렌딩 모드를 'Color Dodge'로 설정합니다.

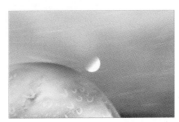

05. [Filter] 〉 [Liquify] 메뉴를 클릭하여 물방울 모양을 더 디테일하게 수정합니다. [Forward Warp Tool]을 선택하고 Alt + Space Bar 를 눌러서 화면을 확대합니다. [Forward Warp Tool] 은 뒤틀기를 적용할 수 있습니다.

06. 그리고 [Brush Tool Options]에서 [Size] : '25', [Density] : '50', [Pressure] : '100'으로 설정합니다.

🖐 기능 Tip

❶ Size : 브러시 크기를 설정합니다.

❷ Density : 브러시 가장자리 강도를 설정합니다.

❸ Pressure : 브러시 왜곡 강도를 설정합니다.

07. 물방울이 흘러내리는 듯한 모양으로 늘려서 만들고 [OK] 버튼을 클릭합니다. 추가로 [Ctrl]+[T]를 눌러서 크기를 수정하거나 마우스 오른쪽 버튼을 클릭하고 [Warp]를 선택해 모양을 수정할 수 있습니다.

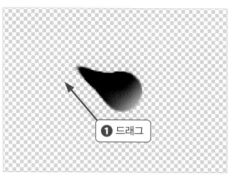

❶ 드래그

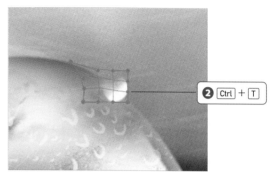

❷ [Ctrl] + [T]

08. 지저분해 보이는 위쪽 하얀 부분은 [Eraser Tool]을 선택하고 선명한 원 브러시로 지웁니다.

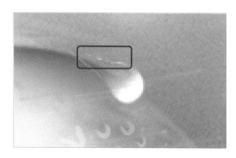

09. 위치를 잡고 레이어를 더블클릭해서 'Inner Shadow' 효과를 적용합니다. [Color] : '#ffffff', [Blend Mode] : 'Screen'으로 설정합니다. [Opacity] : '48%', [Angle] : '137°', [Distance] : '2px', [Size] : '1px'로 설정합니다.

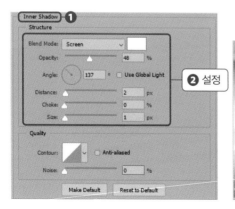

❷ 설정

10. 새로운 레이어를 만들고 부드러운 원 브러시를 선택합니다. [Brush Size] : '5px'로 줄이고 물방울의 어두운 부분에 한번 찍습니다. 이 작은 점하나를 찍어서 물방울에 반사된 빛을 만들어 주는 겁니다. 물방울이 훨씬 자연스러워진 걸 볼 수 있습니다.

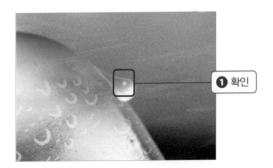

11. 작은 점 레이어와 'Water Drop' 레이어를 선택하고 Ctrl+G를 눌러서 그룹 레이어로 만들고 이름을 'Water Drop'으로 변경합니다. 상황에 따라 'Water Drop' 그룹 레이어를 Ctrl+J로 복사해서 물방울을 추가로 만들 수 있습니다.

12. 이제 물속 잔해물을 추가하고 이미지 합성은 마무리하겠습니다. [File] 〉 [Place Embedded] 메뉴를 클릭하여 'Dust PNG' 이미지를 불러옵니다. 아래로 조금만 드래그해서 물결 라인과 위치를 맞춥니다. 블렌딩 모드를 'Screen'으로 설정하고 잔해물이 과하게 보이지 않게 [Opacity] : '60%'로 설정합니다.

13. 'Dust PNG' 레이어에 레이어 마스크를 적용하고 부드러운 원 브러시를 선택합니다. [Foreground Color] : '#000000'으로 설정하고 물결 라인 위쪽 부분의 잔해물은 지웁니다.

14. 물속에 밝은 부분도 있을 수 있기 때문에 브러시를 이용해 만들어주겠습니다. 새로운 레이어를 만들고 부드러운 원 브러시를 선택한 후 [Foreground Color] : '#ffffff'로 설정합니다. [Brush Size] : '800px'로 설정하고 왼쪽 아래에 한 번 찍습니다. 그리고 블렌딩 모드를 'Overlay'로 설정합니다.

15. Shift+Ctrl+Alt+E를 눌러서 통합 레이어를 만들고 마우스 오른쪽 버튼을 클릭하여 [Convert to Smart Object]를 적용합니다. [Filter] 〉 [Blur Gallery] 〉 [Tilt-Shift] 메뉴를 클릭하여 적용하고 작업을 마무리합니다.

PART 04

▲ 병 속 세상

하트 월드

콘셉트

한 아이의 꿈속 판타지 세상의 모험을 그립니다. 하트 바위에서 생활할 수 있는 집과 다양한 기계 부품을 이용해서 하트 바위를 날 수 있게 했습니다. 판타지 세상에 존재하는 괴물들을 무찌르기 위한 무기도 설치합니다. 모험을 떠나는 아이의 뒷모습을 배경으로 판타지 세상이 펼쳐집니다.

LESSON 01

브러시와 섬 만들기

포토샵에서는 어도비에서 제공하는 브러시 외에도 직접 브러시를 만들어서 사용할 수 있습니다. 빠르고 간단하게 브러시 만드는 방법을 알아보고, 평범한 배경 이미지에 추가로 이미지를 합성해 섬을 만들어 보겠습니다.

예제 파일 활용편 〉 PART 05 〉 Lesson 01 〉 Background.jpg / Beach.jpg / Birds.jpg / Castle.png / Mountain.jpg / 1119 구름 브러시.abr

완성 파일 활용편 〉 PART 05 〉 Lesson 01 〉 브러시와 섬 만들기.psd

001 | 포토샵 브러시 만들기

새나 구름 같은 다양한 이미지를 활용해 브러시를 만들 수 있습니다. 브러시를 찾을 필요 없이 빠르고 쉽게 직접 만들어 사용할 수 있기 때문에 활용도가 높습니다.

01. 'Birds' 이미지를 이용해 브러시를 만들겠습니다. [File] 〉 [Open]([Ctrl]+[O]) 메뉴를 클릭하여 'Birds' 이미지를 불러옵니다. [Channels] 패널의 채널을 활용하면 쉽게 브러시를 만들 수 있습니다. 각 채널은 무채색으로 색의 양을 밝거나 어둡게 나타냅니다. 채널 중 가장 밝고 어두운 부분을 뚜렷이 나타내는 채널을 선택합니다. 이미지에서는 'Red' 채널이 가장 크게 차이 나는 걸 확인할 수 있습니다.

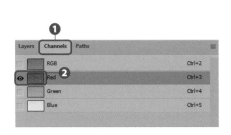

02. 밝은 영역과 어두운 영역의 대비가 더 뚜렷해질 수 있도록 'Levels'([Ctrl]+[L])를 이용합니다. [Input Levels] : '60, 0.62, 222'로 설정하고 [OK] 버튼을 클릭합니다. 어두운 영역을 너무 과하게 올리면 밝은 영역에 있는 새들도 더 어둡게 적용될 수 있기 때문에 적절히 설정하는 게 중요합니다.

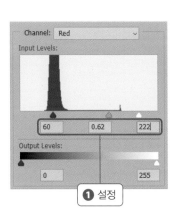

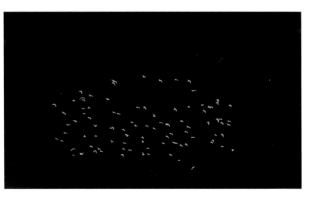

03. 새를 제외하고 밝게 남은 부분들을 검은색 브러시를 이용해 칠해주면 됩니다. 툴바에서 [Brush Tool]을 선택하고 선명한 원 브러시를 선택합니다. [Foreground Color] : '#000000', [Opacity] : '100%', [Flow] : '100%'로 설정합니다.

04. 검은색 부분이 브러시로 만들어질 부분입니다. 새를 브러시로 만들어야 하기 때문에 반전시켜야 합니다. Ctrl + I 를 눌러서 반전시킵니다.

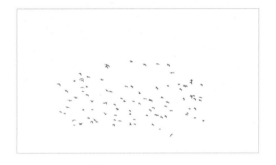

05. 만약 브러시가 너무 연할 경우 추가로 'Levels'를 적용해서 뚜렷하게 만들면 됩니다. Ctrl + L 을 누르고 [Input Levels] : '82, 1.00, 255'로 설정합니다.

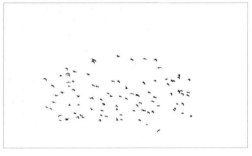

06. [Edit] 〉 [Define Brush Preset] 메뉴를 클릭하고, [Brush Name] 창이 나타나면 이름을 입력하고 [OK] 버튼을 클릭합니다. [Brushes] 패널 아래에 새로운 브러시가 생성된 걸 확인할 수 있습니다.

---

002 | 섬 만들기

평범한 풍경 이미지에 숲과 바다 이미지를 합성해 섬으로 만듭니다. 자연스러운 합성을 위해서는 이미지의 각도나 위치를 설정하는 게 중요합니다.

01. 먼저 'Background' 이미지를 불러옵니다. 방금 만들었던 새 브러시를 선택하고 [Brush Size] : '1200px'로 설정합니다. 배경 이미지의 중앙 구름 부분에 한 번 찍고, 레이어의 [Opacity] : '35%'로 설정합니다. 먼 거리의 사물은 약간 흐리게 보여야 자연스럽기 때문에 투명도를 내려주는 겁니다.

02. [File] 〉 [Place Embedded] 메뉴를 클릭하여 'Mountain' 이미지를 불러옵니다. 크기를 [W] : '130%', [H] : '130%'로 설정하고 섬 위치를 지정합니다. 각도를 [Rotate] : '10°'로 회전합니다.

03. 'Mountain' 레이어에 레이어 마스크를 적용합니다. 부드러운 원 브러시를 선택하고 [Foreground Color] : '#000000'으로 설정하고 테두리를 자연스럽게 지웁니다. 이미지가 뿌옇게 보이도록 레이어의 [Opacity] : '65%'로 설정합니다.

04. [File] 〉 [Place Embedded] 메뉴를 클릭하여 'Castle PNG' 이미지를 불러옵니다. 크기를 [W] : '25%', [H] : '25%'로 설정하고 레이어 마스크를 적용합니다. 부드러운 원 브러시를 선택하고 양쪽 테두리와 아래쪽을 나무에 가린 듯 자연스럽게 지웁니다.

05. 새로운 레이어를 만들고 [Brush Tool]을 선택합니다. 작업 창에서 마우스 오른쪽 버튼을 클릭해서 브러시 선택 창을 띄우고 [Cloud Brushes Part 1] 폴더에서 1119 구름 브러시를 선택합니다. [Brush Size] : '700px'로 설정하고 성 아래쪽에 찍습니다. Ctrl+T를 누른 후 방향을 오른쪽으로 조금 회전시키고 레이어의 이름을 'Cloud'로 변경합니다.

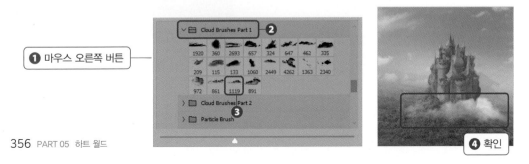

06. 이제 섬이라고 생각할 수 있게 해변을 만들어야 합니다. [File] 〉 [Place Embedded] 메뉴를 클릭하여 'Beach' 이미지를 불러옵니다. 크기를 [W] : '300%', [H] : '300%'로 설정하고 오른쪽 아래에 위치시킵니다. 마우스 오른쪽 버튼을 클릭한 후 [Warp]를 적용해서 아래쪽은 오른쪽으로 늘리고 위쪽은 왼쪽으로 조금 늘려 해변 라인을 자연스럽게 만들고 Enter 를 누릅니다. 다시 Ctrl + T 를 눌러서 오른쪽으로 각도를 조금 회전시킵니다.

07. 레이어 마스크를 적용합니다. 부드러운 원 브러시를 선택하고 [Foreground Color] : '#000000', [Opacity] : '100%', [Flow] : '100%'로 설정하고 해변 라인을 살리고 나머지 부분은 스며들 듯 지웁니다. 바다 부분은 좀 더 연하게 보이도록 [Opacity] : '30%', [Flow] : '30%'로 다시 설정하고 지웁니다.

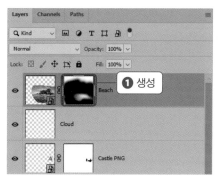

LESSON 02
하트를 이용한 집 만들기

상상력을 발휘해 다양한 소품들을 활용하고 판타지에 아트에 어울리는 하트 모양을 집으로 만들고 꾸며봅니다. 이런 합성을 통해 포토샵 판타지 합성과 일반적인 합성의 차이를 느낄 수 있습니다.

예제 파일 | 활용편 〉 PART 05 〉 Lesson 02 〉 Forest.jpg / Metal.jpg / Rusty Texture.jpg / Window 2.jpg / Wood.jpg / Heart.png / Mountain.png

완성 파일 | 활용편 〉 PART 05 〉 Lesson 02 〉 하트를 이용한 집 만들기.psd

001 | 철판과 나무를 이용한 벽 만들기

오래되고 낡은 철판과 나무를 이용해 독특한 건물 벽을 만듭니다. 하트 모양을 기계적인 느낌과 판타지적인 모습으로 만들겠습니다.

01. [File] 〉 [Place Embedded] 메뉴를 클릭하여 'Heart PNG' 이미지를 불러옵니다. 왼쪽 중앙 아래쪽에 위치시키고 Enter 를 누릅니다.

02. [File] 〉 [Place Embedded] 메뉴를 클릭하여 'Wood' 이미지를 불러옵니다. 크기를 [W] : '80%', [H] : '80%'로 설정하고 오른쪽으로 각도를 [Rotate] : '2°'로 회전합니다. Ctrl + Alt + G 를 눌러서 'Heart PNG' 이미지에 클리핑 마스크합니다. 레이어 이름 옆의 빈 곳을 더블클릭한 후 [Layer Style] 창이 나타나면 'Drop Shadow' 효과를 적용합니다. [Color] : '#000000'으로 설정하고 [Blend Mode] : 'Normal'로 설정합니다. [Opacity] : '100%', [Angle] : '166°' 그리고 [Distance] : '2px', [Size] : '2px'로 설정합니다.

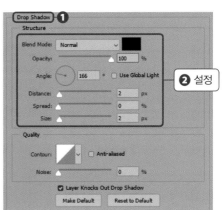

03. 레이어 마스크를 적용하고 선명한 원 브러시를
선택합니다. [Foreground Color] : '#000000'으로 설정
하고 [Opacity] : '100%', [Flow] : '100%'로 설정하고
사용하지 않을 부분을 대충 지웁니다. 'Drop Shadow'
효과를 이용해서 나무의 두께감을 표현합니다.

04. [Layers] 패널의 [Create new fill adjustment layer]에서 [Brightness/Contrast]를 선택하고 클리
핑 마스크를 적용합니다. 전체적으로 어둡게 만들어야 하지만 왼쪽과 위쪽 부분은 빛이 오는 부분이기
때문에 레이어 마스크를 선택하고 부드러운 원 브러시를 이용해 'Brightness/Contrast' 효과가 적용되
지 않도록 다시 지웁니다.

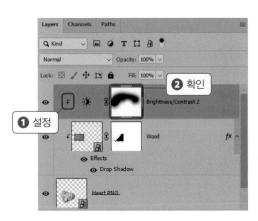

05. 이제 돌에 이끼가 낀 듯 만들어, 하
트가 오래되어 보이도록 만들어야 합니다.
이런 효과는 이끼 이미지를 사용하면 되지
만 숲이나 산 이미지를 사용해도 됩니다.
[File] 〉 [Place Embedded] 메뉴를 클릭하
여 'Mountain PNG' 이미지를 불러옵니다.
'Heart PNG' 이미지를 다 감쌀 수 있도록
크기를 [W] : '90%', [H] : '90%'로 설정하
고 각도를 [Rotate] : '11°'로 돌린 후
Enter 를 누릅니다.

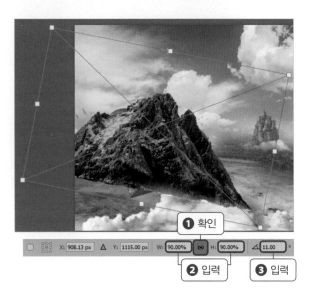

06. Ctrl+Alt+G를 눌러서 클리핑 마스크를 적용하고 블렌딩 모드를 'Soft Light'로 설정합니다. 너무 과하면 어색해 보일 수 있기 때문에 레이어 마스크를 적용해 부드러운 원 브러시로 그늘진 부분을 제외한 나머지 부분은 지웁니다.

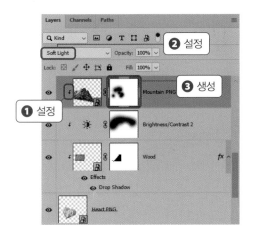

07. 하트는 바위 재질로 되어있습니다. 이럴 때 갈라진 듯한 효과를 주면 훨씬 자연스럽게 보입니다. [File] 〉 [Place Embedded] 메뉴를 클릭하여 'Crack' 이미지를 불러옵니다. 크기를 [W] : '50%', [H] : '50%'로 설정하고 각도를 [Rotate] : '22"로 회전시킵니다.

08. 이번에도 Ctrl+Alt+G를 눌러서 클리핑 마스크를 적용합니다. 블렌딩 모드를 'Darken'으로 설정합니다. 'Darken'은 각 채널의 색상 정보를 보고 기본 색상과 혼합 색상 중 어두운 색상을 나타냅니다. 'Darken' 적용 후 지저분한 테두리 부분을 지우기 위해 레이어 마스크를 적용합니다. 부드러운 원 브러시를 선택해서 크랙 부분을 남겨두고 테두리를 지웁니다.

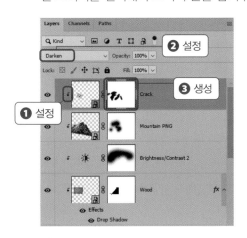

09. 이제 오른쪽 하트 모양 부분에 철판을 합성하겠습니다. [File] > [Place Embedded] 메뉴를 클릭해서 'Rusty Texture' 이미지를 불러옵니다. 하트 오른쪽 원형 모양 부분에 위치시키고 [Ctrl]+[Alt]+[G]를 눌러서 클리핑 마스크를 적용합니다. [Foreground Color] : '#000000'으로 설정하고 선명한 원 브러시를 선택합니다. [Brush Size] : '600px'로 설정하고 오른쪽 볼록 나온 부분을 타원형으로 한번 찍어서 지웁니다.

10. 철판이 떠 있어 보이도록 'Drop Shadow' 효과를 적용하기 위해 레이어 이름 옆 부분을 더블클릭해서 [Layer Style] 창을 띄웁니다. [Color] : '#000000'으로 설정하고 [Blending Mode] : 'Normal'로 설정합니다. [Opacity] : '60%', [Angle] : '147°' 그리고 [Distance] : '5px', [Size] : '5px'로 설정합니다.

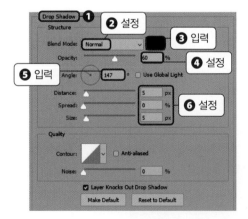

11. 이미지가 너무 어둡기 때문에 밝게 만들어야 합니다. [레이어 마스크가] 아닌 [Rusty Texture] 이미지를 다시 선택합니다. 단축키 Ctrl+U를 눌러서 색조/채도를 [Lightness] : '+13'으로 설정합니다. 이미지에 조정 효과를 적용할 때는 항상 레이어의 이미지를 선택해야 되는 걸 잊지 않도록 합니다.

12. 다시 한번 'Rusty Texture' 이미지를 [File] 〉 [Place Embedded] 메뉴를 클릭해서 불러옵니다. 이미지를 드래그해 왼쪽 원형 모양 부분에 위치시킵니다. Ctrl+Alt+G를 눌러서 클리핑 마스크를 적용합니다.

13. 레이어 마스크를 적용하고 이번에도 앞에서 지웠던 것처럼 원형 라인에 맞춰 브러시로 지워줘야 합니다. 선명한 원 브러시를 선택하고 [Brush Size] : '500px'로 설정합니다. 뒤쪽 라인이 보이지 않을 경우 레이어의 내린 후 원형 라인에 맞춰 한번 찍어서 지웁니다. 오른쪽도 다시 [Brush Size] : '600px'로 설정하고 한번 찍어서 지웁니다.

14. 이번에도 레이어 스타일을 적용해야 합니다. 먼저 레이어 이름 옆의 빈 곳을 더블클릭해서 [Layer Style] 창을 띄우고 'Color Overlay' 효과를 적용합니다. [Color] : '#c1c1c1'로 설정하고 [Blend Mode] : 'Soft Light', [Opacity] : '100%'로 설정합니다. [Drop Shadow]에 체크하고 [Color] : '#000000'으로 설정하고 [Blend Mode] : 'Normal'로 설정합니다. [Opacity] : '60%', [Angle] : '74°' 그리고 [Distance] : '5px', [Size] : '5px'로 설정합니다.

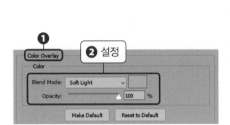

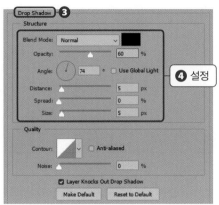

15. 레이어 마스크를 선택하고 오른쪽 끝부분의 잘린 듯한 곳을 자연스럽게 지웁니다.

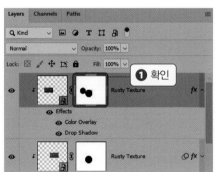

16. 빛이 왼쪽에서 오기 때문에 철판 안쪽에 그림자를 만들어 줘야 합니다. 새로운 레이어를 만들고 'Shadow'라고 이름을 지정합니다. 툴바에서 [Pen Tool]을 선택하고 상단의 [Pick tool mode]를 'Path'로 설정합니다. [Pen Tool]을 이용해 선택 영역을 지정합니다. 마우스 오른쪽 버튼을 클릭한 후 [Make Selection]을 이용해 점선 선택 영역으로 만듭니다.

17. [Make Selection] 창이 나타나면 [Feather Radius] : '0pixels'로 설정하고 [OK] 버튼을 클릭합니다. [Foreground Color] : '#000000'로 설정하고 [Alt]+[Delete]를 눌러서 색을 채웁니다. [Ctrl]+[D]를 눌러서 선택 영역을 해제하고 레이어의 [Opacity] : '55%'로 설정합니다.

18. 다시 한번 [File] 〉 [Place Embedded] 메뉴를 클릭해서 'Rusty Texture' 이미지를 불러옵니다. 하트 오른쪽 아래에 위치를 잡고 [Enter]를 누른 후 레이어 마스크를 적용합니다. [Brush Tool]을 선택하고 선명한 원 브러시를 선택합니다. [Brush Size] : '800px'로 설정하고 사용하지 않을 부분을 지웁니다.

19. 이 철판은 어두운 영역에 위치하기 때문에 어둡게 만들어야 합니다. 밝기 조절을 위해 레이어의 'Rusty Texture' 이미지를 선택하고 [Ctrl]+[U]를 누른 후 [Lightness] : '−22'로 설정하고 [OK] 버튼을 클릭합니다.

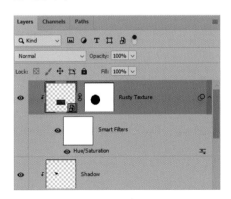

20. 마지막으로 한 번 더 'Rusty Texture' 이미지를 불러옵니다. 크기를 [W] : '130%', [H] : '130%'로 설정하고 각도를 [Rotate] : '19°'로 설정합니다. 위치를 잡고 Enter 를 누른 후 Ctrl + Alt + G 를 눌러 클리핑 마스크를 적용합니다. 레이어 마스크를 적용하고 선명한 원 브러시를 이용해서 사용하지 않을 오른쪽 부분을 조금 지웁니다.

21. 레이어를 더블클릭해서 [Layer Style] 창을 띄우고 [Drop Shadow]에 체크합니다. [Color] : '#000000'으로 설정하고 [Blend Mode] : 'Normal'로 설정합니다. [Opacity] : '100%', [Angle] : '166°' 그리고, [Distance] : '5px', [Size] : '5px'로 설정합니다.

002 | 나사 모양 만들기

철판을 복사하고 레이어 스타일을 활용해 입체감을 표현하여, 철판에 나사가 박힌듯하게 표현하는 방법입니다.

01. 이제 철판에 박힌 나사를 만들어 보겠습니다. [Elliptical Marquee Tool]을 선택합니다. 툴바가 보이지 않을 경우 하위 목록에 숨겨진 툴바들이 있기 때문에 툴바의 툴을 길게 눌러 목록이 나타나면 선택합니다.

02. [Layers] 패널에서 맨 위 'Rusty Texture' 이미지를 선택합니다. 그리고 철판에 원형 모양을 작게 그리고 Ctrl + C로 복사한 후 Ctrl + V로 붙여 넣습니다.

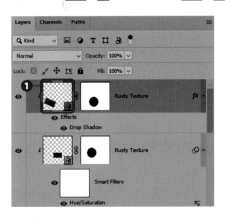

03. 새로운 레이어가 생성되면서 선택한 부분이 복사된 걸 확인할 수 있습니다. 디테일한 나사를 표현하기 위해 레이어를 더블클릭해서 [Layer Style] 창을 불러옵니다. 나사의 그림자를 만들기 위해 먼저 [Drop Shadow]에 체크하고 [Color] : '#000000'으로 설정하고 [Blend Mode] : 'Normal'로 설정합니다. [Opacity] : '70%', [Angle] : '160°' 그리고, [Distance] : '4px', [Size] : '3px'로 설정합니다.

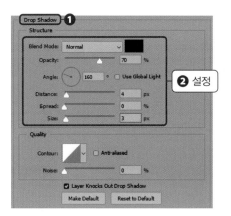

💡Tip 설정 주의 사항

나사의 크기를 임의로 만들었기 때문에 크기에 따라 수치에 개인차가 있을 수 있습니다.
여러 번 적용해 보고, 자연스럽게 표현될 수 있도록 설정합니다.

04. 이번에는 [Inner Shadow]에 체크하고 나사에 반사된 빛을 만듭니다. [Color] : '#ffffff'로 설정하고 [Blend Mode] : 'Color Dodge'로 설정합니다. [Opacity] : '500%', [Angle] : '120°', [Distance] : '2px', [Size] : '3px'로 설정합니다.

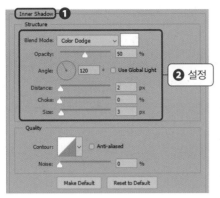

05. 하트 모양이 왼쪽으로 살짝 돌아가 있기 때문에 나사도 정면에서 보는 원형보다 타원형으로 만들어야 더 자연스럽게 보일 수 있습니다. Ctrl+T를 누르고 Ctrl을 누른 상태로 오른쪽 중앙 포인트를 클릭해서 안쪽으로 밀어서 나사를 타원형 모양으로 만듭니다. 추가로 나사가 너무 크지 않게 이미지를 참고해서 크기를 조절하고 Enter를 누릅니다.

💡Tip 포인트 클릭이 어려울 경우 이미지를 확대해서 작업합니다.

06. Alt+Shift를 누른 상태로 복사한 이미지를 드래그하면 바로 복사됩니다. 이 방법을 이용해 나사를 여러 개 복사해서 가로와 세로에 위치시킵니다. 키보드 방향키를 이용해서 하나씩 자연스럽게 정렬합니다.

07. 새로운 레이어가 생성되면서 선택한 부분이 복사된 걸 확인할 수 있습니다. 디테일한 나사를 표현하기 위해 레이어를 더블클릭해서 [Layer Style] 창을 불러옵니다. 나사의 그림자를 만들기 위해 먼저 [Drop Shadow]에 체크하고 [Color] : '#000000'으로 설정하고 [Blend Mode] : 'Normal'로 설정합니다. [Opacity] : '70%', [Angle] : '160°' 그리고, [Distance] : '4px', [Size] : '3px'로 설정합니다.

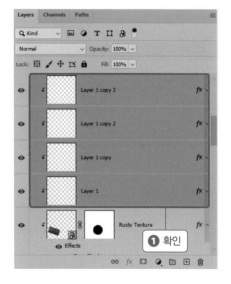

08. [File] 〉 [Place Embedded] 메뉴를 클릭해서 'Metal' 이미지를 불러옵니다. 크기를 [W] : '30%', [H] : '30%'로 설정하고 하트 오른쪽 위에 위치시킵니다. 클리핑 마스크를 적용하고 선명한 원 브러시를 이용해 테두리를 대충 지웁니다. 하트 집은 다양한 고철들을 활용해서 만들었기 때문에 일부러 어설퍼 보이게 하는 게 중요합니다. 그렇기 때문에 반듯하지 않고 비뚤어진 모양으로 만들어야 작품의 주제를 더 살릴 수 있습니다.

떠다니는 집을 상상하면서 창문과 현관문을 합성해 평범한 하트 모양을 집으로 만듭니다.

01. 오른쪽 벽에 창문을 합성합니다. 이 창문은 선택 영역을 지정한 후 작업해야 합니다. [File] 〉 [Open]([Ctrl]+[O]) 메뉴를 클릭해서 'Window 2' 이미지를 불러온 후 [Quick Selection Tool]을 선택합니다.

💡Tip [Quick Selection Tool]은 이미지의 가장자리를 선택해서 선택 영역을 지정합니다.

02. [Quick Selection Tool] 옵션 바에서 [Add to selection]을 클릭합니다.

03. 창문만 선택 영역으로 지정하는데, 선택 영역이 넘어갔다면 [Alt]를 누른 상태로 드래그해서 복원할 수 있습니다.

04. 선택 영역 지정이 마무리되면 [Ctrl]+[C]를 눌러서 복사하고 작업 창에서 [Ctrl]+[V]를 눌러 붙여 넣습니다. 클리핑 마스크를 적용하고 [Ctrl]+[T]를 눌러서 크기를 [W] : '15%', [H] : '15%'로 설정하고 위치를 잡습니다. 돌아간 하트의 각도처럼 창문도 원근감을 표현해야 하므로 마우스 오른쪽 버튼을 클릭한 후 [Perspective]를 선택합니다.

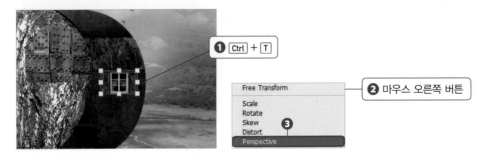

05. 한쪽 면을 늘려 원근감을 표현하기 위해 왼쪽 아래 포인트를 클릭해서 아래로 늘립니다. 비율이 자연스럽지 않을 경우 다시 마우스 오른쪽 버튼을 클릭한 후 [Free Transform]을 선택합니다.

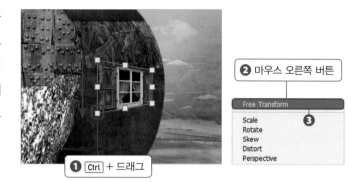

❷ 마우스 오른쪽 버튼

❶ Ctrl + 드래그

06. Ctrl 을 누른 상태로 오른쪽 위 포인트를 클릭하고 위로 드래그해서 늘립니다. 추가로 크기도 조절하고 원근감이 자연스럽게 보일 수 있도록 포인트들을 클릭해 조절한 후 Enter 를 누릅니다. 레이어를 더블클릭하여 [Layer Style] 창을 불러온 후 'Drop Shadow' 효과를 적용합니다. [Color] : '#000000', [Blend Mode] : 'Normal'로 설정합니다. [Opacity] : '60%', [Angle] : '24°', [Distance] : '5px', [Size] : '5px'로 설정합니다.

❶ Ctrl + 드래그

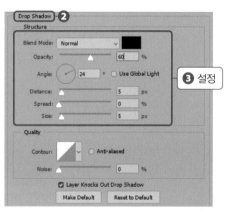

❸ 설정

07. [File] 〉 [Place Embedded] 메뉴를 클릭해서 'Forest' 이미지를 불러옵니다. 하트 위에 위치하고 크기를 [W] : '160%', [H] : '160%'로 설정합니다. [Rotate] : '23°'로 돌리고 Ctrl + Alt + G 를 눌러서 클리핑 마스크를 적용합니다.

💡 Tip **Rotate 적용 방법**

[Rotate]의 수치는 작업 방법에 따라 개인차가 있기 때문에 이미지를 직접 돌려 임의로 원하는 각도로 만든 후 Enter 를 눌러서 적용합니다.

08. 레이어 마스크를 적용하고 [Brush Tool]을 선택합니다. 부드러운 원 브러시를 선택하고 [Opacity] : '100%', [Flow] : '100%', [Foreground Color] : '#000000'으로 설정한 후 위쪽 부분을 지웁니다. 이런 풀이나 숲 이미지들은 사물이 오래되어 보이게 하기 위해 주로 사용합니다. 레이어의 [Opacity] : '55%'로 설정합니다.

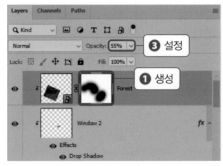

09. 새로운 레이어를 만들고 클리핑 마스크를 적용합니다. 이제 반사된 빛을 표현하기 위해 [Foreground Color] : '#ffffff'로 설정하고 [Brush Tool]을 선택합니다. 부드러운 원 브러시를 선택하고 [Opacity] : '100%', [Flow] : '100%'로 설정합니다. 하트에서 조금 떨어져 왼쪽과 위쪽에 브러시를 칠해 밝기를 표현합니다.

10. Shift 를 누른 상태로 'Heart' 관련 모든 레이어를 선택하고 Ctrl + G 를 눌러 그룹 레이어를 만듭니다. 레이어 이름을 'Heart'로 변경합니다.

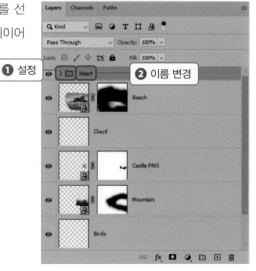

LESSON 03
선택 도구를 활용한 세부 묘사 그리기

합성에 필요한 이미지를 구하지 못할 경우 직접 브러시로 그림을 그려야 하는 경우가 있습니다. 하지만 전문적으로 그림을 배우지 않았다면, 브러시로 그림 그리는 건 쉽지 않습니다. 간단하게 묘사할 수 있는 부분들을 그려보겠습니다.

예제 파일 ┃ 활용편 〉PART 05 〉Lesson 03 〉Building.jpg / Window.jpg / Boy.png / Engine 2.png / Engine.png / Fence.png / Flower.png / Island.png / Ivy.png / Ivy 2.png / Ivy 3.png / Sword.png / Tank.png / 뿌리기 브러시 59.abr

완성 파일 ┃ 활용편 〉PART 05 〉Lesson 03 〉선택 도구를 활용한 세부 묘사 그리기.psd

브러시와 선택 도구를 활용해서 평범한 소년 이미지를 어린 왕자 콘셉트로 만들겠습니다.

01. 먼저 [File] 〉 [Place Embedded] 메뉴를 클릭해서 'Boy PNG' 이미지를 불러옵니다. 크기를 [W] : '70%', [H] : '70%'로 설정하고 위치를 잡습니다. 효과를 주기 위해 이미지도 일반 레이어로 바꿔야 하기 때문에 레이어를 선택하고 마우스 오른쪽 버튼을 클릭한 후 [Rasterize Layer]를 선택합니다.

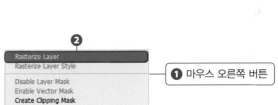

02. 소년의 머리가 흩날리듯 만들어야 합니다. [Smudge Tool]을 선택하고 마우스 오른쪽 버튼을 클릭한 후 뿌리기 59픽셀 브러시를 선택합니다.

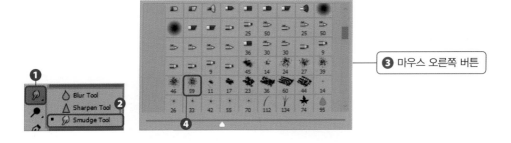

03. [Brush Size] : '5px', [Strength] : '60%'로 설정해서 머리를 늘려 머리카락을 만듭니다. [Strength]는 획의 강도를 설정해서 얼마나 길게 늘일 건지를 설정합니다.

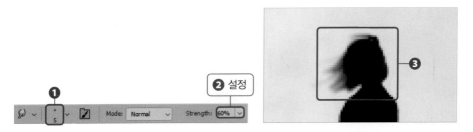

04. 왼쪽에서 오는 반사된 빛을 만들기 위해 새로운 레이어를 만들고 클리핑 마스크를 적용합니다. [Brush Tool]을 선택하고 [Foreground Color] : '#ffffff'로 설정합니다. 부드러운 원 브러시를 선택하고 [Brush Size] : '80px'로 설정한 후 소년과 거리를 조금 두고 브러시를 찍어 빛이 스며들 듯 만듭니다. 빛이 과할 경우 투명도(Opacity)를 내리고 조정합니다.

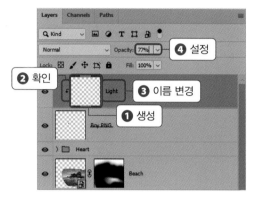

05. 이제 망토를 그려야 합니다. 새로운 레이어를 만들고 [Lasso Tool]을 선택해서 흩날리는 망토 모양을 생각하면서 형태를 대충 그리고 선을 연결해 점선 선택 영역으로 만듭니다. [Foreground Color] : '#000000'으로 설정하고 Alt + Delete 를 눌러서 색을 채웁니다. 그리고 Ctrl + D 를 눌러서 선택 영역을 해제합니다.

06. 부츠 모양도 그려야 합니다. 다시 [Lasso Tool]을 선택하고 모양을 대충 그린 후 Alt + Delete 를 눌러서 색을 채웁니다. 그리고 Ctrl + D 를 눌러서 선택 영역을 해제합니다. 발 끝부분은 펜스에 가리기 때문에 다 그릴 필요는 없습니다.

TIP

🔆Tip **완성된 소년 이미지 사용하기**

직접 그리는 과정은 초보자에게 어려울 수 있기 때문에 작업이 어려우면 첨부한 'Boy' 이미지를 사용해
서 합성을 진행합니다.

07. 망토에 반사된 빛과 밝기를 조절해야 합니다. Ctrl+M을 누른 후 'Curves'의 [Input] : '0',
[Output] : '40'으로 설정합니다. 그리고 새로운 레이어를 만들고 클리핑 마스크를 적용합니다. 부드러
운 원 브러시를 선택하고 추가로 빛이 스며들 듯이 그립니다.

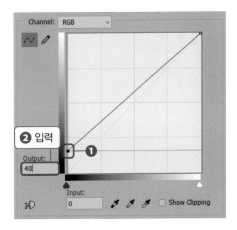 

08. 이제 칼을 합성합니다. 칼은 'Boy PNG' 레이어 아래에 위
치 해야 합니다. 'Heart' 그룹 레이어를 선택하고 [File] 〉 [Place
Embedded] 메뉴를 클릭해서 'Sword PNG' 이미지를 불러옵니
다. 크기를 [W] : '10%', [H] : '10%', [Rotate] : '40"로 설정합
니다. 소년의 허리쯤에 손잡이가 오도록 합니다.

09. 소년 관련 레이어들을 Shift를 눌러서 모두 선택
하고 Ctrl+G를 눌러서 그룹 레이어(Boy)로 만듭니다.

002 | 하트 외부 합성하기

꽃과 덩굴 그리고 다양한 기계 부품 등을 이용해서 외부를 더 독특하고 재밌는 모양으로 만듭니다. 그리고 하트 벽에 창문과 문을 자연스럽게 합성합니다.

01. 'Heart' 그룹 레이어 아래쪽에 위치해야 하기 때문에 'Beach' 레이어를 먼저 선택하고, [File] 〉 [Place Embedded] 메뉴를 클릭해서 'Engine PNG' 이미지를 불러옵니다. 그리고 하트 아래쪽 끝에 맞춰서 위치시킵니다.

02. 이번에는 [File] 〉 [Place Embedded] 메뉴를 클릭해서 'Island PNG' 이미지를 불러옵니다. [Rotate] : '22°'로 적용해서 하트 방향과 같게 회전합니다. 레이어 마스크를 적용하고 하트 밖으로 나온 위쪽 나무들을 지웁니다.

03. 'Heart' 그룹 레이어를 선택하고 레이어 마스크를 적용합니다. 부드러운 원 브러시를 선택하고 'Heart' 그룹 레이어의 아래 뾰족한 부분을 지워서 엔진과 자연스럽게 합성되도록 만듭니다.

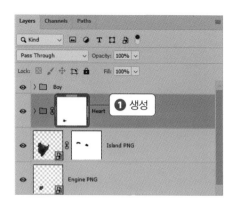

04. [File] 〉 [Open]([Ctrl]+[O]) 메뉴를 클릭해서 'Window' 이미지를 불러온 후 [Quick Selection Tool]을 선택합니다. [Brush Size] : '300px'로 설정하고 오른쪽 창문과 벗겨진 벽돌 부분을 선택합니다. 그리고 [Ctrl]+[C]를 눌러 복사하고 작업 창에서 [Ctrl]+[V]를 눌러 붙여 넣습니다. [Ctrl]+[T]를 누르고 크기를 [W] : '6%', [H] : '6%'로 설정, 각도를 [Rotate] : '22°'로 회전시킵니다. 마우스 오른쪽 버튼을 클릭한 후 [Perspective]를 선택하고 오른쪽 아래 포인트를 아래로 내려 원근감을 만듭니다. [Ctrl]+[M]을 누르고 'Curves'를 [Input] : '0', [Output] : '38'로 밝기를 설정합니다.

05. 다시 'Window' 이미지 작업 창에서 [Ctrl]+[D]를 눌러 선택 영역을 해제합니다. [Quick Selection Tool]을 선택하고 왼쪽 창문을 선택합니다. 그리고 [Ctrl]+[C]를 눌러 복사하고 작업 창에서 [Ctrl]+[V]를 눌러 붙여 넣습니다. 크기를 [W] : '7%', [H] : '7%'로 설정, [Rotate] : '20°'로 회전합니다. 마우스 오른쪽 버튼을 클릭한 후 [Perspective]를 선택하고 왼쪽 아래 포인트를 위로 조금 올려 원근감을 만듭니다.

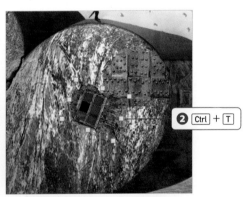

06. [File] 〉 [Open]([Ctrl]+[O]) 메뉴를 클릭해서 'Building' 이미지를 불러옵니다. 크기를 [W] : '140%', [H] : '140%'로 설정하고 원근감을 주기 위해 마우스 오른쪽 버튼을 클릭한 후 [Perspective]를 선택해서 오른쪽 아래 포인트를 아래로 늘립니다. 레이어의 [Opacity] : '65' 정도로 내려 위치를 확인하고 [Rotate] : '16°'로 설정합니다. 갈라진 바위 크랙과 창문 위의 처마를 맞춰주면 됩니다.

❶ 드래그

07. 위치와 각도를 맞추고 [Enter]를 누릅니다. 'Building' 레이어에 레이어 마스크를 적용하고 [Brush Tool]을 선택한 후 부드러운 원 브러시를 선택합니다. [Brush Size] : '25px~100px'까지 바꿔가면서 사용하지 않을 부분들을 지웁니다. 조심스럽게 지워야 할 부분들은 브러시 크기를 작게 설정하여 지웁니다. [Shift]를 누른 상태로 창문과 문 관련 레이어를 선택하고 [Ctrl]+[G]를 눌러서 그룹 레이어로 만든 후 이름을 'Door/Window'로 변경합니다.

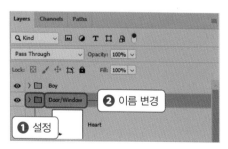

❷ 이름 변경

❶ 설정

합성할 때는 이미지를 그대로 활용하는 데 한계가 있습니다. 이미지를 다양한 각도로 보고 응용해서 합성하는 게 정말 중요합니다. 이번에는 기차의 머리 칸을 활용해서 하트의 엔진을 만들겠습니다.

01. [File] 〉 [Place Embedded] 메뉴를 클릭해서 'Engine 2 PNG' 이미지를 불러옵니다. 작업에 사용된 모든 PNG 파일은 쉽게 사용할 수 있도록 미리 이미지에서 사용할 부분들을 선택 영역으로 만들어 파일을 첨부한 상태입니다.

02. 하트 아래쪽으로 드래그하고 크기를 [W] : '160%', [H] : '160%'로 설정하고 [Rotate] : '44°'로 설정합니다. 레이어 마스크를 적용하고 부드러운 원 브러시를 선택합니다. [Opacity] : '100%', [Flow] : '100%', [Brush Size] : '80px'로 설정한 후 현관문과 오른쪽 벽이 보이도록 지웁니다. 다시 [Opacity] : '30%', [Flow] : '30%'로 설정해서 기차 왼쪽 부분을 흐릿하게 지웁니다.

03. 이제 명암을 조절해야 합니다. 먼저 새로운 레이어를 만들고 Ctrl+Alt+G를 눌러서 클리핑 마스크를 적용합니다. [Brush Size] : '200px', [Foreground Color] : '#000000'으로 설정합니다. [Opacity] : '30%', [Flow] : '30%'로 설정한 후 조금 어둡게 칠합니다.

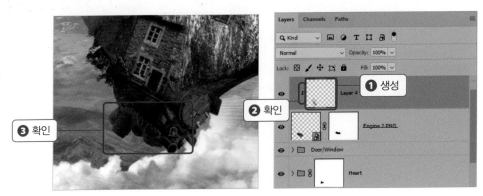

다양한 덩굴은 건물이나 사물이 오래되어 보이게 만드는 데 효과적입니다. 덩굴 사이에 꽃을 추가해
다양한 색감을 표현합니다.

01. [File] 〉 [Place Embedded] 메뉴를 클릭해서 'Ivy PNG' 이미지를 불러옵니다. 'Engine 2 PNG'
레이어의 머리 부분에 위치시키고 크기를 [W] : '28%', [H] : '28%'로 설정합니다. 마우스 오른쪽 버튼
을 클릭한 후 [Flip Vertical]을 선택해서 뒤집고, 각도를 오른쪽으로 조금 돌려 위치시킵니다.

02. Ctrl+U를 누른 후 [Saturation] : '-55', [Lightness]
: '-30'으로 설정합니다.

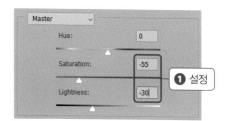

03. 하트의 오른쪽 면이 너무 얇기 때문에 조금 더 두껍게 보일 수 있도록 만들어야 합니다. 'Heart'
그룹 레이어를 선택하고 앞쪽 가로 모양을 클릭해서 폴더를 엽니다. [Layers] 패널을 밑으로 더 내린
후 'Heart PNG' 레이어를 선택합니다.

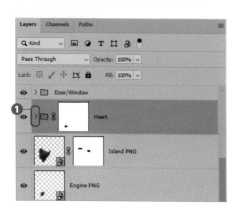 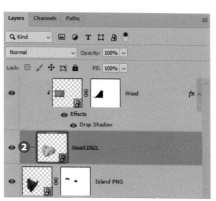

04. Ctrl+J를 눌러서 레이어를 복사하고 아래 'Heart PNG' 레이어를 다시 선택합니다. Ctrl+T
를 누르고 다시 Ctrl을 누른 상태로 왼쪽 아래 포인트를 클릭해서 오른쪽으로 밀어 넣고 오른쪽 아래
포인트를 클릭해서 위로 밀어 올려 옆면이 조금 보이도록 만듭니다.

❷ Ctrl + 드래그   ❸ 확인

05. 명암을 조절하기 위해서 [Image] 〉 [Adjustments] 〉 [Brightness/Contrast] 메뉴를 클릭합니다.
[Brightness] : '−133', [Contrast] : '−13'으로 설정하고 [OK] 버튼을 클릭합니다.

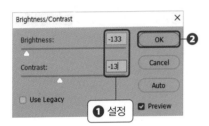

06. 'Heart' 그룹 레이어를 닫고 'Ivy PNG' 레이어를 선택합니다. 덩굴을 추가로 합성하기 위해 [File]
〉 [Place Embedded] 메뉴를 클릭해서 'Ivy 3 PNG' 이미지를 불러옵니다.

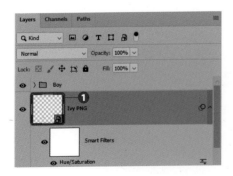

07. 크기는 [W] : '55%', [H] : '55%'로 설정하고 오른쪽 창문 아래쪽 벽면에 맞춰 위치시킨 후 Enter 를 누릅니다. Ctrl + U 를 눌러서 [Hue/Saturation] 창이 나타나면 [Lightness] : '−50'으로 설정합니다.

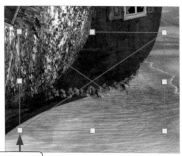

❶ 확인

08. 추가로 덩굴을 합성하기 위해 [File] 〉 [Place Embedded] 메뉴를 클릭해서 'Ivy 2 PNG' 이미지를 불러온 후 하트 오른쪽 아래쪽에 위치시킵니다. 크기는 [W] : '30%', [H] : '30%', [Rotate] : '42°'로 설정한 후 Enter 를 누릅니다. Shift 를 누른 상태로 'Ivy' 레이어들을 전부 선택하고 Ctrl + G 를 눌러서 그룹 레이어로 만듭니다. 이름은 'Ivy'로 변경합니다.

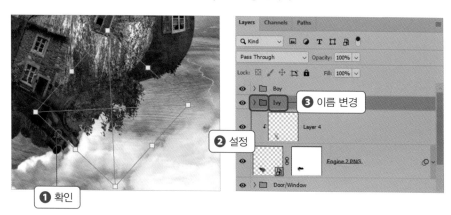

❶ 확인
❷ 설정
❸ 이름 변경

09. [File] 〉 [Open](Ctrl + O) 메뉴를 클릭하여 'Flower PNG' 이미지를 불러옵니다. [Lasso Tool]을 이용하여 원하는 꽃 모양을 선택합니다. Ctrl + C 를 눌러 복사하고 작업 창에 Ctrl + V 를 눌러 붙여 넣습니다. Ctrl + T 를 눌러서 크기를 [W] : '5%', [H] : '5%'로 설정합니다.

❶ 선택
❷ Ctrl + T

10. 이미지가 작아 잘 보이지 않기 때문에 `Ctrl`+`Space Bar`를 누른 상태로 마우스를 클릭해서 확대합니다. 한 번 클릭할 때마다 100%로 확대됩니다. 이미지를 확대해서 위치를 확인하고 조절한 후 `Enter`를 누릅니다.

🔅Tip 반대로 화면을 줄일 때는 `Ctrl`+`Alt`+`Space Bar`를 누른 상태로 마우스를 클릭하면 됩니다.

11. 꽃의 색상도 쉽게 바꿀 수 있습니다. 먼저 레이어 이름을 'Yellow Flower'로 변경합니다. `Ctrl`+`J`를 눌러서 'Yellow Flower' 레이어를 복사하고 복사한 꽃 레이어를 선택합니다. `Ctrl`+`U`를 눌러서 [Hue/Saturation] 창이 나타나면 [Colorize]에 체크하고 단색으로 색상을 변경하면 다양한 색상으로 만들어 줄 수 있습니다. 빨간색 꽃으로 만들기 위해 [Hue] : '+360', [Saturation] : '50'으로 설정합니다.

12. 이런 방법으로 꽃의 모양이나 색상 그리고 개수는 임의로 지정하면 됩니다. 다른 꽃을 한 번 더 합성해 보겠습니다. 'Flower PNG' 이미지 작업 창으로 돌아가서 `Ctrl`+`D`를 눌러 선택 영역을 해제하고 [Lasso Tool]을 이용하여 가운데 꽃을 선택합니다.

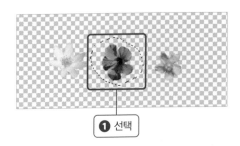

❶ 선택

🔅Tip **자유 변형 적용 상태에서 작업 창 확대/축소**
자유 변형이 적용된 상태에서는 [Zoom Tool]을 선택할 수 없습니다. `Ctrl`+`Space Bar`가 익숙지 않다면, `Ctrl`+`-`, `Ctrl`+`+` 그리고 `Alt`+마우스 휠을 이용하면 빠르게 확대/축소할 수 있습니다.

13. Ctrl+C 를 눌러서 꽃을 복사하고 작업 창에서 Ctrl+V 를 눌러 붙여 넣습니다. Ctrl +Space Bar 를 누른 상태로 마우스를 클릭해서 두 번 확대합니다. Ctrl+T 를 누르고 크기를 [W] : '5%', [H] : '5%'로 설정합니다. 꽃의 위치를 잡고 Enter 를 누릅니다. 꽃의 크기나 방향 색상 등은 임 의로 지정해도 됩니다. 'Flower PNG' 이미지를 활용해서 다양한 크기와 색상의 꽃을 합성해 봅니다.

14. Shift 를 누른 상태로 앞서 작업한 꽃 관련 레이어 들을 전부 선택하고 Ctrl+G 를 눌러서 그룹 레이어로 만듭니다. 그룹 레이어 이름은 'Flower'로 변경합니다.

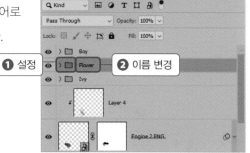

15. 이제 왼쪽 창문에 나무판자를 덧대겠습니다. 먼저 판자를 복사해야 합니다. 'Heart' 그룹 레이어 를 연 후 나무판자 레이어를 선택합니다. [Rectangular Marquee Tool]을 선택하고 복사할 부분을 선 택합니다.

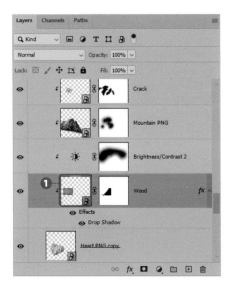 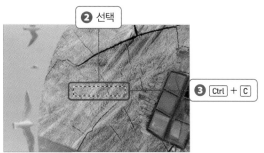

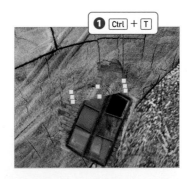

16. [Layers] 패널 맨 위 레이어를 선택하고 Ctrl+V를 눌러서 붙여 넣습니다. 복사한 나무 레이어는 [Layers] 패널 맨 위에 위치 시키고 이름을 'Wood'로 변경합니다. [Move Tool]을 이용하여 창 문에 위치시킵니다. Ctrl+T를 눌러서 각도를 [Rotate] : '12°'로 돌린 후 Enter를 누릅니다.

17. 레이어 스타일을 적용하기 위해 레이어를 더블클 릭하여 [Layer Style] 창이 나타나면 'Drop Shadow' 효 과를 적용합니다. [Color] : '#000000', [Blend Mode] : 'Normal', [Opacity] : '56%', [Angle] : '121°', [Distance] : '3px', [Size] : '3px'로 설정합니다.

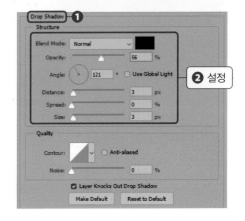

18. 이번에는 'Inner Shadow' 효과를 적용해서 위쪽 반사된 빛을 표현합니다. [Color] : '#fff4c8', [Blend Mode] : 'Color Dodge'로 설정합니다. [Opacity] : '50%', [Angle] : '127°', [Distance] : '2px', [Size] : '2px'로 설정합니다.

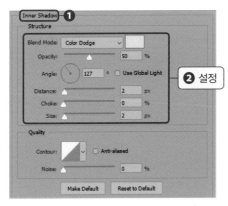

19. 이런 이미지는 탱크나 장갑차를 이용해 PNG 파일로 만들어서 사용할 수 있습니다. [File] 〉 [Open]([Ctrl]+[O]) 메뉴를 클릭해서 'Tank PNG' 이미지를 불러옵니다. [Lasso Tool]을 이용하여 해치 모양을 선택하고, [Ctrl]+[C]를 눌러 복사한 후 작업 창에서 [Ctrl]+[V]를 눌러 붙여 넣습니다. 그리고 [Move Tool]을 이용하여 위치를 잡습니다.

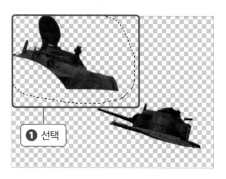

20. 다시 'Tank PNG' 이미지 작업 창에서 [Ctrl]+[D]를 눌러서 선택 영역을 해제하고, 이번에는 포신을 선택하고 [Ctrl]+[C]를 눌러 복사합니다. 작업 창에서 [Ctrl]+[V]를 눌러 붙여 넣은 후 [Move Tool]을 이용해 위치를 조정합니다.

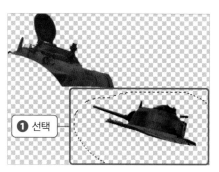

21. 그림자를 만들기 위해 새로운 레이어를 만들고 [Lasso Tool]을 이용하여 그림자를 대충 그립니다. 포신의 모양이 일정하지 않기 때문에 그림자를 반듯하게 그릴 필요는 없습니다. [Foreground Color] : '#000000'으로 설정하고 [Alt]+[Delete]를 눌러 색을 채웁니다. [Ctrl]+[D]를 눌러서 선택 영역을 해제하고 레이어의 [Opacity] : '22%'로 설정합니다.

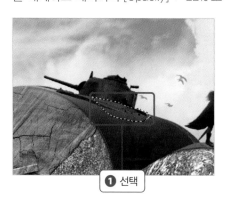

22. 그림자 레이어와 포신 그리고 해치 레이어를 Shift 를 누른 상태로 모두 선택하고, Ctrl + G 를 눌러 그룹 레이어를 만듭니다. 그룹 레이어 이름은 'Tank'로 변경합니다.

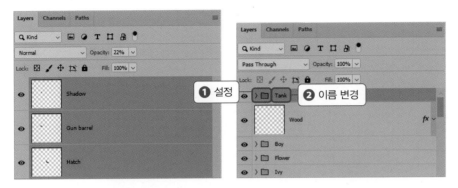

23. 이제 펜스를 합성하겠습니다. [File] 〉 [Open](Ctrl + O) 메뉴를 클릭해서 'Fence PNG' 이미지를 불러옵니다. [Lasso Tool]을 선택하고 왼쪽 펜스를 선택합니다. Ctrl + C 를 눌러서 복사하고 작업 창에서 Ctrl + V 를 눌러서 붙여 넣습니다. 'Fence 1'이라고 이름을 지정하고 위치를 잡습니다.

24. 이제 반대편에도 펜스를 만들고, 'Heart' 그룹 레이어 아래에 위치해야 합니다. 먼저 나머지 펜스를 복사해서 작업 창으로 옮겨오고 'Heart' 그룹 레이어의 아래 레이어를 선택합니다. 레이어의 순서가 다를 수 있기 때문에 레이어를 확인하고 선택합니다.

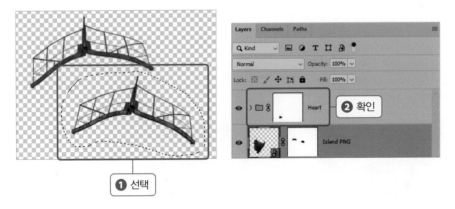

25. Ctrl+V를 눌러 붙여 넣고 [Move Tool]을 이용해서 위치를 수정합니다.

1 확인

26. [Layers] 패널의 맨 위 레이어를 선택합니다. [File] 〉 [Place Embedded] 메뉴를 클릭해서 'Ladder PNG' 이미지를 불러옵니다. 해치와 연결되는 사다리기 때문에 해치 입구에 맞춰서 놓습니다. 그림자를 만들기 위해 Ctrl+J를 눌러서 레이어를 복사하고 'Ladder PNG' 레이어를 다시 선택합니다.

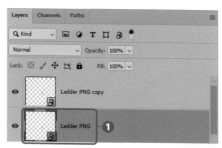

27. 그림자로 사용하기 위해 어둡게 만들어야 합니다. Ctrl+U를 누르고 [Hue/Saturation] 창이 나타나면 [Lightness] : '-100'으로 설정합니다. [Move Tool]을 선택하고 그림자 위치를 설정합니다. 레이어의 [Opacity] : '18%'로 설정하고 레이어 마스크를 적용합니다. [Brush Tool]을 선택하고 부드러운 원 브러시를 선택합니다. [Brush Size] : '50px'로 설정하고 사다리 다리 부분을 자연스럽게 지웁니다.

LESSON 04
노이즈 제거하기

노이즈 제거 효과를 이용해서 이미지에 나타난 노이즈나 픽셀이 깨진 부분을 부드럽게 만들 수 있습니다. 특정 이미지의 선명도가 합성한 이미지들과 어울리지 않을 때 이미지를 부드럽게 만들어 자연스러운 합성 효과를 줄 수 있습니다.

예제 파일 │ 활용편 〉 PART 05 〉 Lesson 04 〉 Planet.jpg / Balloons.png / Clothes.png / Seagulls.png
완성 파일 │ 활용편 〉 PART 05 〉 Lesson 04 〉 노이즈 제거하기.psd

001 | 소품 활용하기

아기자기한 소품 이미지를 사용해 동화 같은 판타지 장면을 연출할 수 있습니다.

01. [Layers] 패널의 맨 위 레이어를 선택합니다. 빨래를 합성하기에 앞서 [Pen Tool]을 이용해서 빨랫줄을 만들어야 합니다. [Pen Tool]을 선택하고 [Pick tool mode] : 'Shape'로 설정합니다. [Fill] : 'No Color', [Stroke] : 'Black', 폭은 '1px'로 설정합니다.

02. 빨랫감이 걸려 있어 휘어진 것처럼 늘어나 보이게 그립니다. 창틀 아래 왼쪽에 첫 번째 포인트를 선택하고 오른쪽 끝에 두 번째 포인트를 클릭한 채 드래그해서 곡선 모양으로 만듭니다. Esc 를 두 번 눌러서 패스 선을 삭제합니다.

03. [File] 〉[Place Embedded] 메뉴를 클릭해서 'Clothes PNG' 이미지를 불러옵니다. 크기는 [W] : '50%', [H] : '50%'로 설정합니다. 마우스 오른쪽 버튼을 클릭한 후 [Skew]를 선택하고 아래 중앙 포인트를 클릭해서 오른쪽으로 이동시켜 빨랫감에 왜곡 효과를 적용합니다. 빨랫줄과 빨랫감이 어울릴 수 있도록 위치시킵니다.

04. 그림자를 만들기 위해 'Clothes PNG' 레이어를 선택하고 [Ctrl]+[J]를 눌러서 레이어를 복사합니다. 'Clothes PNG' 레이어를 선택하고 [Ctrl]+[U]를 이용해 [Lightness] : '−100'으로 설정해서 검은색으로 만듭니다. 레이어의 [Opacity] : '25%'로 설정합니다.

 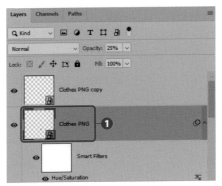

05. 빨래 관련 레이어와 빨랫줄 레이어까지 모두 선택하고 [Ctrl]+[G]를 눌러서 그룹 레이어로 만듭니다. 그룹 레이어의 이름은 'Clothes'로 변경합니다.

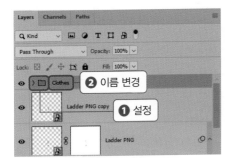

06. [File] 〉 [Place Embedded] 메뉴를 클릭해서 'Balloons' 이미지를 불러옵니다. 크기는 [W] : '8%', [H] : '8%'로 설정하고, [Rotate] : '35°'로 설정한 후 [Enter]를 누릅니다. 다시 [File] 〉 [Place Embedded] 메뉴를 클릭해서 'Seagulls' 이미지를 불러오고 작업 창 왼쪽에 위치시킨 후 [Enter]를 누릅니다.

07. [File] 〉 [Place Embedded] 메뉴를 클릭해서 'Planet' 이미지를 불러옵니다. 작업 창 오른쪽 상단에 위치시키고 블렌딩 모드를 'Screen'으로 설정합니다. 레이어의 [Opacity] : '80%'로 설정한 후 Enter 를 누릅니다.

08. [Layers] 패널에서 [Create new fill or Adjustment layer]를 클릭하고 [Gradient Map]을 선택한 후 [Gradient Editor] 창을 열고 왼쪽 [Color Stop] : '#1c59bd', 오른쪽 [Color Stop] : '#fdffbd'로 설정합니다. 블렌딩 모드를 'Soft Light'로 설정하고 [Opacity] : '79%'로 설정합니다.

09. 다시 [Layers] 패널에서 [Create new fill or Adjustment layer]를 클릭하고, 이번에는 [Brightness/Contrast]를 선택합니다. 이미지가 더 밝고 진하게 설정하기 위해 [Brightness] : '10', [Contrast] : '10'으로 설정합니다.

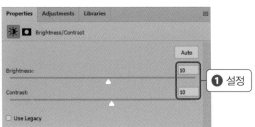

002 | Reduce Noise 이해하기

'Reduce Noise'는 전체적인 이미지의 노이즈를 감소시켜 이미지를 부드럽게 만들수 있습니다. [Properties] 패널을 통해 노이즈 양과 선명도 등을 디테일하게 조정할 수 있습니다.

01. Shift + Ctrl + Alt + E 를 눌러서 통합 레이어를 만듭니다. 마우스 오른쪽 버튼을 클릭한 후 [Convert to Smart Object]를 적용합니다. 가장 먼저 [Filter] 〉 [Noise] 〉 [Reduce Noise] 메뉴를 클릭하여 [Reduce Noise]를 적용합니다.

🖐 기능 Tip

❶ Basic : 기본 노이즈 제거 모드입니다.

❷ Advanced : 특정 채널의 노이즈를 제거할 수 있는 모드입니다.

❸ Strength : 노이즈 감소 강도를 설정합니다.

❹ Preserve Details : 윤곽선의 디테일을 설정합니다.

❺ Reduce Color Noise : 컬러 노이즈를 제거합니다.

❻ Sharpen Details : 선명 효과를 설정합니다.

❼ Remove JPEG Artifact : JPEG 압축으로 인한 가공물을 제거합니다.

02. 전체 이미지를 부드럽게 만들기 위해 [Strength] : '1'로 설정하고, 나머지 효과들은 모두 '0'으로 설정한 후 [OK] 버튼을 클릭합니다.

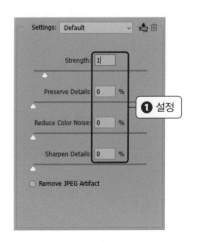

03. 선명도를 조절하기 위해 [Filter] 〉 [Sharpen] 〉 [Unsharp Mask] 메뉴를 클릭합니다. [Unsharp
Mask] 창이 나타나면 [Amount] : '70%', [Radius]: '1.0Pixels', [Threshold] : '0levels'로 설정합니다.

04. [Filter] 〉 [Blur Gallery] 〉 [Iris Blur] 메뉴를 클릭하여 원형을 중심으로 테두리를 흐리게 만듭니다.
양쪽 포인트와 위아래 포인트를 선택하고 드래그해서 타원형으로 만들어 흐림 영역을 설정한 후 [OK]
버튼을 클릭하여 작업을 마무리합니다.

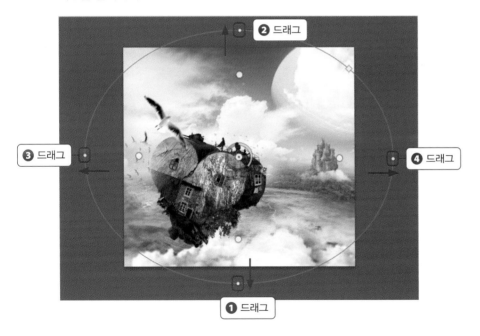

SF 풍경 판타지

콘셉트

지구는 멸망하고 남은 생존자들은 새로운 행성으로 이주하게 됩니다. 하지만 이주한 행성에서도 지구와 마찬가지로 부와 가난이 존재합니다. 먼지가 자욱한 폐허가 된 바람 언덕 뒤로 멀리 미래 도시가 보입니다. 가족을 잃고 홀로 남은 소녀는 더 나은 삶을 위해 애완 로봇과 함께 위험을 무릅쓰고 미래 도시로 향해 떠납니다.

LESSON 01
도시와 행성 만들기

먹구름과 도시 이미지를 이용해서 스모그가 가득 찬 우주 도시를 표현하고, 추가로 빌딩 이미지를 사용해서 현란한 도시로 만들겠습니다. 다양한 행성 이미지를 활용해 지구가 아닌 다른 행성 느낌을 만들어 보겠습니다.

예제 파일 활용편 〉 PART 06 〉 Lesson 01 〉 background.jpg / City.jpg / Cloud.jpg / Galaxy.jpg / Night Sky.jpg / Planet.jpg / Building.png / Field.png
완성 파일 활용편 〉 PART 06 〉 Lesson 01 〉 도시와 행성 만들기.psd

001 ㅣ 스모그 구름 합성하기

먹구름 이미지를 이용해서 스모그가 가득한 분위기를 연출하고, 빌딩 이미지를 합성해 화려한 미래 도
시를 표현합니다.

01. [File] 〉 [Open]([Ctrl]+[O]) 메뉴를 클릭
하여 'Background' 이미지를 불러옵니다. 그
리고, [File] 〉 [Place Embedded] 메뉴를 클
릭하여 'Field PNG' 이미지를 불러온 후 그
림과 같이 위치시킵니다.

02. 구름 이미지는 'Field PNG' 레이어 아래에 위치해
야 합니다. 먼저 'Background' 레이어를 선택하고 [File]
〉 [Place Embedded] 메뉴를 클릭하여 'Cloud' 이미지를
불러옵니다. [Enter]를 누르고 'Cloud' 이미지를 양쪽으로
사용할 예정이므로. [Ctrl]+[J]를 눌러서 레이어를 복사
합니다. 복사한 'Cloud copy' 레이어의 눈을 꺼둡니다.

03. 'Cloud' 레이어를 선택하고.
[Ctrl]+[T]를 누르고 마우스 오른쪽
버튼을 클릭한 후 [Flip Horizontal]을
적용해서 방향을 반대로 합니다. 크
기를 [W] : '–250%', [H] : '250%'
로 설정하고 구름 위치를 잡습니다.

04. 구름이 너무 진하기 때문에 'Background' 이미지가 연하게 보일 수 있도록 먼저 레이어의 [Opacity] : '75%'로 설정합니다. 부드러운 원 브러시를 선택하고 레이어 마스크를 적용합니다. [Foreground Color] : '#000000'으로 설정하고 구름을 자연스럽게 지웁니다. 깔끔하게 지울 부분은 [Opacity] : '100%', [Flow] : '100%'로 설정하고 연하게 지울 부분은 [Opacity] : '50%', [Flow] : '50%'로 설정 후 지웁니다.

05. 구름의 색상이 진하기 때문에 채도를 조절해야 합니다. 레이어의 이미지를 선택하고 Ctrl+U 를 누르고 [Saturation] : '–30'으로 설정합니다.

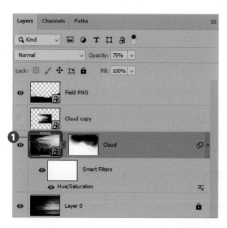 

06. 'Cloud copy' 레이어의 눈을 켜고 Ctrl+T를 누릅니다. 크기를 [W] : '180%', [H] : '180%'로 설정하고 오른쪽에 위치를 잡습니다.

07. 이번에도 레이어 마스크를 적용하고 부드러운 원 브러시를 이용해서 사용하지 않을 부분을 지웁니다. 구름 부분만 사용하고 위쪽 부분은 사용하지 않을 예정입니다.

💡Tip **레이어 마스크 화면 보기**

Alt 를 누른 상태로 레이어 마스크를 클릭하면 레이어 마스크 화면으로 볼 수 있습니다. 다시 Alt 를 누른 상태로 레이어 마스크를 클릭하면 취소할 수 있습니다. 본인이 어느 정도 레이어 마스크를 적용했는지 확인할 때 유용합니다.

002 | 도시와 행성 합성하기

빌딩 PNG와 도시 이미지 이용해 스모그 가득한 도시의 모습을 표현합니다. 다양한 행성 이미지를 합성해서 지구가 아닌 생명체가 존재하는 다른 행성의 모습으로 연출합니다.

01. 도시 이미지는 'Cloud' 레이어 아래에 위치해야 합니다. 'Background' 레이어를 선택하고 [File] 〉[Place Embedded] 메뉴를 클릭하여 'City' 이미지를 불러옵니다. 크기는 [W] : '420%', [H] : '420%'로 설정하고 오른쪽에 도시 반 정도 나오도록 위치시키고 Enter 를 누릅니다.

02. 도시를 더 어둡게 만들기 위해 블렌딩 모드를 'Multiply'로 설정합니다. 레이어 마스크를 적용하고 부드러운 원 브러시를 이용해서 테두리를 깔끔하게 지웁니다.

Tip 'Multiply'는 혼합 색상이 흰색과 가까우면 투명처리 되고 검은색과 가까우면 하위 레이어와 섞여서 어둡게 나타냅니다.

03. 'City' 레이어 위에 새로운 레이어를 만듭니다. [Foreground Color] : '#000000'으로 설정하고 부드러운 원 브러시를 이용해 오른쪽 위에 구석 부분을 대각선으로 칠합니다. 왼쪽의 어두운 부분과 배경을 맞추기 위해 칠해주는 겁니다.

04. [File] 〉 [Place Embedded] 메뉴를 클릭하여 'Galaxy' 이미지를 불러옵니다. 크기는 [W] : '30%', [H] : '30%'로 설정하고 오른쪽 위 구석에 위치시킵니다. 블렌딩 모드는 'Screen'으로 설정합니다. 거리감이 느껴지도록 흐림 효과를 적용하기 위해 [Filter] 〉 [Blur] 〉 [Gaussian Blur] 메뉴를 클릭하고 [Radius] : '0.5Pixles'로 설정합니다. 레이어 마스크를 적용하고 부드러운 원 브러시를 이용해서 테두리를 지워서 깔끔하게 마무리합니다.

05. [File] 〉[Open]([Ctrl]+[O]) 메뉴를 클릭하여 'Planet' 이미지를 불러옵니다. [Rectangular Marquee Tool]을 선택하고 '목성' 이미지를 선택합니다. [Ctrl]+[C]를 눌러서 복사하고 작업 창으로 이동해서 [Ctrl]+[V]로 붙여 넣습니다. [Ctrl]+[T]를 누르고 크기는 [W] : '36%', [H] : '36%'로 설정합니다.

❶ 선택

❷ [Ctrl] + [T]

06. 마우스 오른쪽 버튼을 클릭해서 방향을 반대로 놓기 위해 [Flip Horizontal]을 적용합니다. 각도를 [Rotate] : '−145°' 정도로 설정하고 [Enter]를 누른 후 블렌딩 모드를 'Screen'으로 설정합니다.

❶ 설정

07. 다시 'Planet' 이미지 작업 창으로 이동한 후 [Ctrl]+[D]를 눌러서 선택 영역을 해제하고, [Rectangular Marquee Tool]을 선택하고 이번에는 '수성' 이미지를 선택합니다. [Ctrl]+[C]를 눌러서 복사하고 작업 창으로 이동 후 [Ctrl]+[V]를 눌러 붙여 넣습니다. 크기는 [W] : '25%', [H] : '25%'로 하고 마우스 오른쪽 버튼을 클릭한 후 [Flip Horizontal]을 적용해서 가로로 뒤집기 합니다. '목성' 이미지 옆에 위치시킵니다.

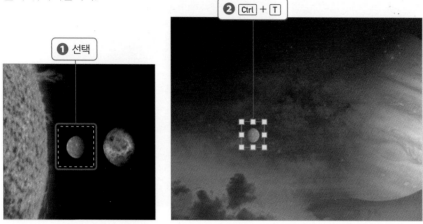

08. [Eraser Tool]을 선택하고 '수성' 이미지의 테두리를 깔끔하게 지운 후 'Planet 2'라고 이름을 지정합니다. 다시 'Planet' 이미지 작업 창으로 이동해서 [Ctrl]+[D]를 눌러서 선택 영역을 해제합니다. [Rectangular Marquee Tool]을 선택하고 '화성' 이미지를 선택합니다. [Ctrl]+[C]를 눌러서 복사하고 작업 창으로 이동 후 [Ctrl]+[V]로 붙여 넣습니다. 크기는 [W] : '60%', [H] : '60%'로 설정하고 마우스 오른쪽 버튼을 클릭한 후 [Flip Horizontal]을 적용해서 가로로 뒤집기 합니다. 목성과 수성 사이에 위치시킵니다.

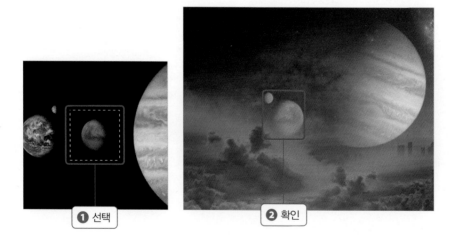

09. [File] 〉 [Place Embedded] 메뉴를 클릭하여 'Night Sky' 이미지를 불러옵니다. 'Cloud copy' 레이어 위에 위치시키고, 크기는 [W] : '142%', [H] : '142%'로 설정한 후 Enter 를 누릅니다.

10. 레이어 마스크를 적용하고 [Brush Tool]을 선택한 후 부드러운 원 브러시를 선택합니다. [Opacity] : '100%', [Flow] : '100%'로 사용하지 않을 부분은 과감하게 지우고 자연스럽게 합성될 부분은 [Opacity] : '30%', [Flow] : '30%'로 여러 번 지워가면서 구름과 행성이 가려지지 않도록 자연스럽게 만듭니다. 블렌딩 모드는 'Screen'으로 설정합니다.

11. [File] 〉 [Place Embedded] 메뉴를 클릭하여 'Building PNG' 이미지를 불러옵니다. 크기는 [W] : '15%', [H] : '15%'로 설정하고 도시의 빌딩 높이와 비슷하게 위치시킵니다. Ctrl + J 를 눌러서 레이어를 복사합니다. 'Building PNG' 레이어를 다시 선택하고 Ctrl + M 을 눌러서 [Curves]를 적용합니다. 왼쪽 조절점을 [Input] : '0', [Output] : '31'로 설정하고 오른쪽 조절점을 [Input] : '0', [Output] : '100'으로 설정합니다.

 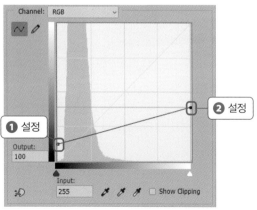

12. 레이어 마스크를 적용하고 [Brush Tool]을 선택한 후 [Foreground Color] : '#000000'으로 설정합니다. 부드러운 원 브러시를 선택하고 [Brush Size] : '150px' 이하로 설정하고 구름과 자연스럽게 합쳐지도록 [Opacity] : '30%', [Flow] : '30%'로 지웁니다. 양쪽 테두리는 잘린 듯하게 보이지 않게 자연스럽게 지웁니다. 마무리로 빌딩 전체에 한 번만 칠해서 연하게 보일 수 있도록 지웁니다.

> **Tip 브러시의 [Opacity], [Flow] 사용 방법**
> 보통 깔끔하게 지워야 할 때는 [Opacity] : '100%', [Flow] : '100%'로 설정해서 지웁니다. 하지만 자연스럽게 합쳐지듯 지워야 할 때는 [Opacity], [Flow] 값을 30% 이하로 설정한 후 지우는 게 좋습니다. 여러 번 반복해서 지워서 지워지는 과정을 보는 게 중요합니다.

13. 복사했던 'Building PNG copy' 레이어를 선택하고 [Move Tool]을 이용하여 이미지를 조금 아래쪽에 위치시킵니다.

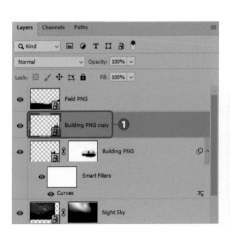 

14. 이번에는 빌딩을 더 앞쪽에 위치시킬 거기 때문에 'Curves'를 더 어둡게 적용해야 합니다. `Ctrl`+`M`을 누르고, 왼쪽 조절점을 [Input] : '0', [Output] : '25'로 설정하고 오른쪽 조절점을 [Input] : '0', [Output] : '71'로 설정합니다.

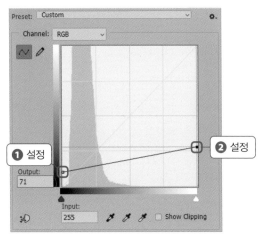

15. 빌딩이 비슷하면 어색할 수 있기 때문에 원형 모양의 빌딩 일부분을 지워야 합니다. 레이어 마스크를 적용하고 [Brush Tool]을 선택합니다. [Opacity] : '100%', [Flow] : '100%'로 설정하고 선명한 원 브러시를 이용하여 지웁니다. 다시 부드러운 원 브러시를 선택하고 [Opacity] : '25%', [Flow] : '25%' 정도로 설정해서 테두리를 자연스럽게 지우고 마무리합니다.

❶ 확인

LESSON 02
다양한 스모그와 빛 효과 만들기

브러시의 다양한 색감과 별하늘 이미지를 활용해서 조금 더 스모그한 배경 효과를 표현합니다. 렌즈 플레어를 이용해 사실적인 태양 빛도 표현합니다. 다양한 이미지를 추가로 사용해서 작품의 디테일을 살리도록 하겠습니다.

예제 파일 활용편 〉 PART 06 〉 Lesson 02 〉 Aurora.jpg / Cloud.jpg / Industry.jpg / Lens flare 3.jpg / Lens flare 4.jpg / Girl.png / Robot.png

완성 파일 활용편 〉 PART 06 〉 Lesson 02 〉 다양한 스모그와 빛 효과 만들기.psd

렌즈 플레어 이미지를 활용해 태양 빛을 만들고 브러시로 디테일을 조정합니다.

01. [File] 〉[Place Embedded] 메뉴를 클릭하여
'Lens Flare 4' 이미지를 불러옵니다. 크기는 [W] :
'450%', [H] : '450%'로 설정하고 태양빛을 목성과 빌
딩 사이에 위치시키고 Enter 를 누릅니다.

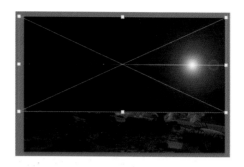

02. 블렌딩 모드를 'Screen'으로 설정하고 레이어의 [Opacity] : '70%'로 설정합니다. 레이어 마스크
를 적용하고 [Brush Tool]을 선택하고 부드러운 원 브러시를 선택합니다. [Opacity] : '100%', [Flow] :
'100%'로 설정하고 렌즈 플레어의 왼쪽 빛 번짐 효과 부분과 아래쪽 부분을 지웁니다.

03. 이제 'Field PNG' 레이어와 구름 배경 사이에 뿌연 흐림 효과를 표현해야 합니다. 새로운 레이
어를 만들고 [Brush Size] : '500px'로 설정합니다. [Foreground Color] : '#fff3cc'로 설정하고 'Field
PNG' 이미지의 경계 라인에 맞춰서 브러시의 1/5 정도만 나타나게 하고 왼쪽에서 오른쪽으로 칠해줍
니다. 레이어의 [Opacity] : '52%'로 설정합니다.

04. 또 새로운 레이어를 만듭니다. 이번에는 태양빛을 좀 더 강조하기 위해서 브러시를 한번 찍습니다. [Foreground Color] : '#ffffff'로 설정하고 부드러운 원 브러시를 선택합니다. [Brush Size] : '300px'로 설정하고 태양을 중심으로 두 번 찍습니다. 레이어의 [Opacity] : '75%'로 설정하고 레이어 이름을 'Sun'으로 변경합니다.

002 | 사람과 로봇 합성하기

합성 작업에서 생명체가 있는지 없는지에 따라 시각적으로 받아들이는 상상력의 차이가 달라집니다. 작품에 이야기를 담고 싶을 때는 생명체를 넣어 합성하는 게 좋습니다. 필드 위를 걷는 사람과 지난 로봇 합성 강좌에서 완성했던 로봇을 이용해 이미지에 생동감을 불어 넣겠습니다.

01. 먼저 'Field PNG' 레이어를 선택하고 [File] > [Place Embedded] 메뉴를 클릭하여 'Girl PNG' 이미지를 불러옵니다. 크기는 [W] : '18%', [H] : '18%'로 설정하고 키보드 방향키를 이용해 디테일한 위치를 조정합니다. Enter 를 누르고 그림자를 만들기 위해 Ctrl + J 를 눌러서 레이어를 복사합니다. 복사한 'Girl PNG copy' 레이어를 선택하고 Ctrl + U 를 눌러서 [Lightness] : '-100'으로 설정해서 검은색으로 만듭니다. 레이어를 쉽게 사용하기 위해 레이어 이름을 선택하고 마우스 오른쪽 버튼을 클릭한 후 [Rasterize Layer]를 선택해서 일반 레이어로 변경합니다.

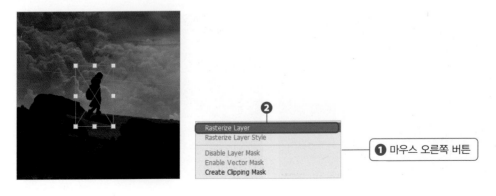

02. [Ctrl]+[T]를 누르고 마우스 오른쪽 버튼을 클릭한 후 [Flip Horizontal]을 선택해서 세로로 뒤집기 합니다. [Shift]를 누른 상태로 아래로 드래그해서 발끝에 맞춥니다. [Ctrl]을 누른 상태로 왼쪽 아래 포인 트와 오른쪽 아래 포인트를 클릭 드래그해서 빛의 위치를 확인하고 늘어난 그림자 모양을 만듭니다.

03. 그림자 모양을 만든 후 [Enter]를 누르고 레이어의 [Opacity] : '70%'로 설정합니다. 다시 'Girl PNG' 레이어를 선택하고 새로운 레이어를 만든 후 [Ctrl]+[Alt]+[G]를 눌러서 클리핑 마스크를 적용합 니다. 소녀에게 반사된 빛을 표현하기 위해 [Foreground Color] : '#ffffff'로 설정하고 부드러운 원 브러 시를 선택합니다. [Brush Size] : '60px'로 설정하고 소녀와 거리를 조금 띄운 후 오른쪽 부분에 브러 시를 찍습니다.

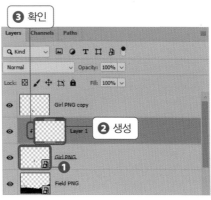

04. [Create new fill or aujustment layer]를 이용하여 'Curves'를 적용합니다. [Ctrl]+[Alt]+[G]를 눌러서 클리핑 마스크를 적용합니다. 왼쪽 조절점을 [Input] : '0', [Output] : '8'로 설정하고 오른쪽 조절점을 [Input] : '255', [Output] : '188'로 설정합니다.

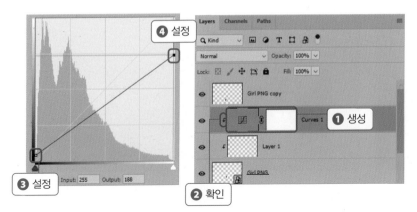

05. 이제 날리는 머플러를 그려야 합니다. 'Field PNG' 레이어를 선택하고 새로운 레이어를 만듭니다. 바람에 날리는 머플러를 그리면 되기 때문에 모양을 반듯하게 그릴 필요가 없습니다. [Lasso Tool]을 이용하여 대충 모양을 그리고 선을 연결해서 점선 선택 영역으로 만듭니다. [Foreground Color] : '#000000'으로 설정하고 [Alt]+[Delete]를 눌러서 색을 적용합니다. [Ctrl]+[D]를 눌러서 선택 영역을 해제합니다.

06. [Shift]를 누른 상태로 머플러와 소녀 관련 레이어를 모두 선택하고 [Ctrl]+[G]를 눌러서 그룹 레이어로 만듭니다. 레이어 이름은 'Girl'로 변경합니다. [File] 〉 [Place Embedded] 메뉴를 클릭하여 'Robot PNG' 이미지를 불러옵니다. 크기는 [W] : '12%', [H] : '12%'로 설정하고 소녀 앞에 위치시키고 [Enter]를 누릅니다. 이번에도 로봇의 그림자를 만들기 위해 레이어를 복사해야 합니다. 복사하기 전에 레이어를 일반 레이어로 만들기 위해 'Robot PNG' 레이어 이름을 선택하고 마우스 오른쪽 버튼을 클릭한 후 [Rasterize Layer]를 적용해서 일반 레이어로 만듭니다.

07. 그리고 Ctrl+J를 눌러서 레이어를 복사합니다. 복사한 'Robot PNG copy' 레이어를 선택하고 Ctrl+U를 눌러 [Lightness] : '-100'으로 설정합니다. Ctrl+T를 눌러서 자유 변형을 활성화하고 마우스 오른쪽 버튼을 클릭한 후 [Flip Vertical]을 적용해서 세로로 뒤집기 합니다. Shift를 누른 상태로 아래로 드래그해서 발끝을 맞춥니다. Ctrl을 누른 상태로 왼쪽 포인트와 오른쪽 포인트를 드래그해서 그림자의 방향을 만들고 Enter를 누릅니다.

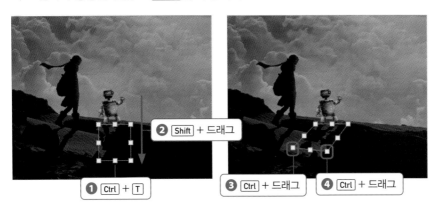

💡Tip Ctrl을 이용한 그림자 조절 방법

초보자는 한 번에 그림자 모양을 만들 수 없기 때문에 Ctrl을 누른 상태로 각 포인트를 조금씩 드래그 해서 위치를 잡아주는 게 중요합니다. 왼쪽 포인트 이동 후 오른쪽 포인트를 이동하는 순서로 조금씩 이동해서 만들도록 합니다.

08. 레이어의 [Opacity] : '65%'로 설정하고 'Robot PNG' 레이어를 선택합니다. 'Curves'를 이용해서 명암을 조절합니다. Ctrl+M을 누르고 왼쪽 조절점을 [Input] : '0', [Output] : '16'으로 설정하고 오른쪽 조절점을 [Input] : '255', [Output] : '52'로 설정합니다. 로봇도 그룹 레이어로 만들고 이름을 'Robot'으로 변경합니다.

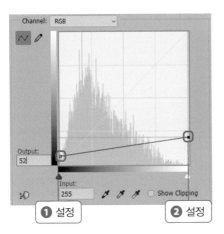

09. 새로운 레이어를 만들고 브러시를 이용해서 색상을 칠하기 위해 [Brush Tool]을 선택하고 부드러운 원 브러시를 선택합니다. [Foreground Color] : '#181e21', [Opacity] : '100%', [Flow] : '100%'로 설정합니다. 이런 색상을 추가해 조금 더 어두운 분위기로 연출할 수 있습니다. [Brush Size] : '700px'로 하고 [Shift]를 누른 상태로 Field를 기준으로 왼쪽에서 오른쪽으로 두 번 드래그해서 칠합니다.

❶ 확인

10. 레이어의 [Opacity] : '29%'로 설정합니다. 합성 작업을 진행하다 보면 '1%'의 투명도에도 색상 차이가 나기 때문에 레이어 투명도 조절은 미세하게 설정할 필요가 있습니다.

11. 이번에도 색을 칠해서 뿌연 먼지 효과가 나는 것처럼 만들겠습니다. 새로운 레이어를 만들고 [Foreground Color] : '#ffebaa'로 설정합니다. 부드러운 원 브러시를 선택하고 [Brush Size] : '700px'로 설정합니다. 이번에는 브러시 아래쪽을 작업 창 안에 들어오게 위치시키고 왼쪽에서 오른쪽으로 칠합니다. 레이어의 [Opacity] : '7%'로 설정합니다.

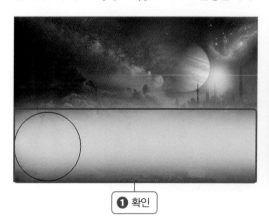

❶ 확인

12. [File] 〉[Place Embedded] 메뉴를 클릭하여 'Industry' 이미지를 불러옵니다. 크기는 [W] :
'110%', [H] : '110%'로 설정하고 중앙 부근에 위치시킵니다. 레이어의 [Opacity] : '60%'로 설정하고
레이어 마스크를 적용합니다. 부드러운 원 브러시를 이용해서 테두리를 자연스럽게 지웁니다.

❶ 확인

003 ┃ 수증기와 먼지 효과 만들기

구름 이미지와 별하늘 이미지를 이용해서 행성에서 뿜어져 나오는 수증기와 흩날리는 먼지를 표현합
니다.

01. [File] 〉[Place Embedded] 메뉴를 클릭하여 'Cloud' 이미지를 불러옵니다. 크기를 [W] : '250%',
[H] : '250%'로 설정하고 작업 창에 위치시킵니다. 레이어 이름을 마우스 오른쪽 버튼으로 클릭한 후
[Rasterize Layer]를 선택해서 일반 레이어로 만듭니다.

❷

Rasterize Layer
Rasterize Layer Style

❶ 마우스 오른쪽 버튼

Disable Layer Mask
Enable Vector Mask
Create Clipping Mask

02. Ctrl+U를 눌러서 [Hue/Saturation] 창이 나타나면 [Saturation] : '−30'으로 설정합니다. 색상이 연해진 걸 확인할 수 있습니다.

03. 먼저 레이어의 [Opacity] : '78%'로 설정하고 레이어 마스크를 적용합니다. [Brush Tool]을 선택하고 부드러운 원 브러시를 이용해서 아래쪽 언덕 부분의 구름을 조금만 남기고 나머지 부분은 지웁니다. 레이어 마스크의 이미지를 참고합니다.

▲ 레이어 마스크 참고 이미지

04. 새로운 레이어를 만들고 왼쪽 밝은 부분 언덕 부분을 조금 어둡게 만들겠습니다. [Brush Tool]을 선택하고 [Foreground Color] : '#000000'으로 설정합니다. 부드러운 원 브러시를 이용해서 한 번 칠합니다. 조금만 어둡게 만들면 되기 때문에 레이어의 [Opacity] : '26%'로 설정합니다.

❶ 확인

05. [File] 〉 [Place Embedded] 메뉴를 클릭하여 'Aurora' 이미지를 불러옵니다. 이미지의 위쪽 부분을 언덕 위쪽이 가려지도록 위치시킵니다. 오로라는 먼지가 날리는 듯한 효과를 주고 별들은 날리는 티끌이 되는 겁니다. 블렌딩 모드는 'Screen'으로 설정하고 레이어의 [Opacity] : '39%'로 설정합니다.

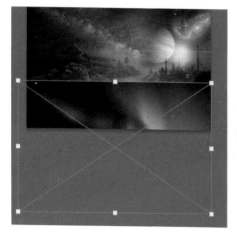

06. 이제 이미지의 색상을 먼지와 어울리는 색상으로 바꿔야 합니다. Ctrl+U를 누르고 [Hue/Saturation] 창이 나타나면 [Colorize]에 체크하고 색상을 단색으로 만듭니다. [Hue] : '46', [Saturation] : '25', [Lightness] : '-4'로 설정하고 [OK] 버튼을 클릭합니다.

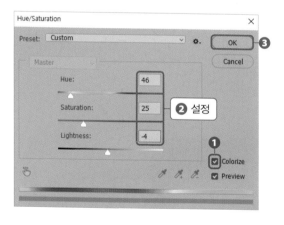

07. 레이어 마스크를 적용하고 부드러운 원 브러시를 이용해서 잘린 듯한 위쪽 부분을 지웁니다. 소녀와 로봇도 잘 보일 수 있도록 지웁니다.

08. [File] 〉 [Place Embedded] 메뉴를 클릭하여 'Lens Flare 3' 이미지를 불러옵니다. 크기는 [W] : '460%', [H] : '460%'로 설정하고 오른쪽 태양에 맞춰 위치시킵니다. 블렌딩 모드는 'Screen'으로 설정하고 레이어 마스크를 적용합니다. 렌즈 번짐이 생긴 왼쪽 부분과 잘린 듯한 부분들을 부드러운 원 브러시를 이용해서 지웁니다.

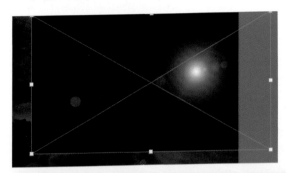

LESSON 03

우주선 사실적으로 표현하기

일반적인 우주선 이미지에 다양한 색상과 렌즈 플레어 효과를 적용해서 생동감 있게 만들고, 우주선에 다양한 모양의 불빛 효과를 만들어 주겠습니다. 또한 브러시를 이용해 떨어지는 유성을 사실적으로 표현하는 방법을 배우겠습니다.

예제 파일 활용편 〉 PART 06 〉 Lesson 03 〉 Lens Flare 5.jpg / Lens Flare 2.png / Lens Flare 6.png
/ Spaceship 1.png / Spaceship 2.jpg

완성 파일 활용편 〉 PART 06 〉 Lesson 03 〉 우주선 사실적으로 표현하기.psd

다양한 모양의 우주선을 합성하고 빛과 색을 적용해서 우주선을 사실적으로 만듭니다.

01. [File] 〉 [Place Embedded] 메뉴를 클릭하여 'Spaceship 1' 이미지를 불러옵니다. 크기는 [W] : '16%', [H] : '16%'로 설정하고 공장과 도시 사이에 위치시킵니다.

02. [Layers] 패널의 [Create new fill or aujustment layer]에서 [Curves]를 선택하고 Ctrl+Alt+G를 눌러서 클리핑 마스크를 적용합니다. 왼쪽 조절점을 [Input] : '0', [Output] : '70'으로 설정하고 오른쪽 조절점을 [Input] : '255', [Output] : '78'로 설정합니다.

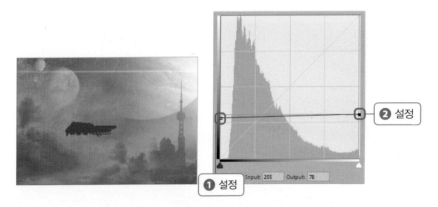

03. 새로운 레이어를 만들고 Ctrl+Alt+G를 눌러서 클리핑 마스크를 적용합니다. [Brush Tool]을 선택하고 부드러운 원 브러시를 선택합니다. [Foreground Color] : '#ffcf7b', [Brush Size] : '100px'로 설정한 후 우주선과 브러시의 거리를 조금 띄우고 앞과 위아래를 한 번씩 찍어 색이 조금만 적용되도록 만듭니다.

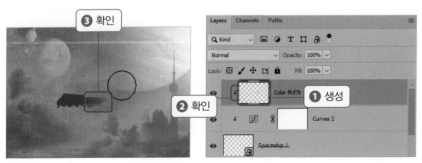

04. 이제 우주선에서 나오는 빛을 만들겠습니다. 새로운 레이어를 만들고 [Brush Tool]을 선택하고 부드러운 원 브러시를 선택합니다. [Brush Size] : '3px'로 설정하고 우주선 앞쪽 아래에 찍습니다. 레이어를 더블클릭해서 [Layer Style] 창이 나타나면 빛이 번지듯 보이게 'Outer Glow' 효과를 적용합니다. [Color] : '#ffffff'로 설정하고 [Blend Mode] : 'Normal'로 설정합니다. [Opacity] : '100%', [Size] : '10px', [Range] : '100%'로 설정합니다.

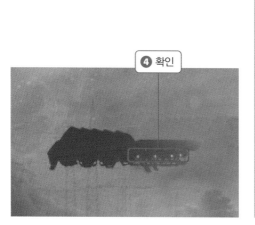
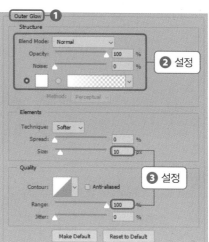

05. 이번에는 [Polygonal Lasso Tool]을 선택하고 여러 개의 모양을 그리기 위해 상단 옵션 바에서 [Add to selection]을 선택합니다. 우주선 위쪽에 삼각형 모양을 세 개 그립니다.

06. [Foreground Color] : '#ffffff'로 설정하고 Alt + Delete 를 눌러서 색을 채우고 Ctrl + D 를 눌러서 선택 영역을 해제합니다. 이번에도 레이어를 더블클릭해서 [Layer Style] 창이 나타나면 'Outer Glow' 효과를 적용합니다. [Color] : '#ffffff', [Blend Mode] : 'Normal', [Opacity] : '100%', [Size] : '13px', [Range] : '100%'로 설정합니다.

07. Shift 를 누른 상태로 'Spaceship' 관련 레이어들을 모두 선택하고 Ctrl + G 를 눌러서 그룹 레이어로 만듭니다. 그룹 레이어 이름은 'Spaceship 1'로 변경합니다. 우주선을 하나 더 만들기 위해 Ctrl + J 를 눌러서 'Spaceship 1' 그룹 레이어를 복사합니다.

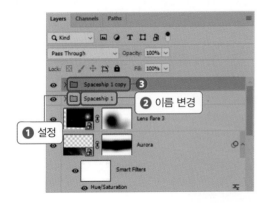

08. 'Spaceship 1 copy' 그룹 레이어를 선택하고 Ctrl + T 를 눌러서 크기를 [W] : '55%', [H] : '55%'로 설정하고 빌딩 사이에 위치시킵니다. 마우스 오른쪽 버튼을 클릭한 후 [Flip Horizontal]을 적용해서 가로로 뒤집기를 합니다. 위치를 다시 조정하고 Enter 를 누릅니다.

09. 먼저 'Spaceship 1 copy' 그룹 레이어의 [Opacity] : '70%'로 설정합니다. 그리고 그룹 레이어를 열어서 우주선 앞에 적용했던 'Color' 레이어의 눈을 끕니다.

10. 우주선이 'Spaceshp 1' 그룹 레이어 보다 더 먼 거리에 있기 때문에 'Curves' 조정 레이어도 수정합니다. 'Curves 2' 조정 레이어를 선택하고 왼쪽 조절점을 [Input] : '0', [Output] : '91'로 설정합니다.

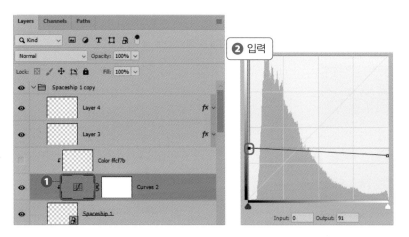

11. [Move Tool]을 이용하여 위치를 수정하고 그룹 레이어를 닫고 작업을 마무리합니다.

12. [File] 〉 [Place Embedded] 메뉴를 클릭하여 'Spaceship 2' 이미지를 불러옵니다. 크기는 [W] : '75%', [H] : '75%'로 설정하고 왼쪽 가운데 정도에 위치시킨 후 Enter를 누릅니다. 작업의 편의성을 위해 'Spaceship 2' 레이어 이름을 마우스 오른쪽 버튼으로 클릭한 후 [Rasterize Layer]를 선택하여 일반 레이어로 변경합니다.

13. Ctrl+J를 눌러서 레이어를 복사하고 'Spaceship 2' 레이어를 다시 선택해서 그림자를 만듭니다. Ctrl+U를 눌러서 [Hue/Saturation] 창이 나타나면 [Lightness] : '–100'으로 설정합니다. Ctrl+T를 누르고 마우스 오른쪽 버튼을 클릭한 후 [Flip Vertical]을 적용해서 세로로 뒤집기를 합니다. 그리고 아래로 내리고 빛의 방향을 확인한 후 왼쪽으로 조금 이동시킵니다.

❶ Ctrl + T

14. 레이어의 [Opacity] : '28%'로 설정하고 레이어 마스크를 적용합니다. [Brush Tool]을 선택하고 [Cloud Brushes Part 1] 브러시 폴더에서 360 브러시를 선택합니다. [Brush Size] : '150px'로 설정하고 그림자가 구름에 가리듯이 아래쪽 그림자 부분을 찍습니다.

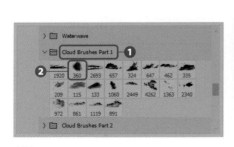 

❸ 확인

15. 'Spaceship 2 copy' 레이어를 선택하고 'Curves'를 적용해서 우주선을 어둡게 만들기 위해
Ctrl+M을 누르고 왼쪽 조절점을 [Input] : '0', [Output] : '42'로 설정, 오른쪽 조절점을 [Input] : '0',
[Output] : '73'으로 설정합니다. 'Spaceship 2 copy' 레이어에 레이어 마스크를 적용합니다.
'Spaceship 2 copy' 레이어도 우주선이 구름에 가리듯 만들어야 합니다. [Brush Tool]을 선택하고
[Cloud Brushes Part 1] 브러시 폴더에서 360 브러시를 선택한 후 우주선 아래쪽을 지웁니다.

16. 우주선에 디테일한 명암을 그리기 위해 새로운 레이어를 만들고 Ctrl+Alt+G를 눌러서 클리
핑 마스크를 적용합니다. [Foreground Color] : '#000000'으로 설정하고 [Brush Tool]을 선택하고 부
드러운 원 브러시를 선택합니다. [Opacity] : '30%', [Flow] : '30%', [Brush Size] : '50px'로 설정합니
다. 우주선의 일부분을 칠해서 명암을 만듭니다.

17. 이번에는 우주선 앞의 조정석 정도에 빛을 만들겠습니다. 새로운 레이어를 만들고 [Foreground
Color] : '#ffffff', [Brush Size] : '1px'로 설정합니다. [Zoom Tool]을 이용해 비행기 선두 부분을 확대합
니다. Shift를 누른 상태로 브러시를 왼쪽에서 오른쪽으로 칠합니다. 브러시 크기를 '1px'로 설정했지
만 우주선에 비해 선이 두껍기 때문에 두께를 조절해야 합니다.

18. 옵션 바에서 [Maintain aspect ratio]을 클릭해서 종횡비 유지를 해제하고 높이만 [H] : '–50%'로 설정하고 Enter 를 누릅니다.

① 확인   ② 입력

19. 선이 가늘어진 걸 확인할 수 있습니다. 이 레이어를 Ctrl + J 를 눌러서 복사합니다. 그리고 조금 더 위쪽에 위치시킵니다. 이번에는 폭을 줄여야 합니다.

💡Tip Shift 를 누른 상태로 위로 드래그하면 반듯하게 이동합니다.

20. 복사한 레이어를 선택하고 Ctrl + T 를 누릅니다. 폭만 [W] : '–70%'로 설정하고 Enter 를 누릅니다.

21. 이번에도 'Outer Glow' 효과를 적용해야 합니다. 그전에 두 레이어를 하나로 합쳐서 진행합니다. Shift 를 누른 상태로 두 레이어를 선택하고 Ctrl + E 를 눌러 레이어를 하나로 만듭니다.

 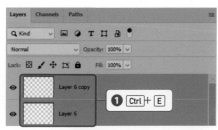

💡Tip Ctrl + E 는 여러 레이어를 하나로 합치는 단축키입니다.

22. 하나가 합쳐진 레이어 이름을 'Cockpit'으로 변경합니다. 레이어를 더블클릭해서 [Layer Style] 창이 나타나면 'Outer Glow' 효과를 적용합니다. [Color] : '#ffffff', [Blend Mode] : 'Normal', [Opacity] : '100%', [Size] : '10px', [Range] : '100%'로 설정합니다.

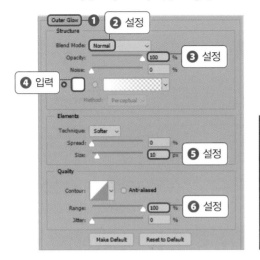

23. Shift를 누른 상태로 'Spaceship 2' 관련 레이어를 모두 선택하고 Ctrl+G를 눌러서 그룹 레이어로 만듭니다. [Layers] 패널에서 [Create new fill or aujustment layer]를 클릭하여 [Gradient Map]을 적용합니다. 색상을 선택해서 [Gradient Editor] 창을 열고 색상을 설정합니다. 왼쪽 [Color Stop] : '#171c2e', 오른쪽 [Color Stop] : '#ffe793'으로 설정합니다.

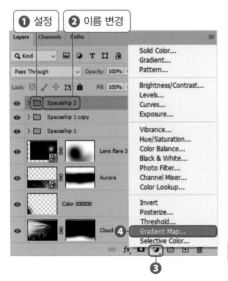

24. 'Gradient Map 1' 조정 레이어의 [Opacity] : '30%'로 설정합니다.

26. 다시 [Layers] 패널의 [Create new fill or aujustment layer]를 클릭하여 [Color Balance]를 적용합니다. [Midtones] : '+8,0,-10'으로 설정합니다.

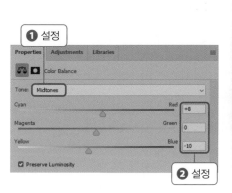

---

002 | 렌즈 플레어를 이용한 우주선 빛 만들기

렌즈 플레어는 합성에서 다양한 용도로 유용하게 사용할 수 있는 빛 이미지입니다. 태양 같은 빛을 표현할 때 주로 사용하지만, 차량의 불빛 같은 기체의 불빛을 표현할 때도 자주 사용합니다.

01. [File] 〉 [Place Embedded] 메뉴를 클릭하여 'Lens Flare 5' 이미지를 불러옵니다. 옵션 바의 [Maintain aspect ratio]을 클릭해서 종횡비 유지를 실행합니다. 크기는 [W] : '50%', [H] : '50%'로 설정합니다.

02. 레이어의 블렌딩 모드를 'Screen'으로 설정하고 'Spaceship 2' 그룹 레이어의 우주선에 맞춰 위치시키고 Enter 를 누릅니다. 이 빛들은 우주선에서 발생하는 빛입니다. 우주선 엔진에서 발생하는 엔진 불빛도 만들어야 합니다. 'Spaceship 2' 그룹 레이어 아래에 만들어야 하기 때문에 'Spaceship 1 copy' 그룹 레이어를 선택하고, [File] 〉 [Place Embedded] 메뉴를 클릭하여 'Lens Flare 6' 이미지를 불러옵니다.

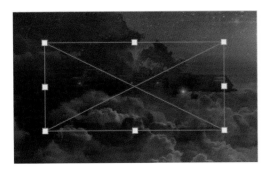

03. 크기는 [W] : '0.08%', [H] : '0.08%'로 설정하고 우주선 뒤쪽에 위치시킵니다. 블렌딩 모드를 'Screen'으로 설정하고 Ctrl + L 을 누른 후 [Input Levels] : '68, 1.00, 247'로 설정합니다.

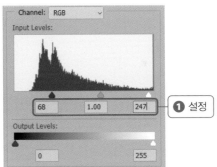

04. 'Lens Flare 6' 레이어를 선택하고 레이어 마스크를 적용합니다. [Brush Tool]을 선택하고 부드러운 원 브러시를 선택합니다. 잘린 듯한 테두리 부분을 자연스럽게 지웁니다.

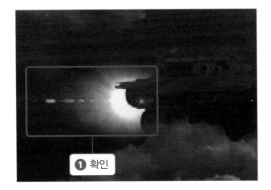

05. 다시 맨 위 레이어인 'Lens Flare 5' 레이어를 선택합니다. 렌즈 플레이어를 이용해서 반짝이는 행성을 만들기 위해 [File] 〉 [Place Embedded] 메뉴를 클릭하여 'Lens Flare 2' 이미지를 불러옵니다. 크기를 [W] : '0.08%', [H] : '0.08%'로 설정하고 왼쪽 별하늘 부분에 위치시킵니다. 블렌딩 모드를 'Screen'으로 설정하고 [Enter]를 누릅니다. 레이어 마스크를 적용하고 부드러운 원 브러시로 테두리를 깔끔하게 지우고 마무리합니다.

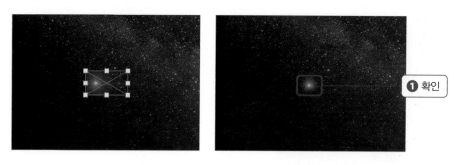

003 | 유성 만들기

떨어지는 유성을 만드는 방법은 다양합니다. 이곳에서는 브러시와 필터의 Wind 기능을 응용해서 만들어 보겠습니다.

01. 먼저 브러시를 이용해서 간단하게 만들어 보겠습니다. 맨 위 레이어를 선택하고 새로운 레이어를 만듭니다. [Brush Tool]을 선택하고 선명한 원 브러시를 선택합니다. [Opacity] : '100%', [Flow] : '100%'로 설정합니다. [Foreground Color] : '#ffffff'로 설정하고 [Brush Size] : '3px'로 설정한 후 왼쪽에서 오른쪽으로 짧게 그립니다. [Ctrl]+[T]를 누르고 [Rotate] : '30°'로 설정한 후 [Enter]를 누릅니다.

02. [Eraser Tool]을 선택하고 꼬리 부분이 자연스럽고 날렵하게 보이도록 조금 거리를 두고 위쪽과 아래쪽에서 조금씩 지웁니다. 다시 [Brush Tool]을 선택하고 새로운 레이어를 추가한 후 부드러운 원 브러시를 선택합니다. [Brush Size] : '15px'로 설정하고 유성 앞부분에 한 번 찍습니다.

03. [Filter] 〉 [Stylize] 〉 [Wind] 메뉴를 클릭합니다. [Wind] 창이 나타나면 [Method]의 [Wind]를 체크하고, [Direction]은 [From the Right]를 체크합니다.

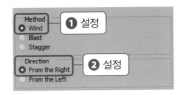

⑨ Tip [Wind]는 '일반적인 바람'을 뜻합니다. [Blast]는 '강풍', [Stagger]는 '돌풍'을 뜻합니다. [Direction]은 바람 방향을 설정할 수 있습니다.

04. Ctrl + T 를 누르고 유성에 맞춰 방향을 돌립니다. 그리고 Enter 를 누릅니다.

 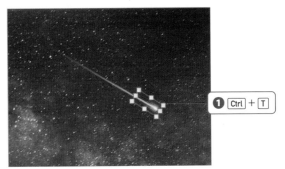

05. 여기서 마무리해도 되지만 좀 더 디테일한 모습을 표현하고 싶다면 Ctrl + T 를 한 번 더 누릅니다. 그리고 Ctrl 을 누른 상태로 왼쪽 위의 포인트를 드래그해서 늘립니다. 일정하지 않게 번지는 유성 머리 쪽의 빛을 표현하는 겁니다. 빛이 벗어났을 경우 위치를 조정하고 마무리합니다.

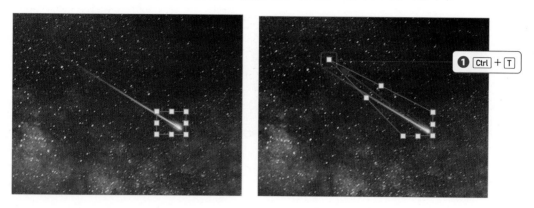

06. 유성 레이어들을 선택하고 Ctrl + G 를 눌러 그룹 레이어를 만들고 이름을 'Star'로 변경합니다.

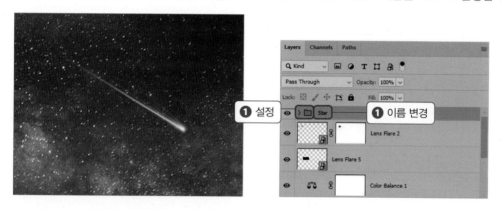

07. Shift + Ctrl + Alt + E 를 눌러서 통합 레이어를 만들고 레이어를 마우스 오른쪽 버튼으로 클릭하여 [Convert to Smart Object]를 적용합니다.

08. [Filter] 〉[Camera Raw Filter] 메뉴를 클릭합니다. [Temperature] : '+10', [Auto Shadows] : '+10', [Auto Whites] : '+9'로 설정하고 [OK] 버튼을 클릭합니다. 그리고 [Filter] 〉[Sharpen] 〉[Unsharp Mask] 메뉴를 클릭하고 [Amount] : '100%', [Radius] : '1.0Pixels', [Threshold] : '1levels'로 설정하여 작업을 마무리합니다.

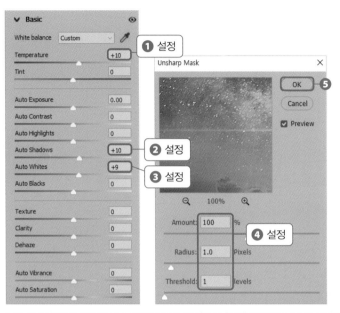

PART 07

판타지 영화 합성 효과

콘셉트
초인적인 힘을 가진 남자가 인간들을 지키기 위해 타락한 천사와 한동안의 전투 끝에 잠시 대치 중입니다. 주변은 초토화되고 경찰은 아무런 도움도 되지 못합니다. 마지막으로 남자는 타락한 천사를 무찌르기 위해 봉인되어 있던 검을 꺼내 들게 됩니다. 마지막으로 어둠에 힘을 모으는 타락 천사 그리고 검에 자신의 남은 기를 모두 불어 넣는 남자!

LESSON 01

PSD 파일 활용 방법

보통 합성 작업을 진행할 때 이미지를 그대로 사용하거나 PNG 파일을 이용해서 빠르게 합성하는 경우가 많습니다. 하지만 사물을 선택한 후 특정 부분만 원본 이미지의 모습을 그대로 살려 다시 작업해야 하는 경우도 많습니다. 이럴 때 PNG 파일이 아닌 PSD 파일을 사용하게 됩니다.

예제 파일 활용편 〉 PART 07 〉 Lesson 01 〉 background.jpg / Car 1.png / Car 2.psd / Police Car 1.psd / Police Car 2.psd

완성 파일 활용편 〉 PART 07 〉 Lesson 01 〉 PSD 파일 활용 방법.psd

001 | PSD 파일로 자동차 합성하기

기존에 자주 사용했던 PNG 파일이 아닌 PSD 파일을 이용해서 합성을 진행합니다. 선택한 이미지의
일부분을 다시 사용해서 합성을 진행합니다.

01. [File] 〉 [Open]([Ctrl]+[O]) 메뉴를 클릭하여 'Background' 이미지를 불러옵니다. PSD 파일은
[Place Embedded] 메뉴를 이용하여 불러올 수 없습니다. 작업 창에 바로 불러오면 레이어 마스크가
사라지기 때문에 따로 열어서 작업 창으로 드래그한 후 작업을 진행해야 합니다. [File] 〉 [Open]([Ctrl]
+[O]) 메뉴를 클릭하여 'Police Car 1 PSD' 이미지를 불러옵니다. 배경 없이 선택된 경찰 파일이 열리
고 [Layers] 패널에서도 레이어 마스크가 적용된 상태인 걸 확인할 수 있습니다. 레이어 이름은 'Police
car 1'로 변경합니다.

02. [Move Tool]을 선택하고 [Shift]를 누른 상태로 이미지를 선택해서 작업 창 탭 위로 드래그하여
옮겨옵니다.

03. [Ctrl]+[T]를 눌러서 크기를 조절합니다. 크기는 [W] : '31%', [H] : '31%'로 설정하고 왼쪽 도로
뒤쪽에 위치시킵니다. [Alt]를 누른 상태로 레이어 마스크를 선택하면 원본 이미지를 볼 수 있습니다.
경찰차를 PSD 파일로 저장한 이유는 그림자를 그대로 사용하기 위해서입니다.

04. 원본 이미지를 복원시키기 위해 레이어 마스크를
선택합니다. [Brush Tool]을 선택하고 부드러운 원 브러
시를 선택합니다. [Foreground Color] : '#ffffff'로 설정합
니다.

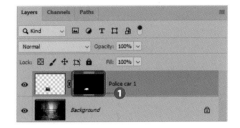

💡Tip 이미지를 지울 때는 검은색이고 복원시킬 때는 흰색이라는 걸 잊지 말고 기억합니다.

05. [Opacity] : '50%', [Flow] : '50%', [Brush Size] : '50px'로 설정하고 경찰차 아래쪽을 살살 지
워서 그림자를 복원합니다. 그림자 외에 다른 부분이 복원되지 않도록 주의합니다. 브러시를 이용해
직접 그림자를 그리는 것보다 원본 이미지를 살려 그림자를 만들면 훨씬 더 사실적이기 때문에 이 방
법도 자주 사용합니다.

06. 이번에는 [File] 〉 [Open]([Ctrl]+[O]) 메뉴를 클릭하여 'Police Car 2 PSD' 이미지를 불러옵니다.
[Move Tool]을 선택하고 [Shift]를 누른 상태로 작업 창으로 옮겨옵니다. [Ctrl]+[T]를 누르고 크기를
[W] : 27%, [H] : '27%'로 설정한 후 [Enter]를 누른 다음 오른쪽 도로 뒤쪽에 위치시킵니다. 그리고
'Police Car 2' 레이어는 'Police Car 1' 레이어 아래에 위치해야 합니다. 만약 레이어가 위에 있을 경
우 [Ctrl]+[[]를 눌러서 위치를 수정합니다.

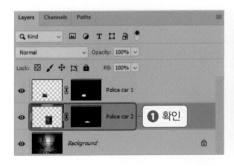

07. 'Police Car 2' 레이어의 레이어 마스크를 선택합니다. [Brush Tool]을 선택하고 부드러운 원 브러시를 선택합니다. [Foreground Color] : '#ffffff', [Brush Size] : '35px'로 설정하고 그림자 부분을 칠해서 복원합니다.

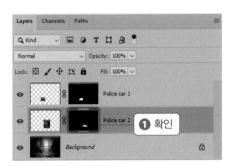

08. 이제 전체적인 분위기를 어둡게 만들겠습니다. [Layers] 패널의 [Create new fill or adjustment layer]를 클릭하고 [Brightness/Contrast]를 선택합니다. [Brightness] : '-150', [Contrast] : '-32'로 설정하면 전체 밝기가 어두워진 걸 확인할 수 있습니다.

09. 새로운 레이어를 만듭니다. [Brush Tool]을 선택하고 부드러운 원 브러시를 선택합니다. [Opacity] : '100%', [Flow] : '100%', [Foreground Color] : '#ffffff', [Brush Size] : '700px'로 중앙 부분에 한 번 찍고, 다시 브러시를 [Opacity] : '50%', [Flow] : '50%'로 설정하고 왼쪽과 오른쪽 군데군데에 칠합니다. 중앙과 부분적으로 밝아야 할 부분들을 대충 그려주는 겁니다. 레이어 이름을 'Light'로 변경합니다.

10. 레이어의 블렌딩 모드를 'Overlay'로 설정합니다.

11. [File] 〉 [Place Embedded] 메뉴를 클릭하여 'Car 1 PNG' 이미지를 불러옵니다. 크기는 [W] : '188%', [H] : '188%'로 설정하고 오른쪽 아래에 자동차를 위치시킨 후 Enter 를 누릅니다.

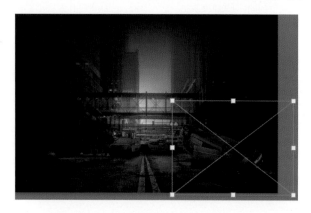

12. 자동차 레이어 아래에 그림자를 만들어야 합니다. 'Light' 레이어를 선택하고 새로운 레이어를 만듭니다. [Brush Tool]을 선택하고 부드러운 원 브러시를 선택합니다. [Foreground Color] : '#000000', [Opacity] : '30%', [Flow] : '30%'로 설정합니다. 자동차와 바닥이 만나는 부분에 브러시를 칠해서 그림자를 만듭니다. 과하지 않게 칠하고, 레이어 이름을 'Car Shadow'로 변경합니다.

④ 확인

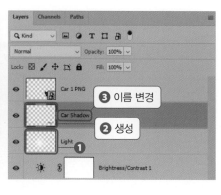

13. [File] 〉 [Open]([Ctrl]+[O]) 메뉴를 클릭하여 'Car 2 PSD' 이미지를 불러옵니다. [Shift]를 누른 상태로 작업 창으로 옮겨온 후 [Ctrl]+[T]를 누릅니다. 크기는 [W] : '44%', [H] : '44%'로 설정하고 왼쪽 아래에 위치시킵니다. [Brush Tool]을 선택하고 부드러운 원 브러시를 선택합니다. [Brush Size] : '150px'로 하고 앞바퀴 쪽 부서진 부분과 자동차 그림자를 복원시킵니다.

❶ [Ctrl] + [T]

❷ 확인

LESSON 02
무너진 바닥과 웅덩이 만들기

부서진 자동차의 부품들을 표현하고 고여 있는 물을 자연스럽게 합성합니다. 부서진 벽 이미지를 활용해서 갈라진 바닥을 만듭니다. 폭발 효과나 파괴된 장면을 연출할 때 유용하게 사용할 수 있는 합성 방법입니다.

예제 파일 활용편 〉 PART 07 〉 Lesson 02 〉 Car 2.jpg / Lightning 1.jpg / Puddle.jpg / Wall.jpg
완성 파일 활용편 〉 PART 07 〉 Lesson 02 〉 무너진 바닥과 웅덩이 만들기.psd

001 | 부서진 부품 합성과 웅덩이 만들기

사고로 부서진 자동차 부품들을 이용해서 혼합 모드와 브러시를 활용해서 자연스럽게 합성합니다. 고여 있는 빗물을 이용해서 흘러나온 물을 표현합니다.

01. 'Car 2 PSD'의 원본 이미지를 불러와 부서진 부품들을 바닥에 합성하기 위해 [File] 〉 [Open]([Ctrl]+[O]) 메뉴를 클릭하여 'Car 2 JPEG' 이미지를 불러옵니다. [Lasso Tool]을 선택해서 바닥에 부서진 부품들을 선택합니다. [Ctrl]+[C]를 눌러서 복사한 후 작업 창에서 'Car 1 PNG' 레이어를 선택하고 [Ctrl]+[V]를 눌러 붙여 넣습니다. [Ctrl]+[T]를 눌러서 크기를 줄인 후 [Enter]를 누릅니다.

❶ 선택

02. [Image] 〉 [Adjustments] 〉 [Brightness/Contrast] 메뉴를 클릭하고 [Brightness] : '–41'로 설정하고, 레이어 이름을 'Car Crush'로 변경합니다. 블렌딩 모드는 'Hard Light'로 설정합니다.

Tip 'Hard Light'는 'Overlay'와 비슷하지만 50% 회색보다 밝거나 어두우면 훨씬 강하게 밝거나 어둡게 표현됩니다.

03. [Eraser Tool]을 선택하고 부드러운 원 브러시를 선택합니다. 잘린 테두리 부분을 자연스럽게 지웁니다.

04. 왼쪽 자동차 아래쪽에 물웅덩이를 만들어야 합니다. 'Car Crush' 레이어를 선택하고 [File] 〉 [Place Embedded] 메뉴를 클릭하여 'Puddle' 이미지를 불러옵니다. Shift 를 누른 상태로 위쪽 중앙 포인트를 클릭해서 이미지를 납작하게 만듭니다. 높이를 [H] : '20%' 정도로 설정하고 위치를 지정한 후 Enter 를 누릅니다. 레이어 마스크를 적용하고 [Foreground Color] : '#000000'으로 설정합니다. [Brush Tool]을 선택하고 부드러운 원 브러시를 선택한 후 잘린 테두리 부분을 자연스럽게 지웁니다.

❶ Shift + 드래그

05. 이제 물에 반사된 자동차의 모습을 만듭니다. 'Puddle' 레이어를 선택하고 [File] 〉 [Open](Ctrl +O) 메뉴를 클릭하여 'Car JPEG' 이미지를 다시 불러옵니다. 이미 이미지가 열려 있고 선택 영역이 지정되어 있다면 Ctrl + D 를 눌러서 선택 영역을 해제합니다. [Lasso Tool]을 이용하여 앞바퀴와 자동차 아래쪽 부분을 선택합니다. Ctrl + C 를 눌러서 복사한 후 작업 창에서 Ctrl + V 를 눌러 붙여 넣습니다.

❶ 드래그

06. Ctrl + T 를 누르고 마우스 오른쪽 버튼을 클릭한 후 [Flip Horizontal]을 적용해서 가로로 뒤집기합니다. 다시 마우스 오른쪽 버튼을 클릭한 후 [Flip Vertical]을 적용해서 세로로 뒤집기 합니다.

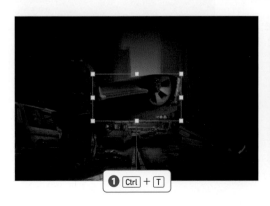 

❶ Ctrl + T

07. 왼쪽 자동차 아래에 위치시키고 바퀴 크기를 비슷하게 맞춰서 전체 크기를 조절합니다. 반사된 듯 위치시키고 레이어 이름을 'Reflect'로 변경합니다.

❶ 확인

002 | 부서진 바닥 만들기

부서진 건물 벽과 바닥 이미지를 이용해서 부서진 바닥이나 건물을 자연스럽게 표현할 수 있습니다.

01. [File] 〉 [Open]([Ctrl]+[O]) 메뉴를 클릭하여 'Wall' 이미지를 불러옵니다. 벽에 부서진 부분만 선택 영역을 지정하기 위해 [Quick Selection Tool]을 선택합니다.

02. [Quick Selection Tool]을 이용해서 부서진 벽 부분을 선택합니다. 그리고 [Ctrl]+[C]를 눌러서 이미지를 복사하고 작업 창의 맨 위 레이어를 선택하고 [Ctrl]+[V]를 눌러 붙여 넣습니다.

03. [Shift]+[Ctrl]+[U]를 눌러서 이미지를 흑백으로 만듭니다. 그리고 [Ctrl]+[T]를 눌러서 크기를 [W] : 40%, [H] : '40%'로 설정합니다. 부서진 도로를 표현할 부분에 드래그해서 위치시킵니다. [Shift]를 누른 상태로 아래쪽 중앙 포인트를 클릭해서 조금 납작하게 만듭니다.

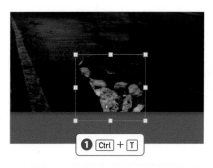

❶ [Ctrl] + [T]

💡Tip **Quick Selection Tool**

[Quick Selection Tool] 선택 후 상단의 옵션 바를 이용하면 선택 영역을 추가하거나 뺄 수 있습니다. [+]는 선택 영역을 추가하고, [-]는 선택 영역을 뺄 수 있습니다. 또 [Shift]를 누른 상태로 선택 영역을 추가하고, [Alt]를 누른 상태로 뺄 수도 있습니다.

04. 왼쪽 부서진 부분이 너무 반듯해서 어색해 보이기 때문에 다시 [Quick Selection Tool]을 선택합니다. 그리고 왼쪽 일부분을 선택한 후 [Delete]를 눌러서 삭제합니다. 다시 [Ctrl]+[D]를 눌러서 선택 영역을 해제합니다.

❶ [Delete]

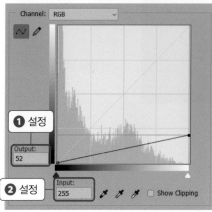

❶ 설정

Output: 52

❷ 설정

Input: 255

05. [Ctrl]+[M]을 누릅니다. 'Curves'를 적용해서 어둡게 만들기 위해 오른쪽 조절점을 내려서 [Input] : '255', [Output] : '52'로 설정합니다.

003 | 튀는 물방울 효과 만들기

고여 있는 물에 빗방울이 튀는 효과를 만들겠습니다. 이런 효과들은 주로 이미지를 브러시로 만든 후 브러시를 이용해서 그릴 수 있습니다.

01. 먼저 새로운 레이어를 만들고 [Brush Tool]을 선택합니다. 작업 창에서 마우스 오른쪽 버튼을 클릭한 후 [Raindrop] 폴더에서 1920 브러시를 선택합니다. [Brush Size] : '80px'로 설정하고 웅덩이 부분에 한 번 찍습니다. 빗방울의 각도가 맞아야 하므로 Shift 를 누른 상태로 상단 중앙 포인트를 드래그해서 [H] : '45%' 정도로 조금 납작하게 만들고 Enter 를 누릅니다.

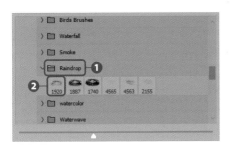

❸ Shift + 드래그

02. 튀는 물방울을 하나 더 만들기 위해 Ctrl + J 를 눌러서 레이어를 한 번 복사합니다. Ctrl + T 를 누르고 크기를 [W] : 80%', [H] : '80%'로 설정한 후 다른 부분에 위치시킵니다. 그리고 [Brush Tool]을 선택하고 부드러운 원 브러시를 선택합니다. [Brush Size] : '3px'로 설정하고 복사한 'Waterdrop' 레이어의 위쪽에 찍습니다. 물방울이 떨어지고 다시 튀어 오르는 물방울을 표현하는 겁니다.

❶ 확인

❷ 확인

03. 이제 하늘에 번개를 합성하겠습니다. [File] 〉 [Place Embedded] 메뉴를 클릭하여 'Lightning 1' 이미지를 불러옵니다. 중앙 건물 사이에 번개 이미지를 위치시킵니다. 강렬한 번개를 표현하기 위해서 블렌딩 모드를 'Vivid Light'로 설정합니다. 'Vivid Light'는 혼합 색상의 대비에 따라 50% 회색보다 밝으면 대비를 감소시켜 밝아지고 50% 회색보다 어두우면 대비를 증가시켜 어둡게 나타냅니다.

04. 레이어 마스크를 적용하고 [Brush Tool]을 선택하고 부드러운 원 브러시를 선택합니다. [Foreground Color] : '#000000'으로 설정하고 사용하지 않을 테두리 부분을 지웁니다.

05. 또 새로운 레이어를 만듭니다. [Foreground Color] : '#ffffff', [Brush Size] : '400px'로 설정합니다. 번개 빛이 번진 듯하게 두 번 찍습니다. 레이어의 [Opacity] : '18%'로 설정합니다. 레이어 이름은 'Light'로 변경합니다.

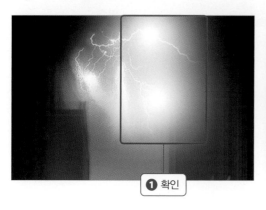 

❶ 확인

LESSON 03
불타오르는 자동차 표현하기

불은 판타지 합성에서 자주 사용하는 효과입니다. 불 이미지의 배경이 대부분 어둡기 때문에 블렌딩 모드를 활용하면 쉽고 자연스럽게 불을 합성할 수 있습니다. 모닥불과 찻잔의 김을 이용해서 불이 난 자동차를 표현합니다.

예제 파일 활용편 〉 PART 07 〉 Lesson 03 〉 Fire 1.jpg / Fire 2.jpg / Smoke 2.jpg / Accident.png / 251 Crack 브러시.abr / 382 Crack 브러시.abr

완성 파일 활용편 〉 PART 07 〉 Lesson 03 〉 불타오르는 자동차 표현하기.psd

갈라진 벽이나 번개 이미지를 이용해서 브러시를 만들면 갈라진 벽 모양을 표현할 수 있습니다. 크랙 브러시를 이용해서 갈라진 바닥이 더 자연스럽게 보이도록 만들겠습니다.

01. 새로운 레이어를 만들고 'Crack 1'로 이름을 변경합니다. [Brush Tool]을 선택하고 마우스 오른쪽 버튼을 클릭한 후 [Crack Brushes] 폴더를 열어서 '251 브러시'를 선택합니다. 다양한 크랙 브러시 모양을 활용해서 임의로 찍어도 상관없습니다.

 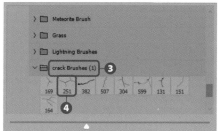

02. 갈라지게 보일 부분에 브러시를 찍습니다. 약하게 갈라진 부분을 표현할 때는 한 번만 찍고 강하게 갈라진 부분으로 표현하고 싶을 때는 연속해서 두 번 정도 찍습니다.

03. 크랙 브러시를 여러 번 찍을 경우에는 브러시의 크기나 모양을 변경해야 하는 경우가 생기기 때문에 레이어를 개별적으로 만들어 사용하는 게 좋습니다. 새로운 레이어를 만들고 이번에는 '169 브러시'를 선택하고 찍습니다. 도로의 각도와 맞춰야 하기 때문에 Ctrl+T를 누르고 Shift를 누른 상태로 크기를 조금 납작하게 만듭니다.

04. 추가로 새로운 레이어를 만들고 382 브러시를 선택합니다. [Brush Size] : '150px'로 설정해서 찍습니다. 이름을 'Crack 3'으로 변경합니다.

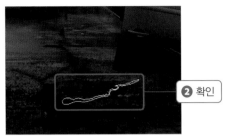

05. Shift 를 누른 상태로 크랙 레이어들을 모두 선택합니다. Ctrl + G 를 눌러서 그룹 레이어로 만들고 이름을 'Crack'으로 변경합니다.

06. [File] 〉 [Place Embedded] 메뉴를 클릭하여 'Fire 1' 이미지를 불러옵니다. 크기는 [W] : '13%', [H] : '13%'로 설정하고 불은 엔진 쪽에서 생긴 것이기 때문에 자동차 앞쪽에 위치시킵니다. 블렌딩 모드는 'Lighten'으로 설정합니다.

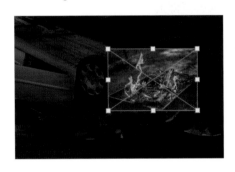

(Tip) 'Lighten'은 채널의 색상 정보를 보고 기본 색상이나 혼합 색상 중 더 밝은 색상을 나타내고 어두운 부분은 투명 처리됩니다.

07. 최대한 불을 살리고 배경을 어둡게 만들어야 합니다. 그러기 위해서 추가로 'Levels'를 적용합니다. [Ctrl]+[L]을 누르고 [Input Levels] : '0, 0.75, 255'로 설정합니다.

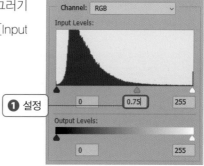

❶ 설정

08. 'Fire 1' 레이어에 레이어 마스크를 적용하고 [Brush Tool]을 선택합니다. 작업 창에서 마우스 오른쪽 버튼을 클릭한 후 부드러운 원 브러시를 선택합니다. [Foreground Color] : '#000000', [Brush Size] : '50px' 정도로 설정하고 불을 제외한 테두리 부분을 자연스럽게 지웁니다.

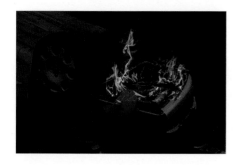

09. 이미지를 합성해서 추가로 불과 불꽃 효과를 추가합니다. [File] 〉 [Place Embedded] 메뉴를 클릭하여 'Fire 2' 이미지를 불러온 후 자동차 불 위에 중복해서 위치시킵니다. 블렌딩 모드는 'Screen'으로 설정하고 레이어 마스크 적용 후 불이 과하지 않게 불과 테두리를 자연스럽게 지웁니다.

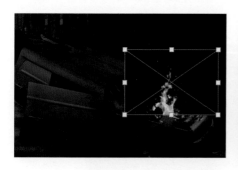

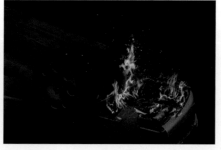

002 | 연기 합성하기

보통 연기는 향이나 담배 연기 그리고 공장의 굴뚝 연기를 이용해서 합성하는 경우가 많습니다. 이번에는 자동차에서 그을음이 나는 연기를 표현해야 하는데 노이즈 효과가 들어간 이미지를 이용하면 자연스러운 그을음 효과를 표현할 수 있습니다.

01. 찻잔의 김이 촬영된 이미지를 사용하겠습니다. [File] 〉[Place Embedded] 메뉴를 클릭하여 'Smoke 2' 이미지를 불러옵니다. 크기는 [W] : '230%', [H] : '230%'로 설정하고 자동차 오른쪽에 연기가 보이도록 위치합니다. 블렌딩 모드를 'Screen'으로 설정합니다. 몇 가지 효과를 쉽게 적용하기 위해서 'Smoke 2' 레이어를 일반 레이어로 만들어야 합니다. 레이어 이름을 마우스 오른쪽 버튼으로 클릭한 후 [Rasterize Layer]를 선택합니다.

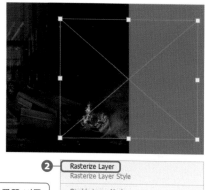

02. 가장 먼저 이미지를 부드럽게 만들 필요가 있습니다. 노이즈가 있는 이미지들은 나중에 전체 이미지의 선명도를 조절하게 되면 노이즈 증상이 더 뚜렷하게 보입니다. 그렇기 때문에 사전에 노이즈를 조금 부드럽게 만들어야 합니다. [Filter] 〉[Noise] 〉[Reduce Noise] 메뉴를 클릭하고 [Strength] : '1'로 설정한 후 [OK] 버튼을 클릭합니다.

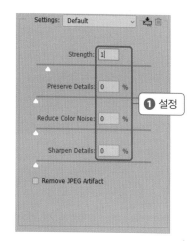

03. 이제 Shift + Ctrl + U 를 눌러서 이미지를 흑백으로 만듭니다.

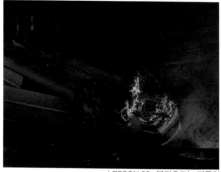

04. [Eraser Tool]을 선택합니다. 부드러운 원 브러시를 선택하고 [Brush Size] : '125px'로 설정한 후 아래쪽의 잘린 듯한 부분을 자연스럽게 지웁니다.

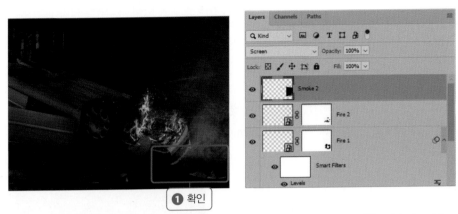

05. 반사된 불을 표현하기 위해 브러시로 색을 칠합니다. [Brush Tool]을 선택하고 부드러운 원 브러시를 선택합니다. [Foreground Color] : '#ffc05c', [Brush Size] : '80px'로 설정합니다. 불 주변과 바닥에 칠하고 블렌딩 모드는 'Soft Light'로 설정합니다.

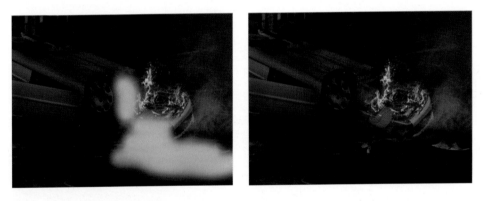

06. [File] 〉 [Place Embedded] 메뉴를 클릭하여 'Accident PNG' 이미지를 불러옵니다. 크기를 [W] : '80%', [H] : '80%'로 설정하고 하수구 뚜껑 위쪽에 위치시킨 후 Enter 를 누릅니다.

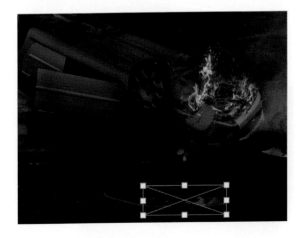

LESSON 04
인물 사진 활용 방법

평범한 인물 사진에 포토샵의 다양한 효과를 추가해 판타지 속에 등장하는 신과 초능력자를 표현할 수 있습니다. 먼저 이런 장면에서는 인물 사진들의 자세와 각도가 중요하기 때문에 사진을 고를 때 모델의 자세를 고려해서 선택해야 합니다.

예제 파일 활용편 〉 PART 07 〉 Lesson 04 〉 Man 2.jpg / Spark.jpg / Man 2.png / Saber.png / Wing.png / 뿌리기 59 브러시.abr / 스타 브러시 3.abr

완성 파일 활용편 〉 PART 07 〉 Lesson 04 〉 인물 사진 활용 방법.psd

001 | Remove Background를 이용한 배경 제거

포토샵에서 제공하는 다양한 선택 도구를 이용하면 배경을 쉽게 제거할 수 있습니다. 선택 대상을 제외한 배경을 빠르게 제거하는 방법도 다양한데, Remove Background는 아주 쉽고 빠른 방법으로 배경을 제거할 수 있습니다.

01. 신을 만들기 위해 먼저 인물 사진을 불러와야 합니다. [File] 〉 [Open]([Ctrl]+[O]) 메뉴를 클릭하여 'Man 2' 이미지를 불러옵니다. 'Remove Background' 기능을 사용하기 위해서는 레이어의 자물쇠를 풀어야 합니다. 자물쇠 모양을 클릭합니다.

02. 자물쇠를 풀게 되면 [Properties] 패널에 [Quick Actions] 〉 [Remove Background] 목록이 나타납니다. 이때 [Remove Background]를 클릭하면 배경을 빠르게 제거할 수 있습니다. 추가로 레이어에 레이어 마스크가 적용되어 있습니다.

03. 작업의 편의를 위해 'Man 2' 이미지를 PNG 파일로 만듭니다. 레이어 마스크를 선택하고 마우스 오른쪽 버튼을 클릭한 후 [Apply Layer Mask]를 선택합니다.

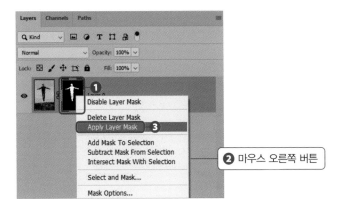

04. [Move Tool]을 선택하고 Shift 를 누른 상태로 이미지를 작업 창으로 옮겨옵니다. 작업 창에 옮겨온 후 Ctrl + T 를 눌러서 크기를 조절합니다. [W] : '10%', [H] : '10%' 정도로 하고 번개 중앙에 위치시킵니다. 첨부해 놓은 'Man 2 PNG' 이미지를 사용해도 됩니다. 그리고 Ctrl + U 를 눌러서 [Hue/Saturation] 창이 나타나면 [Lightness] : '−72'로 설정해서 어둡게 만듭니다.

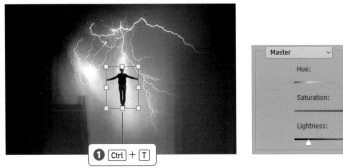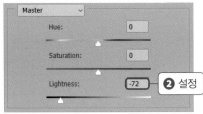

Tip 작업 창으로 옮길 때는 항상 마우스 포인트를 먼저 작업 창 탭 위에 올려서 이동합니다.

05. 이미지의 윤곽이 어느 정도 보여야 하므로 완벽하게 어둡게 만들지 않습니다.

06. 이제 날개를 합성합니다. 날개는 인물 레이어 아래에 위치해야 합니다. 먼저 'Accident PNG' 레이어를 선택하고 [File] 〉 [Place Embedded] 메뉴를 클릭하여 'Wing PNG' 이미지를 불러옵니다. 크기를 [W] : '13%', [H] : '13%'로 설정하고 남자의 등 높이에 위치시킵니다. 그리고 Ctrl+G를 눌러서 'Wing PNG' 레이어와 남자 레이어를 그룹 레이어로 만듭니다. 그룹 레이어 이름을 'God'로 변경합니다.

002 | Smudge Tool을 이용한 머리카락 표현

번개와 바람이 부는 장면이기 때문에 날리는 머리카락을 표현하면 훨씬 디테일이 살아납니다. Smudge Tool을 이용해 머리 부분의 이미지를 늘려 머리카락을 만들 수 있습니다.

01. 'God' 그룹 레이어를 열고 'Layer 1' 레이어(남자)를 선택합니다. [Smudge Tool]을 선택하고, 머리 부분을 늘려 날리는 머리카락을 만들기 위해 뿌리기 59픽셀 브러시를 선택한 후 [Brush Size] : '3px'로 설정합니다.

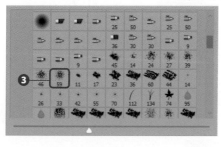

02. 옵션 바에서 [Strength] : '85%'로 설정합니다. 그리고 머리카락이 산발한 듯 늘려서 만듭니다.

03. 머리카락을 실수로 그렸을 때는 Ctrl+Z를 눌러서 되돌린 후 다시 작업을 진행합니다. 머리카락을 수차례 만들어야 하므로 다소 시간이 걸릴 수 있습니다.

04. 번개가 치기 때문에 날개와 몸의 일부분에 반사된 빛을 표현해야 합니다. 새로운 레이어를 만들고 Ctrl+Alt+G를 눌러서 클리핑 마스크를 적용합니다. [Brush Tool]을 선택하고 부드러운 원 브러시를 선택합니다. [Foreground Color] : '#ffffff', [Brush Size] : '125px'로 설정한 후 날개와 몸에 적당한 거리를 두고 찍어서 날개와 몸에 밝은 빛을 표현합니다.

05. 'God' 그룹 레이어에 'Curves'를 적용하기 위해 [Create new fill or adjustment layer]를 클릭하고 [Curves]를 선택한 후 Ctrl+Alt+G를 눌러서 클리핑 마스크를 적용합니다. 왼쪽 조절점을 [Input] : '0', [Output] : '22'로 설정하고, 오른쪽 조절점을 [Input] : '0', [Output] : '102'로 설정합니다.

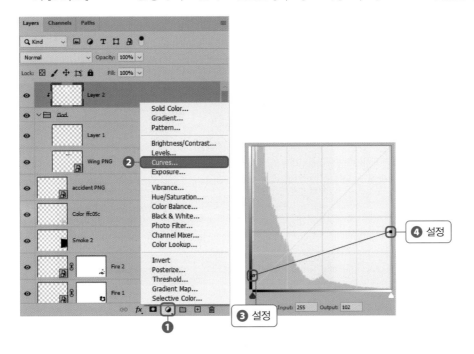

06. 사물이 멀리 있을 때는 이미지가 보통 뿌옇게 보입니다. 'Curves'는 주로 이런 효과를 표현할 때 자주 사용합니다. 조금 더 뿌옇게 만들기 위해서 그룹 레이어의 [Opacity] : '71%'로 설정합니다.

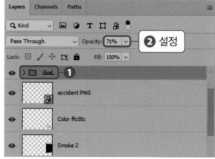

07. 거리감이 느껴지고 뿌여면서 흐릿함이 표현된 걸 확인할 수 있습니다.

08. 이제 'Curves'를 이용해서 전체적인 밝기를 높이기 위해 [Layers] 패널의 [Create new fill or adjustment layer]를 클릭해서 [Curves]를 선택합니다. 먼저 왼쪽 조절점을 [Input] : '0', [Output] : '8'로 설정합니다. 그리고 중앙에 포인트를 하나 찍습니다. 그리고 중앙 조절점을 [Input] : '121', [Output] : '138'로 설정합니다.

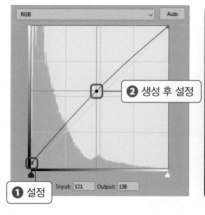

09. 'Blue' 색상도 조금 추가하기 위해 'Blue'를 선택하고 왼쪽 조절점을 [Input] : '0', [Output] : '7', 오른쪽 조절점을 [Input] : '0', [Output] : '241'로 설정합니다.

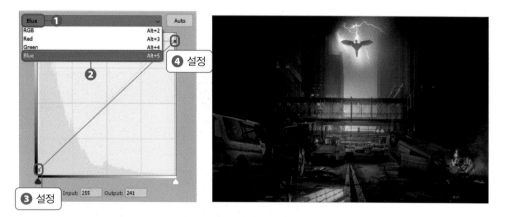

10. 전선이 끊어져 스파크가 생기는 장면을 연출합니다. [File] > [Place Embedded] 메뉴를 클릭하여 'Spark' 이미지를 불러옵니다. 크기는 [W] : '23%', [H] : '23%'로 설정하고 블렌딩 모드를 'Screen'으로 설정합니다.

11. 테두리 밝은 부분을 사라지게 하기 위해서 'Levels'를 이용합니다. Ctrl+L을 누르고 [Input Levels] : '40, 1.00, 255'로 설정한 후 [OK] 버튼을 클릭합니다. 스파크는 거리감이 있기 때문에 흐림 효과를 적용해야 합니다. [Filter] > [Blur] > [Gaussian Blur] 메뉴를 클릭하고 [Radius] : '1Pixles'로 설정합니다.

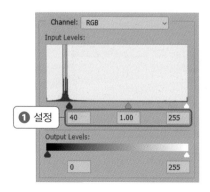

12. 비네팅 효과를 적용하기 위해서 새로운 레이어를 만듭니다. [Brush Tool]을 선택하고 [Foreground Color] : '#1c2026', [Brush Size] : '500px'로 설정하고 작업 창 테두리에 색을 칠합니다. 구석 부분은 조금 더 넓고 진하게 칠해서 비네팅 효과를 표현합니다. 그리고 레이어의 [Opacity] : '68%'로 설정합니다.

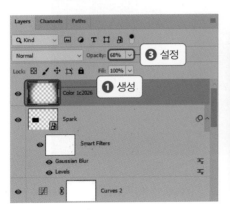

13. 전체적인 색상을 조절하기 위해 [Create new fill or adjustment layer]를 클릭해서 [Gradient Map]을 적용합니다. [Gradient Editor] 창이 나타나면 왼쪽 [Color Stop] : '#0a1d2a', 오른쪽 [Color Stop] : '#8a8a8a'로 설정하고 [OK] 버튼을 클릭합니다.

14. 레이어의 블렌딩 모드를 'Soft Light'로 설정하고, 레이어의 [Opacity] : '20%'로 설정합니다.

15. 이번에는 [Create new fill or adjustment layer]를 클릭하여 [Photo Filter]를 적용합니다. [Filter] 목록 중에 'Deep Blue'를 선택하고 [Density] : '25%'로 설정합니다. [Preserve Luminosity]는 빛을 유지한 채 색상을 바꿀 수 있기 때문에 반듯이 체크합니다.

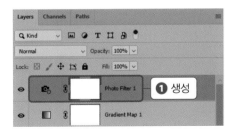

003 | 사이렌 불빛 만들기

브러시의 색상을 칠한 후 블렌딩 모드를 적용해서 자연스러운 사이렌 불빛을 만듭니다.

01. 새로운 레이어를 만들고 [Brush Tool]에서 부드러운 원 브러시를 선택합니다. [Foreground Color] : '#ff4e00', [Brush Size] : '40px'로 설정해서 왼쪽 경찰차의 사이렌 부분에 한 번 찍습니다. 다시 [Brush Size] : '20px'로 설정하고 오른쪽 경찰차의 사이렌에 찍습니다. 블렌딩 모드는 'Color Dodge'로 설정합니다.

Tip 'Color Dodge'는 각 채널의 색상 정보를 보고 채널의 대비를 감소시켜 기본 색상을 밝게 혼합해서 나타냅니다.

02. 또 새로운 레이어를 만들고 [Foreground Color] : '#0066ff', [Brush Size] : '20px'로 파란색 사이렌 불빛을 각 차량의 사이렌에 찍습니다. 왼쪽의 경찰차에는 사이렌 불빛을 조금 길게 그립니다. 블렌딩 모드는 'Color Dodge'로 설정합니다. 레이어 이름은 색상 코드로 지정합니다.

03. 이번에는 사이렌 불빛이 번진 듯하게 만듭니다. 빨간색 불빛 레이어를 선택하고 새로운 레이어를 만듭니다. 레이어를 만드는 순서는 블렌딩 모드가 적용되었을 때는 매우 중요합니다. 블렌딩 모드는 하위 레이어의 영향을 받기 때문에 레이어의 위치에 따라 효과가 달라질 수 있습니다.

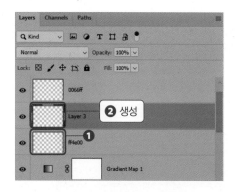

04. [Brush Size] : '80px'로 설정하고 왼쪽 경찰차에 찍었던 파란 부분 위에 찍습니다. 오른쪽 경찰차에는 [Brush Size] : '45px'로 설정하고 찍습니다. 블렌딩 모드는 'Screen'으로 설정해서 빛을 밝게 만듭니다.

05. 마지막으로 새로운 레이어를 하나 더 만들고 [Foreground Color] : '#ff4e00', [Brush Size] : '70px' 로 설정한 후 왼쪽 경찰차의 빨간색 사이렌 부분에 찍습니다. 그리고 블렌딩 모드를 'Screen'으로 설정해서 빛을 밝게 만들고 마무리합니다.

❶ 확인

06. 사이렌 불빛 관련 레이어를 Shift 를 누른 상태로 전부 선택하고 Ctrl + G 를 눌러서 그룹 레이어로 만듭니다. 레이어 이름은 'Police Light'로 변경합니다.

❶ 설정 ❷ 이름 변경

004 | 모델 합성하기

작품에 필요한 모델의 사진을 찾는 건 쉽지 않습니다. 이런 경우에는 본인이 직접 모델이 되어 합성을 진행해 보는 것도 좋은 방법입니다.

01. 아래 이미지는 직접 집에서 찍은 저의 뒷모습입니다. 이런 이미지들은 모델의 형태만 필요하기 때문에 간단하게 어디서나 찍을 수 있습니다. 이미지의 상단 부분이 잘리긴 했지만, 앞에서 배웠던 [Smudge Tool]을 이용해서 머리카락도 만들었습니다.

02. 'Man 1 PNG' 이미지는 'Waterdrop copy' 레이어 위에 위치해야 합니다. [Layers] 패널에서 레이어를 아래쪽으로 내려서 'Waterdrop copy' 레이어를 선택합니다. [File] 〉 [Place Embedded] 메뉴를 클릭하여 'Man 1 PNG' 이미지를 불러옵니다.

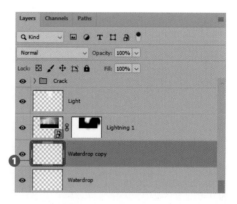

03. 크기는 [W] : '28%', [H] : '28%'로 설정하고 중앙에 위치시킵니다. 합성 작업의 편의를 위해 일반 레이어로 만들고 레이어 이름을 마우스 오른쪽 버튼으로 클릭한 후 [Rasterize Layer]를 적용합니다.

04. 먼저 그림자를 만들기 위해 [Ctrl]+[J]를 눌러서 레이어를 복사합니다. 다시 'Man 1 PNG' 레이어를 선택하고 [Ctrl]+[U]를 누릅니다. [Hue/Saturation] 창이 나타나면 [Lightness] : '−100'으로 설정하고 [OK] 버튼을 클릭합니다. 그리고 [Ctrl]+[T]를 누르고 마우스 오른쪽 버튼을 클릭한 후 [Flip Vertical]을 적용해서 세로로 뒤집기를 합니다. 드래그해서 왼쪽 발끝을 맞춘 후 [Enter]를 누릅니다.

05. 왼쪽 발은 그림자가 맞지만 오른쪽 발은 그림자가 벌어진 걸 볼 수 있습니다. 작업 창을 확대한 후 [Edit] 〉[Puppet Warp] 메뉴를 클릭합니다. 먼저 왼쪽 발부터 핀을 찍어 고정시켜야 합니다. [Puppet Warp] 핀을 찍어서 적용되지 않을 부분을 고정시키는 것도 중요합니다. 왼쪽 앞 발끝부터 몸통 오른쪽 앞발을 끝으로 핀을 찍습니다. 마지막 핀을 발끝 쪽으로 드래그해서 붙입니다. 그리고 [Enter]를 누르고, 레이어의 [Opacity] : '65%'로 설정합니다.

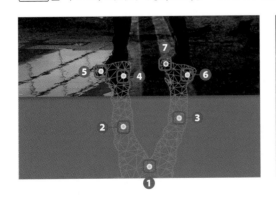

06. 'Man 1 PNG copy' 레이어를 선택하고, 명암을 조절하기 위해 [Layers] 패널의 [Create new fill or adjustment layer]를 클릭한 후 [Brightness/Contrast]를 적용합니다. Ctrl + Alt + G 를 눌러서 클리핑 마스크를 적용합니다. [Brightness] : '−99', [Contrast] : '8'로 설정합니다. 이미지가 확연하게 어두워진 걸 확인할 수 있습니다.

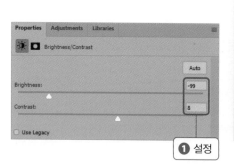

07. 추가로 [Create new fill or adjustment layer]를 클릭한 후 [Curves]를 적용합니다. Ctrl + Alt + G 를 눌러서 클리핑 마스크를 적용하고, 왼쪽 팔 부분을 조금 더 어둡게 만들겠습니다.

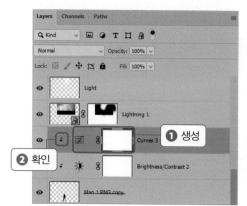

08. 나머지 부분은 'Curves'가 적용되지 않도록 레이어 마스크를 클릭하고 부드러운 원 브러시를 이용해서 어두운 효과를 지웁니다.

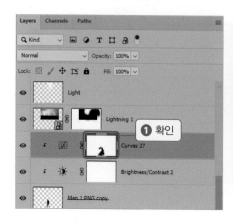

> **Tip) 명암 조절 시 레이어 마스크 활용 방법**
>
> 'Curves'나 'Brightness/Contrast'를 이용해서 명암을 줄이는 경우가 많습니다. 하지만 이미지 전체에 효과가 적용되기 때문에 명암이 영향받지 않을 부분들은 레이어 마스크를 다시 클릭해서 브러시로 반듯이 지우도록 합니다.

09. 이제 상반신에 브러시를 이용해서 빛이 반사된 효과를 그립니다. 또 새로운 레이어를 만들고 [Ctrl]+[Alt]+[G]를 눌러서 클리핑 마스크를 적용합니다. [Brush Tool]을 선택하고 부드러운 원 브러시를 선택합니다. [Foreground Color] : '#b7e1ff', [Opacity] : '100%', [Flow] : '100%', [Brush Size] : '80px'로 설정하고 모델과 거리를 조금 띄운 후 빛이 반사돼 몸에 번진 듯하게 상체 주변에 조금씩 찍습니다.

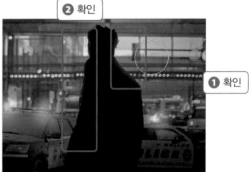

10. [Shift]를 누른 상태로 'Man 1 PNG' 관련 레이어를 모두 선택하고, [Ctrl]+[G]를 눌러 그룹 레이어로 만듭니다. 그룹 레이어 이름은 'Man 1'로 변경합니다.

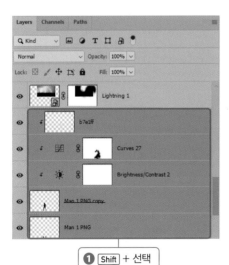

005 | 검에 효과 넣기

평범한 검을 들고 있으면 지루할 수 있기 때문에 레이어 스타일과 브러시를 활용해서 검에 발광 효과를 적용합니다.

01. 검은 'Man 1' 그룹 레이어 아래에 위치해야 합니다. 'Waterdrop copy' 레이어를 선택하고 [File] 〉 [Place Embedded] 메뉴를 클릭하여 'Saber' 이미지를 불러옵니다. 크기는 [W] : '14%', [H] : '14%'로 설정하고 [Rotate] : '74°' 정도로 돌립니다. Ctrl+U를 눌러서 [Hue/Saturation] 창이 나타나면 [Lightness] : '−67'로 설정해서 검을 어둡게 만듭니다.

02. [Layers] 패널에서 [Add a layer style]을 클릭해서 'Inner Shadow' 효과를 적용하여 검 안쪽으로 빛을 만듭니다. [Color] : '#ffffff', [Blend Mode] : 'Color Dodge'로 설정합니다. [Opacity] : '55%', [Angle] : '110°', [Distance] : '2px', [Size] : '2px'로 설정합니다.

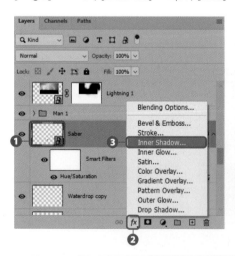 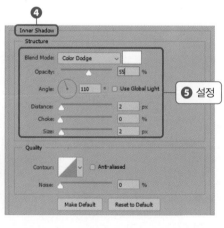

> 💡Tip **[Add a layer style] 아이콘으로 레이어 스타일 적용하기**
> 보통 레이어의 이미지를 클릭하면 바로 [Layer Style] 창을 불러올 수 있지만, [Convert to Smart Object]가 적용된 상태에서는 [Layer Style] 창이 나타나지 않고 선택한 레이어가 새로운 작업 창으로 열리게 됩니다. 그렇기 때문에 일반 레이어 상태에서 선택하거나, [Add a layer style] 아이콘을 직접 클릭해서 레이어 스타일을 적용해야 합니다.

03. 추가로 [Styles]에서 [Outer Glow]를 선택해서 검의 바깥쪽 빛을 표현합니다. [Color] : '#7fcdff', [Blend Mode] : 'Color Dodge'로 설정합니다. [Opacity] : '100%', [Size] : '16px', [Range] : '100%' 로 설정하고 [OK] 버튼을 클릭합니다.

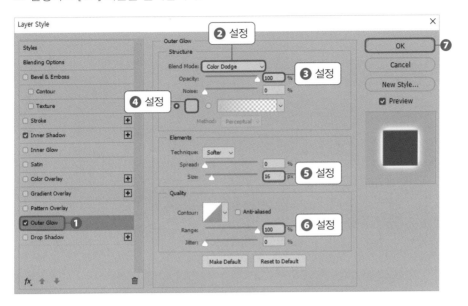

04. 검에 빛이 나는 걸 확인할 수 있습니다. 추가로 'Saber' 레이어 위에 새로운 레이어를 만듭니다. 그리고 브러시를 이용해서 검 끝에 번쩍이는 빛을 표현해 보겠습니다. [Brush Tool]을 선택하고 [Foreground Color] : '#ffffff'로 설정하고 마우스 오른쪽 버튼을 클릭한 후 [Class Brushes] 폴더에서 스타 브러시 3을 선택합니다. [Brush Size] : '45px'로 설정하고 검의 손잡이 끝에 찍습니다.

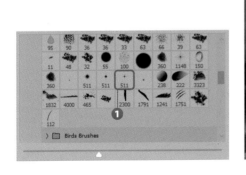

LESSON 05

다양한 빗방울 표현하기

빗방울을 만드는 방법과 빗방울 이미지를 사물에 자연스럽게 합성하는 방법에 대해 알아보겠습니다. 빗방울 만드는 방법은 여러 가지가 있지만 원리는 비슷하기 때문에 쉽게 만들 수 있습니다. 하지만 빗방울 이미지는 합성할 대상에 따라 사용하는 포토샵 기능과 스킬이 달라집니다.

예제 파일　활용편 〉 PART 07 〉 Lesson 05 〉 Lightning 2.jpg / Rain 1.jpg / Rain 2.jpg / Smoke.jpg
완성 파일　활용편 〉 PART 07 〉 Lesson 05 〉 다양한 빗방울 표현하기.psd

001 │ 레이어 스타일의 혼합 조건 이해

레이어 스타일의 혼합 조건을 이용한 색상 혼합을 통해 레이어 색상을 자연스럽게 혼합시켜 이미지의 물방울을 자연스럽게 합성합니다.

Blend If

레이어 스타일의 혼합 조건은 한정된 범위 내에서 두 개의 레이어 색상을 혼합시킬 수 있습니다. 'Gray'는 밝고 어두운 색상 순으로 혼합되지만 'RGB'나 'CMYK'와 같이 특정 색상만을 선택해서 혼합시킬 수도 있습니다.

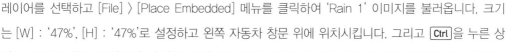

❶ Blend If : 혼합 조건 색상을 선택합니다.

❷ This Layer : 선택된 레이어를 표시합니다.

❸ Underlying Layer : 밑에 있는 레이어를 표시합니다.

❹ 색상 혼합 범위를 조절합니다.

01. 이 혼합 조건을 이용해서 빗방울 이미지를 자동차 창문에 합성하겠습니다. 맨 위 'Police Light' 레이어를 선택하고 [File] 〉 [Place Embedded] 메뉴를 클릭하여 'Rain 1' 이미지를 불러옵니다. 크기는 [W] : '47%', [H] : '47%'로 설정하고 왼쪽 자동차 창문 위에 위치시킵니다. 그리고 Ctrl 을 누른 상태로 오른쪽 위쪽 포인트와 아래쪽 포인트를 드래그해서 자동차 창문에 맞춰 원근감을 조절하고 Enter 를 누릅니다.

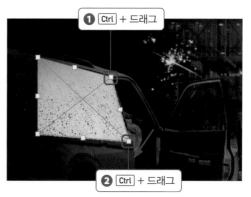

❶ Ctrl + 드래그

❷ Ctrl + 드래그

02. 작업의 편의를 위해 일반 레이어로 만들 필요
가 있습니다. 레이어 이름 부분을 마우스 오른쪽 버튼
으로 클릭한 후 [Rasterize Layer]를 선택합니다.
Shift + Ctrl + U 를 눌러서 이미지를 흑백으로 만들
고, 블렌딩 모드를 'Soft Light'로 설정합니다. 이제 이
미지의 물방울들을 최대한 살리고 밝은 이미지 부분
을 투명하게 처리해야 합니다.

03. 'Rain 1' 레이어를 더블클릭해서 [Layer Style]
창을 불러옵니다. [Blending Options] 〉 [Underlying
Layer]에서 어두운 영역의 조절 슬라이더를 이용해
조절해야 합니다. 조절 슬라이더를 자세히 보면 삼각
형 모양으로 두 개인 걸 확인할 수 있습니다. 이중 오
른쪽 조절 슬라이더를 Alt 를 누른 상태로 밝은 영역
쪽으로 '57' 정도 이동시킵니다. 밝은 부분이 혼합되
어 어두운 물방울 부분이 남아서 나타나는 겁니다.

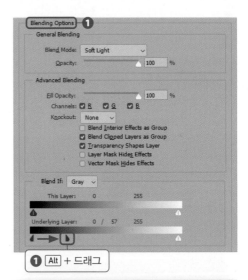

04. [Eraser Tool]을 선택하고 부드러운 원 브러시
를 이용해서 잘린듯한 테두리 부분을 자연스럽게 지
웁니다.

05. [File] 〉 [Place Embedded] 메뉴를 클릭하여 'Rain 2' 이미지를 불러옵니다. 크기는 [W] : '50%', [H] : '50%'로 설정하고 'Rain 1' 레이어 아래쪽에 위치시킵니다. 그리고 Ctrl을 누른 상태로 오른쪽 위쪽 포인트와 아래쪽 포인트를 드래그해서 원근감을 만듭니다. Enter를 누르고 이번에도 일반 레이어로 만들기 위해서 레이어 이름을 마우스 오른쪽 버튼으로 클릭한 후 [Rasterize Layer]를 선택합니다. 그리고 Shift+Ctrl+U를 눌러서 이미지를 흑백으로 만듭니다.

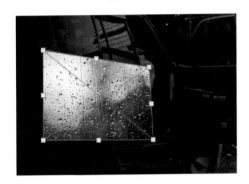 

💡Tip **[Layer Style] 창의 조절 슬라이더 사용 방법**

[This Layer]의 밝은 영역 슬라이더를 내리게 되면 밝은 영역부터 혼합이 됩니다. 반대로 [Underlying Layer]의 밝은 영역을 내리게 되면 어두운 영역부터 혼합이 됩니다. 그리고 조절 슬라이더를 그냥 움직이면 두 개의 슬라이더가 같이 움직여서 색상 혼합 강도가 높고 빠르게 나타나게 됩니다. 하지만 Alt를 누른 상태로 반을 나눠서 하나만 이동할 경우 색상 혼합이 서서히 이루어지기 때문에 섬세하게 조절할 수 있습니다.

06. 이번에도 레이어를 더블클릭해서 [Layer Style] 창을 불러옵니다. Alt를 누른 상태로 [Underlying Layer]에서 어두운 영역의 조절 슬라이더를 '177'로 이동시킵니다. 물방울이 사라지지 않을 정도까지 임의로 지정해도 됩니다.

① Alt + 드래그

07. [Eraser Tool]을 선택하고 테두리 부분을 자연스럽게 지웁니다.

08. [Layers] 패널에서 [Create new fill or adjustment layer]를 클릭하고 [Color Balance]를 적용합니다. [Midtones] : '–24, 0, 0', [Highlights] : '–14, 0, 0'으로 설정합니다.

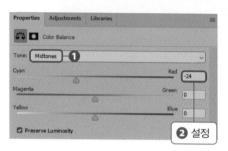
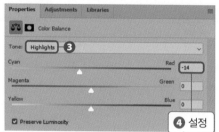

09. [Create new fill or adjustment layer]를 다시 한번 클릭하고 [Brightness/Contrast]를 적용합니다. 전체적인 색상이 바뀐 걸 확인할 수 있습니다.

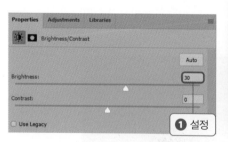

10. [File] 〉 [Place Embedded] 메뉴를 클릭하여 'Lightning 2' 이미지를 불러옵니다. 이미지를 드래 그해서 번개가 중앙에 위치시킵니다. 그리고 블렌딩 모드는 'Screen'으로 설정합니다.

11. 'Lightning 2' 레이어에 레이어 마스크를 적용하고 [Brush Tool]을 선택합니다. 부드러운 원 브러 시를 선택하고 [Foreground Color] : '#000000'으로 설정합니다. 사용하지 않을 테두리 부분을 자연 스럽게 지웁니다.

002 │ 노이즈 효과를 이용한 빗방울 효과

노이즈와 필터 갤러리를 이용하면 자연스러운 빗방울을 만들 수 있습니다. 또한 워프 효과나 흐림 효과를 이용해 빗방울의 방향도 변경할 수 있습니다.

01. 먼저 [Layers] 패널 맨 위에 새로운 레이어를 만들고 [Foreground Color] : '#000000'으로 설정한 후 Alt + Delete 를 눌러서 색을 채웁니다.

02. [Filter] 〉 [Noise] 〉 [Add Noise] 메뉴를 클릭합니다. [Amount] : '100%'로 설정하고 [Gaussian]을 체크한 후 [OK] 버튼을 클릭합니다.

03. [Filter] 〉 [Filter Gallery] 메뉴를 클릭한 후 [Artistic]을 선택하고 [Dry Brush]를 적용합니다. [Brush Size] : '2', [Brush Detail] : '8', [Texture] : '1'로 설정하고 [OK] 버튼을 클릭합니다.

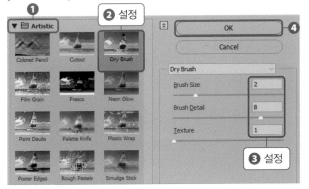

04. [Filter] 〉 [Blur] 〉 [Motion Blur] 메뉴를 클릭합니다. [Angle] : '75°', [Distance] : '40Pixels'로 설정합니다. 흐림 효과가 적용되면 테두리가 지저분할 수 있기 때문에 Alt를 누른 상태로 오른쪽 상단 포인트를 드래그해서 이미지 크기를 조금 늘립니다.

05. 지금은 빗방울이 서서히 시작되는 장면을 연출하기 때문에 빗방울 양을 줄여야 합니다. Ctrl +L을 눌러서 'Levels'를 적용합니다. [Input Levels] : '10, 1.00, 255'로 설정합니다.

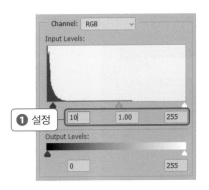

06. 블렌딩 모드는 'Screen'으로 설정하고 비가 과하지 않게 레이어의 [Opacity] : '72%'로 설정합니다. 비가 일정하게 내리지 않는다는 것을 표현하기 위해 브러시를 사용합니다. 레이어 마스크를 만들고 [Brush Tool]을 선택하고 부드러운 원 브러시를 선택합니다. [Brush Size] : '600px'로 설정하고 작업 창 골고루 다섯 군데 정도를 찍어서 비를 지웁니다.

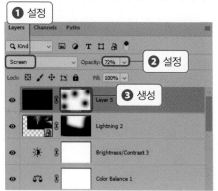

07. [Layers] 패널에서 스크롤을 내려서 'Man 1' 그룹 레이어를 선택합니다. 마무리로 비와 따뜻한 남자의 온기에 의해 몸에서 나타나는 김을 표현하겠습니다. [File] 〉 [Place Embedded] 메뉴를 클릭하여 'Smoke' 이미지를 불러옵니다.

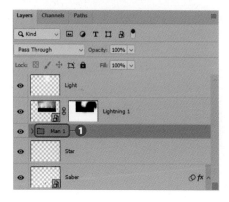

08. 크기는 [W] : '13%', [H] : '13%'로 설정하고 오른쪽 어깨 부분에 위치합니다. 블렌딩 모드는 'Screen'으로 설정하고 Enter 를 누릅니다. 레이어의 [Opacity] : '53%'로 설정합니다.

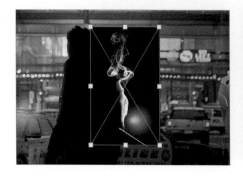

09. 'Smoke' 이미지를 부드럽게 만들기 위해 [Filter] 〉 [Noise] 〉 [Reduce Noise] 메뉴를 클릭하고 [Strength] : '1'로 설정하고 나머지 효과는 모두 '0'으로 설정한 후 [OK] 버튼을 클릭합니다. 레이어 마스크를 적용하고 부드러운 원 브러시를 이용해서 테두리를 자연스럽게 지웁니다. 향은 반드시 지우고 키보드 방향키로 'Smoke' 이미지의 위치를 수정합니다.

❶ 확인

10. 마지막으로 [Layers] 패널의 맨 위 레이어를 선택하고 Shift + Ctrl + Alt + E 를 눌러서 통합 레이어를 만듭니다. 레이어 이름을 마우스 오른쪽 버튼으로 클릭한 후 [Convert to Smart Object]를 적용합니다.

❶ 생성

❸

❷ 마우스 오른쪽 버튼

11. [Filter] 〉 [Camera Raw Filter] 메뉴를 클릭하고 [Temperature] : '-5', [Exposure] : '+0.15',
[Highlights] : '+10', [Whites]: +10', [Clarity] : '+10'으로 설정합니다. 다시 [Effects]를 선택하고
[Vignetting] : '-20'으로 설정한 후 [OK] 버튼을 클릭합니다.

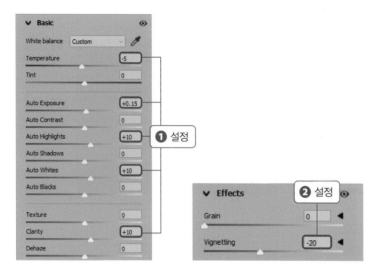

12. Ctrl+S를 눌러서 작업을 저장하고 판타지 영화 합성 효과 작업을 마무리합니다.

▲ 판타지 영화 합성 효과

PART
08

잃어버린 세계

콘셉트

정글 속을 탐험하던 남자는 길을 잃게 되고 우연히 올라간 언덕 위에서 파괴된 신전에 앉아 있는 커다란 고릴라를 발견하게 됩니다. 커다란 고릴라를 발견한 남자는 놀라지만 사냥을 즐기는 아이들과 물을 마시러 온 코끼리들의 모습은 평화롭기만 합니다. 마치 이곳을 오랜 시간 동안 함께 지내온 친구 같은 모습입니다.

사실적이 폭포 만들기

풍경 합성에서 가장 많이 사용되는 폭포를 자연스럽게 합성하는 방법을 배우겠습니다. 폭포의 물줄기와 다양한 모양에 따라 어울리는 이미지를 찾는 것과 위치를 찾아 주는 게 중요합니다. 그리고 이미지의 특정 부분 크기를 조절할 수 있는 Content-Aware Scale에 대해서도 자세히 알아보겠습니다.

예제 파일 활용편 〉 PART 08 〉 Lesson 01 〉 Background.jpg / Mountain.jpg / Waterfall 2.jpg /
Waterfall 3.jpg / Big Tree.png / Ruins.png

완성 파일 활용편 〉 PART 08 〉 Lesson 01 〉 사실적이 폭포 만들기.psd

001 | 배경 이미지 사이즈 조절하기

작업 창을 만들고 Content-Aware Scale을 이용하여 배경 이미지를 수정합니다. Content-Aware Scale은 자유 변형의 일종이지만 대칭으로 조절되지 않고 한쪽 부분은 고정된 채 반대쪽 부분의 이미지가 줄어들면서 이미지를 수정시키거나 특정 대상을 제외하고 크기를 줄일 수 있습니다.

01. 먼저 작업 창을 만들기 위해 [File] 〉 [New]([Ctrl]+[N]) 메뉴를 클릭하고, 제목을 'The Lost World'로 지정합니다. 작업할 사이즈는 [Width] : '2000Pixels', [Height] : '1306Pixels'로 설정합니다. [Artboards]에 체크는 해제합니다. [Resolution] : '72Pixels/Inch', [Color Mode] : 'RGB Color/8Bit'로 설정하고 [Background Contents] : 'Custom', 색상 : '#000000'으로 설정하고 [Create] 버튼을 클릭합니다.

02. [File] 〉 [Place Embedded] 메뉴를 클릭하여 'Background' 이미지를 불러옵니다. 오른쪽 배경이 줄어들지 않은 채 'Background' 이미지의 왼쪽 배경 부분을 조금 납작하게 만들어야 합니다. 하지만 자유 변형 상태에서는 왼쪽 부분을 오른쪽으로 밀면 전체 이미지가 납작하게 되면서 이미지가 찌그러져 보일 수 있습니다. 이때 [Content-Aware Scale]을 이용해서 자연스럽게 조절할 수 있습니다.

⚡Tip Content-Aware Scale

선택 영역을 제외한 부분의 크기를 줄이거나, 전체 이미지의 특정 부분을 늘리거나 줄일 수 있습니다. 예시 이미지를 보면 차이를 확인할 수 있습니다. 왼쪽은 Ctrl+T를 이용해 자유 변형을 적용해서 이미지를 줄인 모습이고 오른쪽은 [Content-Aware Scale]을 적용해서 줄인 모습입니다. 두 이미지 모두 폭을 '80%'로 기준으로 줄였는데 줄어든 모습에 확연히 차이가 나는 걸 볼 수 있습니다. 왼쪽 이미지는 전체적으로 납작하게 줄었지만, 오른쪽 이미지는 왼쪽부터 조금씩 줄어들어 오른쪽 배경 부분은 원형을 유지하고 있습니다.

03. 이제 작업의 편의를 위해 일반 레이어로 만듭니다. [Convert to Smart Object] 상태에서는 [Content-Aware Scale]을 사용할 수 없습니다. 레이어의 이름을 마우스 오른쪽 버튼으로 클릭한 후 [Rasterize Layer]를 적용합니다. [Edit] 〉 [Content-Aware Scale] 메뉴를 클릭하고 Shift를 누른 상태로 왼쪽 중앙 포인트를 안쪽으로 드래그해서 조금 납작하게 만듭니다. 상단 크기의 폭을 확인하면서 [W] : '92% 정도로 줄이고 Enter를 누릅니다.

❶ Shift + 드래그

04. 이번 합성은 나무를 기준으로 합성을 진행해야 하므로 먼저 나무를 합성합니다. [File] 〉 [Place Embedded] 메뉴를 클릭하여 'Big Tree PNG' 이미지를 불러옵니다. 'Big Tree PNG' 이미지가 작업 창 크기에 맞는지 확인하고 Enter를 누릅니다.

05. 나무로 인해 배경 'Background' 레이어의 공간이 가려졌기 때문에 [Layers] 패널에서 검은색 'Background' 레이어를 선택하고 Delete를 눌러서 삭제합니다.

 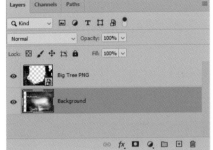

06. 좀 더 자연스러운 풍경을 만들기 위해서 산을 합성합니다. [File] 〉 [Place Embedded] 메뉴를 클릭하여 'Mountain' 이미지를 불러옵니다. 크기는 [W] : '131%', [H] : '131%'로 설정하고 Enter를 누릅니다. 레이어의 [Opacity] : '63%'로 설정합니다. [Layers] 패널에서 [Create new fill or adjustment layer]를 클릭한 후 [Brightness/Contrast]를 선택하고 Ctrl+Alt+G를 눌러서 클리핑 마스크를 적용합니다. [Brightness] : '–150', [Contrast] : '100'으로 설정합니다.

07. 이제 테두리를 자연스럽게 지우기 위해 'Mountain' 레이어를 선택하고 레이어 마스크를 적용한 후 [Brush Tool]을 선택합니다. 부드러운 원 브러시를 선택하고 [Foreground Color] : '#000000', [Opacity] : '100%', [Flow] : '100%'로 설정합니다. [Brush Size] : '300px' 이하로 하고 잘린듯한 테두리를 자연스럽게 지웁니다. 상황에 따라 [Opacity], [Flow] 수치를 바꿔가면서 작업합니다. 먼 거리에 있는 산은 흐릿하게 보이는데, 그 점을 이용해서 적당하게 투명하게 지우는 게 중요합니다. [Zoom Tool]이나 단축키를 이용해서 작업 창을 확대한 후 잘린듯한 부분이 없는지 확인하고 산의 형태는 살리고 테두리를 자연스럽게 지웁니다.

❶ 확인

002 | 다양한 폭포 만들기

풍경 합성에서 가장 많이 사용하는 폭포 이미지를 자연스럽게 합성하는 방법에 대해 알아보겠습니다. 블렌딩 모드를 활용해서 물줄기만 합성에 사용하는 경우도 있습니다.

01. 먼저 'Mountain' 레이어의 'Brightness /Contrast 1' 조정 레이어를 선택합니다. 그리고 [File] 〉 [Place Embedded] 메뉴를 클릭하여 'Waterfall 2' 이미지를 불러옵니다. 크기는 [W] : '52%', [H] : '52%'로 설정하고 폭포 각도에 맞게 [Rotate] : '−1.4°' 정도로 돌립니다.

02. 'Waterfall 2' 레이어에 레이어 마스크를 적용합니다. [Brush Tool]에서 부드러운 원 브러시를 선택하고 [Foreground Color] : '#000000', [Brush Size] : '200px' 정도로 설정하고 테두리를 지웁니다. 바깥 테두리를 지울 때는 [Opacity] : '100%', [Flow] : '100%'로 설정하고 점점 안쪽으로 지울 때는 [Opacity] : '50%', [Flow] : '50%' 이하로 설정한 후 자연스럽게 배경과 합치듯 지웁니다.

03. 뿌연 물보라가 효과가 느껴지도록 [Layers] 패널에서 [Create new fill or adjustment layer]를 클릭하고 [Curves]를 선택하고 Ctrl + Alt + G 를 눌러 클리핑 마스크를 적용합니다. [Input] : '0', [Output] : '32'로 설정합니다.

❶

Input: 0   Output: 32   ❷ 설정

04. 또 다른 폭포를 합성합니다. [File] 〉 [Place Embedded] 메뉴를 클릭하여 'Waterfall 3' 이미지를 불러옵니다. 크기는 [W] : '70%', [H] : '70%'로 설정하고 왼쪽 아래에 위치시키고, 오른쪽의 폭포가 떨어지는 라인에 맞춰 폭포 높이도 맞춥니다. 그리고 레이어의 [Opacity] : '68%'로 설정하고 Enter 를 누릅니다.

05. 이번에도 레이어 마스크를 적용하고 [Brush Tool]에서 부드러운 원 브러시를 선택합니다. 잘린 듯한 테두리를 지울 때는 [Opacity] : '100%', [Flow] : '100%'로 설정하고, 자연스럽게 배경과 합성할 부분은 [Opacity] : '50%', [Flow] : '50%' 이하로 설정해서 서서히 지웁니다.

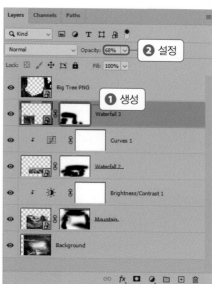

06. 다시 중앙에 폭포를 합성합니다. [File] 〉 [Place Embedded] 메뉴를 클릭하여 'Waterfall 1' 이미지를 불러옵니다. 크기는 [W] : '13%', [H] : '13%'로 설정하고 마치 산 중앙에서 물길이 흘러나오는 듯하게 위치합니다.

07. 이번에도 레이어 마스크를 적용하고 부드러운 원 브러시를 선택합니다. 잘린듯한 테두리 부분을 자연스럽게 지웁니다. 그리고 주변 배경과 밝기를 맞추기 위해 레이어의 이미지를 선택하고 [Ctrl]+[M] 을 눌러서 'Curves'를 [Input] : '0', [Output] : '68'로 설정합니다.

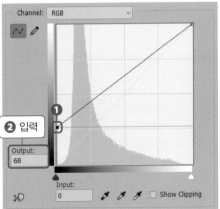

💡Tip 항상 단축키를 이용해서 [Create new fill or adjustment layer](조정 레이어) 효과를 적용할 때는 이미지를 다시 선택해야 되는 걸 잊지 않도록 합니다.

08. 이미지가 뿌옇게 변하면서 배경 이미지와 밝기가 비슷해진 걸 확인할 수 있습니다.

09. [File] 〉 [Place Embedded] 메뉴를 클릭하여 'Ruins PNG' 이미지를 불러옵니다. 왼쪽 폭포 위쪽에 위치시키고 [Enter]를 누릅니다.

10. 레이어의 [Opacity] : '67%'로 설정하고 레이어 마스크를 적용합니다. [Brush Tool]을 선택하고 부드러운 원 브러시를 선택한 후 [Brush Size] : '150px', [Foreground Color] : '#000000', [Opacity] : '50%', [Flow] : '50%'로 설정해서 'Ruins' 레이어의 위쪽 부분과 주변 테두리 부분을 뒤쪽 배경의 나무와 자연스럽게 스며들 듯 적당히 지워지는 양을 보면서 지웁니다. 'Ruins' 레이어 앞쪽에는 고릴라로 가리기 때문에 너무 디테일하게 작업할 필요는 없습니다.

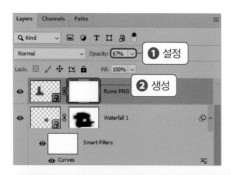

LESSON 02

픽셀 유동화를 이용한 왜곡 효과

Liquify 기능을 이용하면 이미지의 특정 부분을 미세하게 왜곡해서 늘리거나 줄이고, 확대하거나 축소를 통해 다양한 예술적인 효과를 적용할 수 있습니다. 인물 사진의 외모를 보정하는 데 가장 많이 사용하는 포토샵 기능 중 하나입니다.

예제 파일 활용편 〉 PART 08 〉 Lesson 02 〉 Elephant 1.jpg / Elephant 2.jpg / Moon.jpg / Gorilla Original.png / Gorilla.png

완성 파일 활용편 〉 PART 08 〉 Lesson 02 〉 픽셀 유동화를 이용한 왜곡 효과.psd

001 ㅣ 픽셀 유동화 알아보기

'Gorilla Original PNG' 이미지를 이용해서 Liquify의 사용 방법과 기능을 간단히 알아보겠습니다.

01. 먼저 Liquify 연습을 위한 샘플 이미지 'Gorilla Original PNG' 이미지를 불러옵니다. Liquify를 이용해서 고릴라의 골격을 크게 만들겠습니다.

02. [Filter] 〉[Liquify] 메뉴를 클릭하고, [Liquify] 작업 창이 열리면 왼쪽에는 다양한 툴바가 위치하며, 가운데는 이미지가 나타납니다. 그리고 오른쪽에는 다양한 속성 목록이 나타납니다.

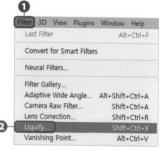

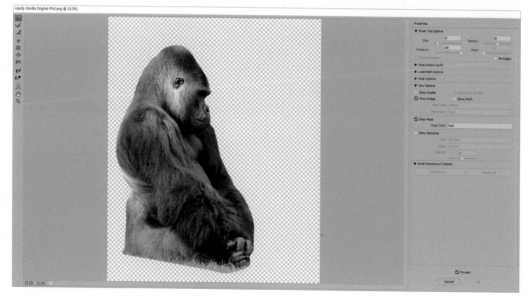

03. 툴바를 통해 이미지를 왜곡시키거나 확대, 그리고 축소 등을 적용할 수 있는 목록입니다. 각 툴바의 기능에 대해 알아보겠습니다.

❶ Forward Warp Tool : 마우스를 클릭한 채 드래그해서 픽셀을 이동시킵니다.

❷ Reconstruct Tool : 마우스를 클릭한 채 드래그해서 이미지를 원래대로 복원시킵니다.

❸ Smooth Tool : 마우스를 클릭한 채 드래그하면 픽셀을 매끄럽게 만듭니다.

❹ Twirl Clockwise Tool : 마우스를 클릭한 채 유지하면 시계 방향으로 계속 회전시킵니다.

❺ Pucker Tool : 마우스를 클릭한 채 유지하면 오목 도구 현상이 적용됩니다.

❻ Bloat Tool : 마우스를 클릭한 채 유지하면 볼록 도구 현상이 적용됩니다.

❼ Push Left Tool : 클릭한 채 위로 드래그하면 왼쪽으로 픽셀이 이동하고 아래로 드래그하면 오른쪽으로 픽셀이 이동합니다.

❽ Freeze Mask Tool : 마스크로 선택한 부분을 고정시켜 도구의 영향을 받지 않습니다.

❾ Thaw Mask Tool : 마스크로 선택한 부분을 해제합니다.

❿ Face Tool : 얼굴을 감지하고 보정할 수 있습니다.

⓫ Hand Tool : 이미지를 클릭해서 이동합니다.

⓬ Zoom Tool : 이미지를 확대하거나 축소합니다.

04. [Properties] 패널은 브러시 도구 옵션과 얼굴 인식 등 다양한 속성을 표시합니다.

05. 고릴라의 어깨를 키우기 위해서 [Brush Tool Options]를 사용합니다. 먼저 [Bloat Tool]을 선택합니다. [Size] : '700', [Density] : '50', ❶ [Rate] : '50'으로 설정합니다.

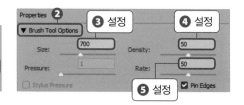

🖐 기능 Tip

❶ Size : 브러시 크기를 설정합니다.

❷ Density : 브러시 가장자리 강도를 설정합니다.

❸ Pressure : 브러시 왜곡 강도를 설정합니다.

❹ Rate : 마우스가 한 곳에 머무르는 동안 변형되는 적용 속도를 설정합니다.

❺ Pin Edges : 모서리를 고정시켜 픽셀의 모서리 손실을 방지합니다.

06. 짧게 여러 번 클릭한 후 드래그해서 어깨가 커 보이도록 늘립니다. 오른쪽 어깨는 [Brush] : '400' 크기로 설정 후 크기를 늘립니다.

07. 양쪽 어깨를 키우고 이번에는 눈과 귀를 키웁니다. [Brush] : '45'로 설정 후 눈과 귀에 한 번씩 찍습니다. 이미지를 늘려서 키우기 때문에 여러 번 적용하게 되면 픽셀이 많이 뭉개질 수 있으니 주의합니다.

08. 이번에는 [Forward Warp Tool]을 선택합니다. [Brush] : '175'로 설정해서 미소를 짓는 것처럼 클릭 드래그해서 입꼬리를 올립니다. 웃는 모양에 맞춰서 곡선 모양으로 늘리는 게 중요합니다. 입꼬리 변화에 따라 얼굴 인상이 달라진 걸 확인 할 수 있습니다. 입꼬리 작업까지 마치면 [OK] 버튼을 클릭하고 작업을 마무리합니다. 추가로 고릴라의 크기나 명암 조절 그리고 털을 만들게 되면 완성이 됩니다. 이 과정을 생략하기 위해 다음 과정은 'Gorilla PNG' 이미지를 이용해서 합성을 진행하겠습니다.

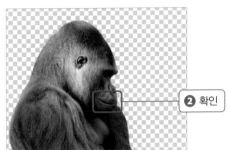

❷ 확인

💡Tip **Face Tool 사용 방법**

얼굴이 나오는 이미지를 선택하고 [Liquify]를 실행하면 오른쪽에 [Face-Aware Liquify]를 볼 수 있습니다. 여기에서 얼굴의 모든 부분을 수치를 설정해서 얼굴을 보정할 수 있습니다. 보정하고 싶은 얼굴 부분의 슬라이더를 움직여 빠르게 보정할 수 있습니다.

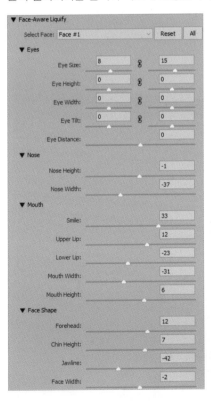

002 | 동물 합성하기

브러시와 레이어 마스크를 이용해서 고릴라와 코끼리를 배경 숲과 풀 사이에 자연스럽게 합성합니다.

01. 다시 작업 창으로 돌아와 첨부해 놓은 'Gorilla PNG' 이미지를 이용해서 합성 작업을 진행합니다. [File] > [Place Embedded] 메뉴를 클릭하여 'Gorilla PNG' 이미지를 불러옵니다. 먼저 크기는 [W] : '113%', [H] : '113%'로 설정하고 'Ruins PNG' 레이어의 중앙쯤에 위치시키고 [Enter]를 누릅니다. 레이어 마스크를 적용하고 부드러운 원 브러시를 선택합니다. [Opacity] : '50%', [Flow] : '50%', [Foreground Color] : '#000000'으로 설정한 후 고릴라의 아랫부분을 살살 여러 번 자연스럽게 지웁니다.

❶ 확인

02. 이번에는 코끼리를 합성하기 위해서 [File] > [Open]([Ctrl]+[O]) 메뉴를 클릭하여 'Elephant 1' 이미지를 불러옵니다. 코끼리만 선택하기 위해서 [Remove Background]를 사용합니다. 레이어의 자물쇠를 클릭해서 풉니다.

03. [Properties] 패널에서 [Remove Background]를 클릭합니다.

04. 깔끔하게 지워지지 않은 부분들은 [Brush Tool]을 선택하고 선명한 원 브러시를 이용해서 깔끔하게 지웁니다. 레이어 마스크를 선택하고 [Foreground Color] : '#000000'으로 설정합니다. [Opacity] : '100%', [Flow] : '100% 확인 후 지저분한 부분들을 정리합니다. 작업 창에서 작게 보이는 이미지들은 많이 티가 나지 않기 때문에 완벽하게 지울 필요는 없습니다.

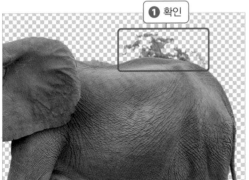
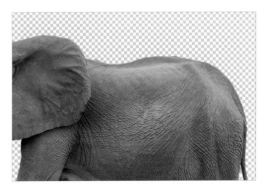

05. PNG 파일로 만들기 위해서 레이어 마스크를 선택하고 마우스 오른쪽 버튼을 클릭한 후 [Apply Layer Mask]를 적용합니다. 그리고 작업 창으로 옮겨옵니다. 이번에는 복사해서 작업 창으로 옮기겠습니다. Ctrl + A 를 눌러서 화면 전체를 선택하고 Ctrl + C 를 눌러서 복사합니다. 작업 창으로 이동 후 Ctrl + V 를 눌러서 붙여 넣습니다.

06. Ctrl + T 를 누르고 크기를 [W] : '8%', [H] : '8%'로 설정한 후 Enter 를 누릅니다. 레이어 이름을 'Elephant 1'로 변경합니다.

07. 그리고 이미지 밝기를 조절하기 위해 [Layers] 패널의 [Create new fill or adjustment layer]를 클릭해서 [Curves]를 선택합니다. Ctrl+Alt+G를 눌러서 클리핑 마스크를 적용하고 왼쪽 조절점을 [Input] : '0', [Output] : '55'로 설정합니다. 그리고 'Elephant 1' 레이어와 'Curves 2' 조정 레이어 사이에 새로운 레이어를 만듭니다.

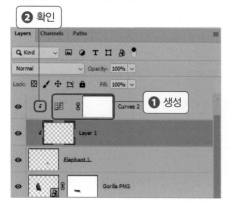

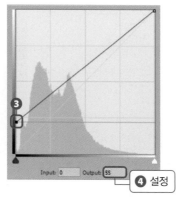

08. [Brush Tool]을 선택하고 부드러운 원 브러시를 선택합니다. [Foreground Color] : '#000000', [Opacity] : '30%', [Flow] : '30%'로 설정합니다. [Brush Size] : '40px'로 설정하고 코끼리 아래쪽 몸통에 명암을 그립니다. 명암이 너무 과할 경우 레이어 투명도를 내려서 다시 조절합니다.

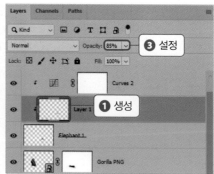

09. 코끼리 발이 풀에 가린듯하게 보이게 하기 위해서 조금 지워야 합니다. ‘Elephant 1’ 레이어를 다시 선택하고 [Eraser Tool]의 부드러운 원 브러시를 선택합니다. [Opacity] : ‘30%’, [Flow] : ‘30%’로 설정하고 여러 번 지워서 자연스럽게 만듭니다. 그리고 ‘Elephant 1’ 레이어 아래에 새로운 레이어를 만들고 [Brush Tool]을 선택합니다. 부드러운 원 브러시를 이용해서 코끼리의 그림자를 그립니다. 반듯하게 그릴 때는 Shift 를 누른 상태로 왼쪽에서 오른쪽으로 한 번만 그리면 됩니다. 코끼리보다 범위를 벗어난 부분은 [Eraser Tool]로 다시 지웁니다.

❶ 확인

❷ 확인

10. 코끼리를 추가로 합성하기 위해서 ‘Elephant 1’ 레이어에 클리핑 마스크 되어있는 ‘Curves 2’ 조정 레이어를 선택합니다. 그리고 [File] 〉 [Open](Ctrl+O) 메뉴를 클리하여 ‘Elephant 2’ 이미지를 불러옵니다.

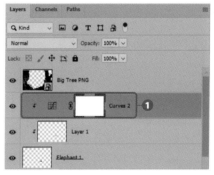

11. ‘Elephant 1’ 레이어에서 적용했던 [Remove Background]를 또 이용합니다. 레이어의 자물쇠를 클릭해서 풀고 [Properties] 패널에서 [Remove Background]를 클릭합니다.

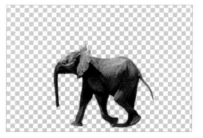

💡Tip [Remove Background] 사용 시 가끔 이미지가 과하게 지워지는 경우가 있는데, 이런 경우 레이어 마스크를 선택하고 [Brush Tool]의 선명한 원 브러시로 복원시키면 됩니다. 복원할 때는 [Foreground Color] : ‘#ffffff’로 선택해야 합니다.

12. 다시 레이어 마스크를 선택하고 마우스 오른쪽 버튼으로 클릭한 후 [Apply Layer Mask]를 적용합니다. 이번에도 [Ctrl]+[A]를 눌러서 전체 화면을 선택하고, [Ctrl]+[C]를 눌러서 복사한 후 작업 창에서 [Ctrl]+[V]를 눌러 붙여 넣습니다. [Ctrl]+[T]를 누르고 크기를 [W] : '13%', [H] : '13%'로 설정하고 'Elephant 1' 레이어의 코끼리보다 앞쪽에 위치시킵니다. 레이어 이름은 'Elephant 2'로 변경합니다.

13. 명암을 조절하기 위해서 [Layers] 패널에서 [Create new fill or adjustment layer]를 클릭해서 [Curves]를 적용하고 [Ctrl]+[Alt]+[G]를 눌러서 클리핑 마스크를 적용합니다. [Input] : '0', [Output] : '70'으로 설정합니다.

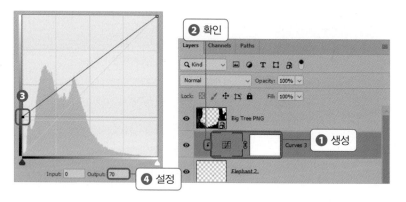

14. 코끼리의 몸통에 명암을 그리기 위해서 'Elephant 2' 레이어를 선택하고 새로운 레이어를 만듭니다. [Brush Tool]을 선택하고 부드러운 원 브러시를 선택합니다. [Foreground Color] : '#000000', [Opacity] : '30%', [Flow] : '30'으로 설정합니다. 코끼리의 몸통과 다리에 명암을 칠합니다. 브러시의 농도에 따라 레이어 투명도는 추가로 조절합니다.

15. Shift 를 누른 상태로 코끼리 관련 모든 레이어를 모두 선택하고 Ctrl + G 를 눌러서 그룹 레이어로 만듭니다. 그룹 레이어 이름을 'Elephants'로 변경합니다.

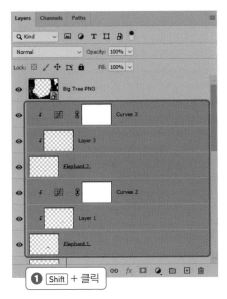
① Shift + 클릭

③ 이름 변경
② 설정

16. 달을 합성하기 위해서 [File] 〉 [Place Embedded] 메뉴를 클릭하여 'Moon' 이미지를 불러옵니다. [Rotate] : '-70°' 정도 돌리고 오른쪽 나무 위쪽에 살짝 걸리게 위치시킨 후 Enter 를 누릅니다.

17. 작업의 편의를 위해 'Moon' 레이어를 선택하고 마우스 오른쪽 버튼으로 클릭한 후 [Rasterize Layer]를 선택하여 일반 레이어로 변경합니다.

① 마우스 오른쪽 버튼

18. 블렌딩 모드는 'Screen'으로 설정하고 Ctrl + L 을 눌러서 'Levels'를 적용합니다. [Input Levels] : '27, 1.00, 255'로 설정하여 달의 테두리를 깔끔하게 만듭니다.

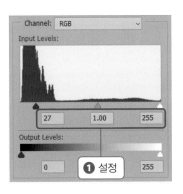
① 설정

LESSON 03
모닥불 만들기

돌과 불 이미지를 이용해서 모닥불을 사실적으로 만들고 불빛에 의해 주변에 번지는 반사된 빛을 브러시를 이용해서 그립니다. 불빛의 강도에 따라 주변 배경에 번지는 어울리는 색상을 선택하는 방법을 알아봅니다.

예제 파일 활용편 〉 PART 08 〉 Lesson 03 〉 Campfire.jpg / Fire.jpg / Boys.png / Chipmunk.png / Leaf 1.png / Leaf 2.png / Man.png / Spark.png / 3167 새 브러시.abr

완성 파일 활용편 〉 PART 08 〉 Lesson 03 〉 모닥불 만들기.psd

001 | 돌덩이에 색상 표현하기

모닥불이 바위에 비쳐 반사된 불빛을 브러시를 이용해서 그리고 명암을 조절해서 주변 배경과 어울리는 색상으로 만듭니다.

01. 불을 합성하기 위해 맨 위 레이어를 선택하고, [File] 〉 [Place Embedded] 메뉴를 클릭하여 'Fire' 이미지를 불러옵니다. 크기는 [W] : '15%', [H] : '15%'로 설정하고 모닥불을 평평한 바닥 쪽에 위치시킵니다. 블렌딩 모드는 'Screen'으로 설정한 후 Enter 를 누릅니다. 레이어 마스크를 적용하고 [Foreground Color] : '#000000'으로 설정한 후 부드러운 원 브러시를 이용해서 테두리를 깔끔하게 지웁니다.

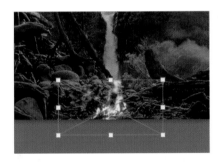 

02. 모닥불을 감싸는 돌덩이를 합성하기 위해서 [File] 〉 [Open](Ctrl + O) 메뉴를 클릭하여 'Campfire' 이미지를 불러오고, [Object Selection Tool]을 선택합니다.

💡Tip [Object Selection Tool]은 원하는 개체를 자동으로 찾고 선택하는 도구입니다. 대상의 형태가 뚜렷해야 정확히 선택됩니다.

03. 마우스로 드래그해서 모닥불의 돌덩이들을 선택합니다. 모닥불은 사용하지 않고 다른 이미지로 대체하기 때문에 잘려도 상관은 없습니다. 자동으로 배경과 차이가 나는 경계선을 기준으로 돌덩이들이 선택된 걸 확인할 수 있습니다.

❷ 선택 영역 확인

❶ 드래그

04. 레이어 마스크를 적용해서 배경을 제거합니다. 사용하지 않을 부분이 선택된 경우는 [Quick Selection Tool]을 선택합니다. 레이어 마스크를 선택한 상태에서 선택 영역을 지정하고 Alt + Delete 를 눌러서 삭제합니다. 마무리로 Ctrl + D 를 눌러서 선택 영역을 해제합니다.

❸ 확인

❹ Alt + Delete

05. 레이어 마스크가 적용된 상태에서는 복사해서 옮겨올 수 없기 때문에 [Move Tool]을 이용해서 작업 창 탭 위로 드래그한 후 작업 창으로 옮겨옵니다. 크기는 [W] : '35%', [H] : '35%'로 설정하고 모닥불을 감싸듯 아래쪽 부분에 위치시킵니다. 레이어 이름을 'Stone'으로 변경합니다.

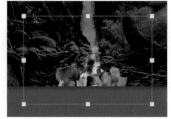

06. 먼저 전체적인 명암을 조절하기 위해서 [Layers] 패널에서 [Create new fill or adjustment layer]를 선택하고 [Curves]를 적용하고 Ctrl + Alt + G 를 눌러서 클리핑 마스크를 적용합니다. 'RGB' 채널의 오른쪽 조절점을 [Input] : '255', [Output] : '100'으로 설정합니다. 'Red' 채널을 선택하고 왼쪽 조절점을 [Input] : '0', [Output] : '65'로 설정합니다. 그리고 오른쪽 조절점을 [Input] : '255', [Output] : '232'로 설정합니다.

❸ 설정

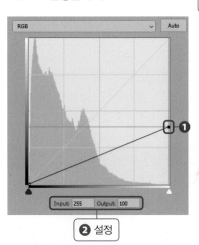

❷ 설정

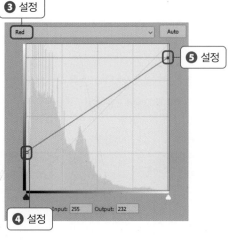

❺ 설정

❹ 설정

07. 돌덩이의 색상과 명암이 조금 변한 걸 확인할 수 있습니다. 이제 브러시를 이용한 추가적인 명암 조절이 필요합니다. 다시 'Stone' 레이어와 'Curves 4' 조정 레이어 사이에 새로운 레이어를 만듭니다.

08. 새로운 레이어를 만들었으면, 클리핑 마스크를 적용합니다. [Brush Tool]을 선택하고 부드러운 원 브러시를 선택합니다. [Foreground Color] : '#000000', [Opacity] : '30%', [Flow] : '30%'로 설정한 후 돌덩이 아랫부분에 색을 칠해 조금 어둡게 만듭니다.

09. 불과 가까운 부분의 돌덩이의 반사된 불빛 색상은 훨씬 강해야 합니다. 또 새로운 레이어를 만들고 [Foreground Color] : '#f5ed2f'로 설정하고 돌덩이 위쪽 부분에 색을 칠합니다. 블렌딩 모드는 'Overlay'로 설정합니다.

10. 'Curves 4' 조정 레이어를 선택하고 돌덩이의 전체 색상을 조절하기 위해 [Create new fill or adjustment layer]를 클릭해서 [Color Balance]를 적용하고 클리핑 마스크를 적용합니다. [Midtones] : '+24, 0, −11'로 설정합니다.

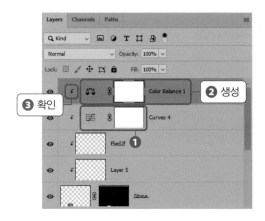
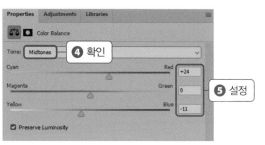

11. 불꽃이 날리는 효과를 만들어 주기 위해서 [File] 〉 [Place Embedded] 메뉴를 클릭하여 'Spark PNG' 이미지를 불러옵니다. 크기는 [W] : '32%', [H] : '32%'로 설정하고 모닥불 위에 위치시키고 [Enter]를 누릅니다.

12. 블렌딩 모드를 'Screen'으로 설정하고 불꽃만 보일 수 있도록 [Ctrl]+[L]을 눌러서 'Levels'를 적용합니다. [Input Levels] : '37, 1.00, 192'로 설정하고 [OK] 버튼을 클릭합니다.

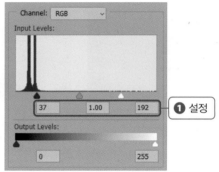

13. [File] 〉 [Place Embedded] 메뉴를 클릭하여 'Boys PNG' 이미지를 불러옵니다. 크기는 [W] : '8%', [H] : '8%'로 설정하고 흐르는 물가에 위치시킵니다. 배경과 어울리는 톤으로 만들기 위해서 곡선을 사용합니다. [Ctrl]+[M]을 눌러서 'Curves'를 적용합니다. 왼쪽 조절점을 [Input] : '0', [Output] : '80'으로 설정하고 오른쪽 조절점을 [Input] : '255', [Output : '161'로 설정하고 [OK] 버튼을 클릭합니다.

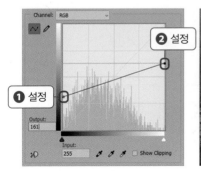

14. [File] > [Place Embedded] 메뉴를 클릭하여 'Chipmunk PNG' 이미지를 불러옵니다. 크기는 [W] : '32%', [H] : '32%'로 설정하고 [Rotate] : '−23%'로 설정합니다. 그리고 왼쪽 나무 중간에 위치시키고 Enter 를 누릅니다.

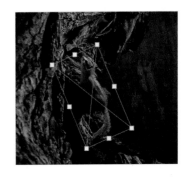

15. 인물을 합성하기 위해서 [File] > [Place Embedded] 메뉴를 클릭하여 'Man PNG' 이미지를 불러옵니다. 크기는 [W] : '40%', [H] : '40%'로 설정하고 오른쪽 나무에 기대듯 위치시키고 Enter 를 누릅니다. 작업의 편의를 위해 일반 레이어로 만들기 위해서 레이어를 선택하고 마우스 오른쪽 버튼으로 클릭한 후 [Rasterize Layer]를 선택합니다.

❷
Rasterize Layer
Rasterize Layer Style
Disable Layer Mask
Enable Vector Mask
Create Clipping Mask

❶ 마우스 오른쪽 버튼

16. 이제 레이어를 복사해서 그림자를 만들기 위해 Ctrl + J 를 눌러서 'Man PNG' 레이어를 한 번 복사합니다.

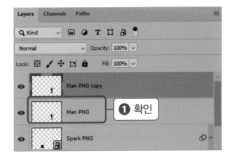

❶ 확인

17. 먼저 'Man PNG copy' 레이어를 선택하고 명도를 조절하기 위해 Ctrl + U 를 눌러서 [Hue/Saturation] 창이 나타나면 [Lightness] : '−100'으로 설정하고 [OK] 버튼을 클릭합니다.

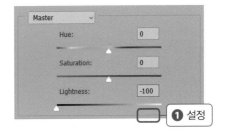

❶ 설정

18. Ctrl+T를 누르고 마우스 오른쪽 버튼으로 클릭한 후 [Flip Vertical]을 선택해서 이미지를 세로로 뒤집기합니다. 그리고 Shift를 누른 상태로 아래로 드래그해서 그림자의 위치를 잡습니다. 발 모양이 반듯하지 않기 때문에 왼쪽 발 기준으로 그림자를 맞춥니다. 그리고 마우스 오른쪽 버튼으로 클릭한 후 [Warp]를 적용합니다. 위쪽 세 번째 포인트를 클릭 드래그해서 오른발 위치까지 맞춘 후 Enter를 누릅니다.

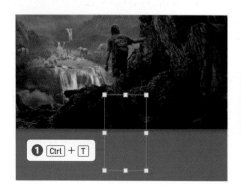
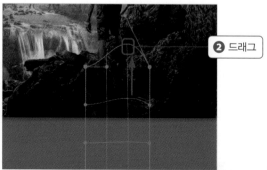

19. 레이어의 [Opacity] : '40%'로 설정하고 [Eraser Tool]을 선택하고 부드러운 원 브러시를 선택합니다. [Opacity] : '100%', [Flow] : '100%'로 설정합니다. 그리고 발목 부분까지 넘어간 그림자 부분을 [Eraser Tool]을 이용해 자연스럽게 지웁니다.

20. 이번에는 새로운 레이어를 만들어서 팔의 그림자를 만듭니다. 그림자는 주변의 굴곡에 따라 모양이나 방향이 조금씩 변합니다. 나무는 굴곡이 많기 때문에 그림자가 반듯할 수 없습니다. 이런 경우는 직접 그리는 방법으로 진행합니다. [Lasso Tool]을 이용하여 오른쪽 팔을 기준으로 그림자 모양을 그린 후 선을 연결해 점선 선택 영역으로 만듭니다.

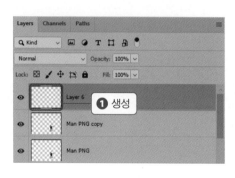

21. 점선 선택 영역으로 만든 후 [Foreground Color] : '#000000'으로 설정하고 Alt + Delete 를 눌러서 색을 채웁니다. 그리고 Ctrl + D 를 클릭해서 점선 선택 영역을 해제합니다. 레이어의 [Opacity] : '40%'로 설정하고 레이어 이름을 'Shadow'로 변경합니다.

❶ 확인

22. 'Curves'를 이용해서 이미지의 전체 밝기와 색상을 조절하기 위해 [Layers] 패널에서 [Create new fill or adjustment layer]를 클릭해서 [Curves]를 적용합니다. 가운데에 조절점을 하나 찍고 위로 드래그해서 밝기를 높입니다. [Input] : '118', [Output] : '132'로 설정합니다. 'Blue' 채널로 변경하고 오른쪽 조절점을 [Input] : '252', [Output] : '255'로 설정합니다.

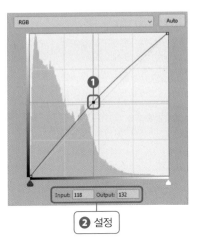

Input: 118   Output: 132

❷ 설정

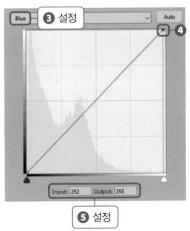

Blue   ❸ 설정   ❹

Input: 252   Output: 255

❺ 설정

002 | 낙엽 합성과 나무 밝기 조절하기

정글을 더 자연스럽게 만들기 위해서 열대 식물과 나무들을 합성합니다. 그리고 나무에 브러시의 색상을 추가해서 자연스러운 색감을 표현합니다.

01. 앞에서 모닥불 작업을 진행했습니다. 모닥불의 주변 환경을 더 밝게 만들어줘야 합니다. [Layers] 패널에서 앞서 작업했던 'Big Tree PNG' 레이어를 선택합니다. 그리고 새로운 레이어를 만들고 Ctrl+Alt+G를 눌러서 클리핑 마스크를 적용합니다. [Brush Tool]을 선택하고 부드러운 원 브러시를 선택합니다. [Foreground Color] : '#ffc000'으로 설정합니다.

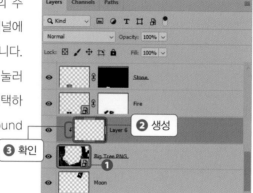

02. [Brush Size] : '400px'로 설정하고 모닥불에 맞춰 브러시의 3분의 1정도만 찍습니다. 그리고 블렌딩 모드는 'Overlay'로 설정합니다.

03. 또 다른 색상을 나무에 적용하기 위해서 다시 한번 새로운 레이어를 만들고 클리핑 마스크를 적용합니다.

04. 브러시를 선택하고 [Foreground Color] : '#181a1e'로 설정합니다. [Brush Size] : '400px'로 설정하고 [Opacity] : '30%', [Flow] : '30%'로 설정합니다. 작업 창 전체 나무 아래쪽 부분이 조금 어두워지도록 칠합니다.

❶ 확인

05. 이제 열대 나뭇잎을 합성하겠습니다. 'Big Tree PNG' 레이어 아래에 위치해야 하기 때문에 [Layers] 패널에서 먼저 'Moon' 레이어를 선택합니다. 그리고 [File] 〉 [Place Embedded] 메뉴를 클릭하여 'Leaf PNG 1' 이미지를 불러옵니다. 왼쪽 나무 아래에 위치를 잡고 Enter 를 누릅니다.

06. 추가로 나뭇잎을 합성하기 위해서 [File] 〉 [Open](Ctrl + O) 메뉴를 클릭하여 'Leaf PNG 2' 이미지를 불러옵니다. [Lasso Tool]을 선택하고 왼쪽 나뭇잎을 드래그해서 선택하고, Ctrl + C 를 눌러 복사한 후 작업 창에서 Ctrl + V 를 눌러 붙여 넣습니다.

❶ 선택

07. 그리고 왼쪽 나무 아래쪽에 고릴라의 엉덩이가 살짝 가리게 위치합니다. 어색한 부분을 다른 이미지로 덮어서 자연스럽게 만드는 방법도 중요합니다.

08. 다시 나뭇잎 작업 창으로 돌아가서 Ctrl +D를 눌러서 선택 영역을 해제하고 반대쪽 나뭇잎을 [Lasso Tool]을 이용해서 복사한 후 작업 창에 붙여 넣습니다.

09. 그리고 오른쪽 나무 기둥 뒤에 자연스럽게 위치시킵니다.

10. [Layers] 패널의 맨 위 레이어를 선택하고 새로운 레이어를 만들고, 레이어 이름을 'Birds'로 변경합니다. [Brush Tool]을 선택하고 [Birds Part 2] 브러시 폴더를 열어 3167 브러시를 선택합니다. [Foreground Color] : '#ffffff', [Brush Size] : '700px'로 설정합니다.

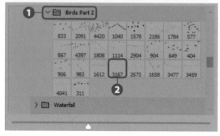

11. 작업 창의 중앙에 두 번 연속 찍습니다. 브러시의 농도가 약할 경우 두 번 연속 찍어서 진하게 표현할 수 있습니다. 범위를 넘어간 새들은 [Eraser Tool]을 이용해서 지웁니다.

12. 통합 레이어를 만들기 위해서 Ctrl+Shift+Alt+E를 누릅니다. 그리고 레이어를 선택하고 다양한 필터 효과를 적용하기 위해서 마우스 오른쪽 버튼으로 클릭한 후 [Convert to Smart Object]를 적용합니다.

003 | 마무리 필터 효과 적용하기

Camera Raw Filter를 이용해서 기본 색상 효과와 곡선 효과를 추가로 조절합니다. 그리고 Reduce Noise를 적용하여 이미지를 부드럽게 만듭니다.

01. [Filter] 〉 [Camera Raw Filter] 메뉴를 클릭합니다. [Temperature] : '+3', [Auto Highlights] : '+15', [Auto Whites] : '+10', [Auto Blacks] : '+15'로 설정하고 [OK] 버튼을 클릭합니다. 선명도를 적용하기 위해서 [Filter] 〉 [Sharpen] 〉 [Unsharp Mask] 메뉴를 클릭합니다. [Amount] : '100%', [Radius] : '1.0Pixels', [Threshold] : '1levels'로 설정합니다.

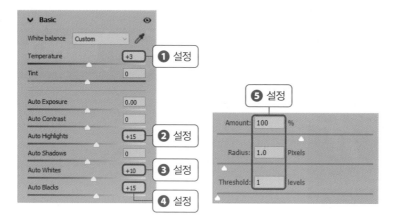

02. [Filter] 〉 [Noise] 〉 [Reduce Noise] 메뉴를 클릭합니다. [Strength] : '3', [Preserve Details] : '0%', [Reduce Color Noise] : '0%', [Sharpen Details] : '60%'로 설정하고 [OK] 버튼을 클릭하여 작업을 마무리합니다.

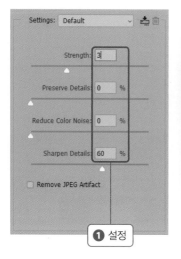

포토샵
판타지 아트

1판 1쇄 발행 2025년 4월 4일

저 자 | JASON KIM
발행인 | 김길수
발행처 | ㈜영진닷컴
주 소 | (우)08512 서울특별시 금천구 디지털로9길 32
갑을그레이트밸리 B동 10층
등 록 | 2007. 4. 27. 제16-4189호

ⓒ 2025. ㈜영진닷컴

ISBN | 978-89-314-7895-2

YoungJin.com **Y.**
영진닷컴